目击者文化指南

钓鱼百科

(英)亨利·吉尔比 著

吕 律 林敦来 唐 铭 王晨光 译

北京·旅游教育出版社

"在钓鱼过程中,肯定有些东西能令人内心平和。"

——华盛顿·欧文

Original Title: Fishing
Copyright © Dorling Kindersley Limited, London, 2008
A Penguin Random House Company

北京市版权局著作权合同登记图字：01-2022-2360号
策　　划：丁海秀　黄明秋
责任编辑：施云峰

图书在版编目（CIP）数据

钓鱼百科 /（英）亨利·吉尔比著；吕律等译. — 北京：旅游教育出版社，2024.2
书名原文：Fishing
ISBN 978-7-5637-4524-1

Ⅰ. ①钓… Ⅱ. ①亨… ②吕… Ⅲ. ①钓鱼（文娱活动）—基本知识 Ⅳ. ①G897

中国国家版本馆CIP数据核字（2023）第005561号

目击者文化指南
钓鱼百科
（英）亨利·吉尔比 著
吕　律　林敦来　唐　铭　王晨光 译

出版单位	旅游教育出版社
地　　址	北京市朝阳区定福庄南里1号
邮　　编	100024
发行电话	（010）65778403　65728372 65767462（传真）
本社网址	www.tepcb.com
E - mail	tepfx@163.com
排版单位	北京旅教文化传播有限公司
印刷单位	佛山市南海兴发印务实业有限公司
经销单位	新华书店
开　　本	920毫米×1060毫米　1/32
印　　张	10.875
字　　数	393千字
版　　次	2024年2月第1版
印　　次	2024年2月第1次印刷
定　　价	88.00元

（图书如有装订差错请与发行部联系）

www.dk.com

前言 12

钓鱼基础知识
14

第一章
钓鱼的历史 18

历代钓鱼活动 20
现代钓鱼活动 24

第二章
开始钓鱼 26

第一次钓鱼 28
钓鱼俱乐部和
渔具店 30
成为全能的垂钓者 32
钓鱼许可证 34

第三章
钓鱼渔具 36

鱼竿基础知识 38
鱼竿类型 40
鱼轮基础知识 44
鱼轮类型 46
鱼钩和铅坠 48

目录

其他终端钓具 50
鱼漂 52
鱼线和结 54
淡水鱼饵 58
海水鱼饵 60
路亚饵 62
飞蝇饵基础知识 66
飞蝇饵类型 68
冷天衣着 72
热天衣着 74
飞钓衣着 76
遮蔽处 80
携带你的装备 82

第四章
基本技巧 84

基本抛竿方法 86
滚抛 88
过顶抛 90

双手投送法 92
斯佩投掷法 94
提竿、遛鱼
和抄鱼 96
摘钩和放生 98
淡水水域 100
海水水域 102

钓鱼策略
104

第五章
淡水饵钓和路亚钓 108

经典湖水底钓 110
湖边浮钓 112
湖钓鲤鱼 114
追踪鲤鱼 116

钓梭子鱼 118
湖钓大口黑鲈 122
长竿钓 124
无漂钓和钓线感知
底钓 126
经典河流跑漂钓 128
河钓大鲇鱼 130

第六章
海水饵钓
和路亚钓 132

码头钓鱼 134
海滩远投钓 136
河口钓鲻鱼 138
岩礁边海钓 140

目录

浪钓海鲈鱼 142
路亚钓海鲈鱼 144
钓条纹鲈鱼 146
岸钓海鳟鱼 148
近海小船钓 150
滩钓鲨鱼 152
慢速拖钓鲑鱼 154
饵钓大海鲢 156
沉船海钓 158
船钓鲨鱼 160
垂直铁板路亚钓 162
拖钓大鱼 164

第七章
飞钓 166

水库和湖泊飞钓 168
小河飞钓 170
湖泊湿蝇饵钓 172
捷克若虫饵钓 174
目视法钓野生褐鳟 176
飞钓大西洋鲑鱼 178
飞钓硬头鳟 180
河中虎鱼 182
飞钓鲤鱼 184
飞钓梭子鱼 186
湖泊飞钓 188

飞钓北梭鱼 190
飞钓遮目鱼 192
飞钓珍鲹 194
浅滩船钓 196
飞钓欧洲鲈 198
终极深水飞钓 200

鱼的种类
202

第八章
淡水鱼 206

第九章
海鱼 232

在世界各地钓鱼
280

不列颠哥伦比亚 284
阿拉斯加 286
安大略 287
蒙大拿 288
长岛 289
南卡罗来纳 290
巴哈马群岛 291
佛罗里达群岛 292
尤卡坦半岛 294
哥斯达黎加沿岸 295
洛斯罗克斯群岛 296
火地岛 297
英格兰南部 298
苏格兰 300
克莱尔郡 302
韦克斯福德海岸 303
挪威海 304
挪威西北部 305
波罗的海西海岸 306
卡尔马地区 307
安达卢西亚 308
埃布罗河 309
利穆赞地区 310
瑞士 311
意大利北部 312
奥地利 313
科拉半岛 314
堪察加半岛 315
蒙古国 316
日本 317
高韦里河 318
伊盖拉潟湖 320
安哥拉南部沿岸 321
骷髅海岸 324
法尔与奥兰治河系 325
巴扎鲁托群岛 326
卡普里维地带 327
默奇森瀑布 328
肯尼亚沿岸 329
塞舌尔群岛 330
北领地 332
凯恩斯 333
塔斯马尼亚岛 334
新西兰 336
夏威夷 338

词汇表 340
致谢 344

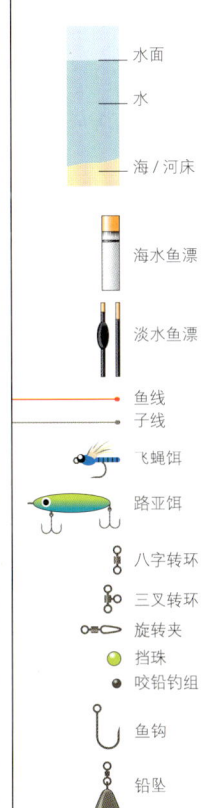

关键图示

本书使用标准符号来表示渔具的不同构件。它们不代表所示或所推荐的特定设计。

- 水面
- 水
- 海/河床
- 海水鱼漂
- 淡水鱼漂
- 鱼线
- 子线
- 飞蝇饵
- 路亚饵
- 八字转环
- 三叉转环
- 旋转夹
- 挡珠
- 咬铅钓组
- 鱼钩
- 铅坠

再过一百万年我都无法完全解释，为何钓鱼对我而言是如此魂牵梦萦之事。对于许多人而言，钓鱼的艺术已经成为一种燃烧的激情。我希望这本书能在某种程度上指引你走向令人兴奋不已的钓鱼世界。

幸运的是，我一直从事钓鱼行业及相关工作，这让我对这项运动的看法与以往不同。虽然我曾经痴迷于究竟去哪里能钓到更大的鱼，但是我现在对钓鱼的方方面面都兴趣盎然，以至于我相信自己几乎回到了钓鱼的原点。我们拜访过的地方，我们遇到的人，（当然）还有我们可能钓到或者钓不到的鱼，光线的品质，或者恶劣的天气——这一切都是我在整个钓鱼过程中，要倍加珍惜的事物。钓鱼赋予我的这种视角，也许是其他任何事物都无法做到的。

钓鱼是试图战胜自然。由于我们的自然世界是令人欣喜的、不可预测的，我们作为垂钓者，要处理我们根本无法控制的瞬息万变之事。这本书充满了有用的信息，对你开始钓鱼是一种好的指导；但我希望的是，你能很快学会独立思考和尝试不同的事情。虽然这本书中的钓鱼策略会教给你每一个成功的机会，但是请记住，没有什么真正明确的方法是可以在任何场景中通用的。

天才垂钓者的一个关键属性是努力在钓鱼的过程中发现越来越多的信息。制定一条适合你的钓鱼策

略，然后把你发现的信息反馈回食物链。垂钓者通常都是极具社交互动性的。我们喜欢谈论这项运动（一些我们亲近的人可能会说我们谈论钓鱼太多了）。事实上，（关于钓鱼的）信息被不断地分享，还会被进一步调整。这就是钓鱼运动发轫和发展的过程。

钓鲈鱼
给我广阔的空间和漂亮的鱼，我就是个快乐之人。

像很多事情一样，钓鱼是一项充满惊喜的运动。十几岁的时候，我以为自己对生活了如指掌，但当我二十多岁的时候，开始意识到自己可能有些操之过急。钓鱼就有点像这样。大多数垂钓者，在他们钓鱼的某个时候，会错误地认为他们"已经钓到一条鱼了"，但是大自然总是喜欢给我们一点提示，提醒我们仅仅是人类而已。钓鱼是一项每次练习时都给你机会去学习它的运动。如果钓鱼成为你一生的追求（我希望它能做到）你将永远都不会停止学习。

最重要的是，我希望这本书能让你进入一片非常有趣的运动领域。我们去钓鱼是因为我们喜欢它。无论钓鱼对你来说是什么，记住你第一次钓到鱼的感受，记住你灿烂的笑容和快乐的尖叫。钓鱼提供了纵贯一生的简单乐趣，如果这本书能对此目标有任何帮助，那么我的使命就完成了。我也再高兴不过了。

亨利·吉尔比

钓鱼基础知识

钓鱼基础知识

在你第一次去钓鱼之前， 从整体上学习和理解如何钓鱼是非常有帮助的，这样你最初的经验才会是成功的和有意义的。假以时日，钓鱼就会变成你的第二天性，成为你日常生活中的一部分。

本章的目的是让你学会如何带着新技能和知识去钓鱼。了解这项运动的发展历史可以让我们深入了解现代渔具和技术，以及它们在今天的意义。现代使用的许多渔具只不过是从更传统的设备衍生出的新技术进步，但老式的渔具在今天仍然极其有用。时间永远不会改变对某些技能的需求，即使渔具已经有一定发展。如今渔具由现代化材料制成，可以做以前认为不可能的事。例如，一根轻质的碳纤维鱼竿就能精确地放置一个精致的浮漂。现代化材料和技术可以给你提供更好的机会去钓更多的鱼。

然而，拥有最新的装备本身并不是有用的，你还需要知道所有的当地规章和条例，或者去哪里买鱼饵（bait）和渔具。与不同的垂钓者见面，并学习不同的钓鱼知识，会帮助你培养自己的钓鱼技巧，以更好地适应你的情况。保持开放的心态，如果你努力学习更多的关于各种钓鱼的知识，你就会钓到更多的鱼。你会惊讶于不同学科之间的交叉；垂钓者可以从彼此身上学到很多东西，然后他们就可以应用到自己的垂钓中去。

在掌握了所有这些知识后，你需要学会如何钓到你想钓的鱼。投掷你的鱼饵、路亚饵或飞蝇饵是钓鱼的一个基础部分。知道如何正确、安全、高效地投饵是钓鱼成功的关键。然后你需要学习如何应对最后鱼咬钩时的紧张时刻。如何安全而人道地抄鱼是你基本钓鱼技能的最后一部分。通过了解水生环境来完善你的钓鱼入门知识，这样你就能知道鱼最可能在哪里。

新鲜的鱼饵
了解鱼饵，从一块简单的面包，一直到现代的高蛋白商业鱼饵。

抛竿技术
钓鱼的一个重要元素，就是把你的飞蝇饵、路亚饵或者鱼饵抛向鱼儿所在的地方，需要综合运用技巧、力量和策略。

第一章　钓鱼的历史

渔业的发展是一条迷人的线，贯穿了整个人类历史。从最早的鱼竿和鱼钩，到现代飞钓的诞生，钓鱼已经从满足人类自身及家庭的基本饮食需求发展成为休闲运动。对鱼类的尊重，以及理解它们不同的天性和习惯的需要，成就了这项复杂的、高要求的、却又引人入胜的现代运动。

历代钓鱼活动

钓鱼,又称"垂钓",最初是人类为了食用出现的一种收集食物的方式,就像打猎一样。后来很可能演变成为运动目的而钓鱼。无论是在海里还是在淡水中,钓鱼都会用到鱼竿、鱼线和鱼钩。

最早的垂钓

虽然人类通过捕鱼来获取食物的需求可以追溯到人类历史的开端,但是钓鱼运动也是一种古老的消遣方式。由于人类发现了如何使用工具,所以捕鱼方式变得更加有效。自从钓鱼活动开始以来,人类一直在试图战胜鱼类,而这种数百年来试图征服鱼、自然和各种无法控制的因素的魅力活动持续吸引着大量的人。在许多国家,钓鱼是丰要的娱乐活动之一。它使人们从日常工作中解脱出来,对一些人而言,它可能满足了他们在提供食物方面返祖的自豪感。

从骨钩到鱼钩

最早为人所知的捕鱼工具之一叫作喉钩,它是鱼钩的前身。骨钩是一块由木头、骨头或石头组成的器物,两端磨尖,系在一根绳子上,系上鱼饵,然后抛进水中。

当鱼上钩时,骨钩就会卡在鱼的喉咙上,渔夫就可以把他钓到的鱼捞上来。随着使用各种金属工具的能力提高,金属鱼钩变得更加有效。人们相信骨钩是大约 3 万年前在欧洲南部被制造和使用的。早在公元前 2000 年,就有关于用鱼竿、鱼线和渔网的记载,主要出现在埃及的手稿和墓画中,罗马、犹太和希腊的文字和图画也有相关记载。

最早的飞蝇饵

没有人知道人类是何时发现用羽毛覆盖鱼钩可以模仿自然的飞蝇的。但是,早在公元 200 年就有人提到了用飞蝇饵钓鱼。在一本名为《动物的天性》(克劳迪厄斯·埃利阿努斯,罗马)的书中,就描述了人们在一条马其顿的河中用飞蝇饵钓

埃及鱼钩
埃及考古学家发掘出的古尼罗河垂钓用的古代鱼钩,与今天使用的鱼钩非常相似。

《捕鱼人》,阿克罗蒂里遗址
这幅描绘成功的年轻渔夫的壁画创作于公元前 1600 年左右,位于爱琴海圣托里尼岛的阿克罗蒂里。

古罗马时代的钓鱼
这幅古罗马马赛克图展示了用鱼竿和渔网捕鱼的情景。右边那个人似乎在把鱼饵装到他的鱼钩上。

看上去是鳟鱼的鱼类。短鱼竿意味着人们能做的仅仅是将仿生飞蝇饵放在水面上,例如苏格兰湖面,再轻轻拉拽鱼饵。也就是说,虽然钓鱼的主要目的一定是食用,但可能会享受到运动的乐趣。

早期的鱼竿

毫无疑问,第一次钓鱼用的是基础手持鱼线,它们很可能是由动物和蔬菜材料制成的。虽然有些古文化甚至到现在都很擅长"抛竿"或者在水边投掷鱼饵和路亚饵,但手持鱼线在船上使用时最有用。直接把鱼线扔进水里是最简单的方法。

不久后人们开始把鱼线系在短竿上,通常是简单的树枝。几百年来,鱼竿一直是一种很短的工具,很少能超过 1 米（3¼ 英尺）。到公元 4 世纪,我们才发现人们提到了像今天的垂钓者们使用的那种较长的、有节的鱼竿。

早期的钓鱼运动

人们普遍认为,钓鱼技术的最大进步始于 13 世纪初的英国,当时提到过人们用绑着羽毛的钩子钓鳟鱼和茴鱼。从 14 世纪中期开始,欧洲各地的作家提到用飞蝇饵钓鱼是一种有效的钓鱼方式。

1496 年的证据表明,英国上层阶级把钓鱼,尤其是飞钓作为一种运动消遣。朱莉安娜·伯纳夫人（Juliana Berner）在《圣奥尔本斯之书》（*Book of St. Albans*）第二版的一篇文章中详细介绍了钓鱼方法和飞钓类型。这篇文章叫《论钓鱼》（*The Treatyse of Fysshynge with an Angle*）,由沃恩·德·沃德（Wynkyn de Worde）印刷,但最初是由朱莉安娜·伯纳夫人写于 1425 年。这篇文章是飞钓和钓鱼运动诞生的重要标志。这本书的第一版主要是关注狩猎的,但是书中充满了对钓鱼运动的引述和对钓鱼技术的详细描述。朱莉安娜·伯纳夫人已经开始注意到,正是季节

《圣奥尔本斯之书》
在朱莉安娜·伯纳夫人的《论钓鱼》中，一位衣冠楚楚、举止优雅的绅士在城堡附近的河里钓鱼，他把钓到的鱼放在半桶里。他的鱼线上似乎有个鱼漂，用来保持飞蝇饵接近水面。

的直接影响，导致鱼类倾向于在某些种类的昆虫最丰富的时候进食。据此，她描述了一年中每个月飞钓的模式，还详细描述了如何用飞蝇饵钓鳟鱼和鲑鱼。

过去的鱼竿一般是用灰、榛子和柳枝做成的；连接处是用铁或锡制成的，以增强力量。当时没有使用鱼轮，所以飞钓呈现出的样子就像在水面轻拍。马鬃线被系在鱼竿的顶端。

钓鱼文学

1652年，《钓客清话》（*The Compleat Angler*）由艾萨克·沃尔顿（Izaak Walton）撰写，这是第一本真正的钓鱼运动手册。他列举了朱莉安娜·伯纳夫人的"12种飞钓"，书中也提到了鱼类的习性和如何用鱼饵钓到它们。

这本书有多种译本，被视为垂钓文学的经典之作。1676年，查尔斯·科顿（Charles Cotton）补充了《钓客清话》，他列出了超过65种钓鳟鱼的飞蝇饵，甚至在那个时候，就有很明显的飞蝇饵制作的地区差异。但是这种装备还是和几个世纪前用过的很像，即没有鱼轮和马鬃线缠在顶端的长竿。1747年出版的理查德·鲍克（Richard Bowlker）的《钓鱼的艺术》（*The Art of Angling*）是第一本专门研究飞钓的书。这本书列举了飞蝇饵并提供了飞钓技术指导。

鱼钩和鱼轮

没有人知道是谁先在鱼竿的顶端绑上了铁丝环，随之而来的是使用了一条可以动的线，在遛鱼的时候用一定的力量控制这条线，然后用上鱼轮。通过工业强化技术，鱼钩变得更加耐用。随着工艺变得越来越先进，鱼钩也变得越来越薄，越来越结实。人们认为，在17世纪50年代，查尔斯·柯比（Charles Kirby）改进了许多鱼钩的制作方法，"柯比弯"（鱼钩上的偏移点）至今仍在使用。

最初的鱼轮是简单的木质鱼轮，旨在承载额外的鱼线，到18世纪70年代，许多鱼竿都有导轨，允许鱼线沿着鱼竿移动。由于鱼线粗重和笨拙的原因，长距离的抛投几乎是不可能的。此外，当一条大

"我已经搁置了生意……"
为纪念《钓客清话》的作者艾萨克·沃尔顿，英格兰温彻斯特大教堂坟墓上方的窗花上绘有他在伊钦河畔钓鱼的图景。

钓鱼的历史

鱼上钩时，早期的鱼环有一种令人不安的状况，它会从鱼竿中掉出来。

早期原始鱼轮的出现推动了鱼线的发展，人们逐渐认识到可以减少马鬃线的使用。工业革命使制造出的鱼线变得更细，从而提高了精确度和易用性。

当时在英国使用的鱼轮主要是诺丁汉鱼轮。它没有齿轮装置，鱼轮很宽，而且最初主要用于让浮漂和路亚饵顺流下沉。如图所示的鱼轮模型既简单又笨拙。肯塔基州的乔治·斯奈德（George Snyder）在美国制造出了第一个高质量的鱼轮。美国鱼轮运转良好；19世纪早期的"肯塔基"鱼轮让垂钓者可以从线轴上抛线。美国工程师推动了鱼轮设计的进一步发展。

现代鱼竿

在此期间，随着新大陆木材取代较重的欧洲品种，鱼竿的材质也得以逐步改进。在19世纪晚期，竹子被用来制作革命性的六角形鱼竿，竹片被层叠地捆在一起。马鬃鱼线在1840年被更加易于管理和更高效的丝线所取代。玻璃纤维鱼竿在20世纪40年代末开始出现。但是在一

1840年的青铜鼓式鱼轮绕线轮

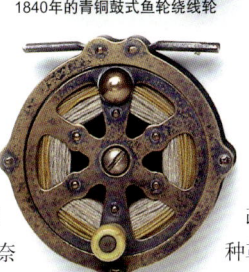
1910年的青铜飞钓卷轮

早期的鱼轮
早期的鱼轮简单但设计有效。它们的设计目的仅仅是保持鱼线不动，但随着时间的推移，人们研制出了能给上钩的鱼施加压力的初级棘轮。

段时间内，这种新材料和竹质鱼竿一起存在于飞钓市场，主要是因为它们的重量相当。20世纪70年代，随着碳纤维作为一种鱼竿材料的使用并开始流行，鱼竿的重量才真正开始下降，鱼竿的调性得到了改善，垂钓者们纷纷改用这种革命性的新材料。

在阿巴拉契亚山脉钓鱼
20世纪中期，一位敏锐的飞钓垂钓者在抄他的鱼获。当时英式的飞钓垂钓方式在美国被广泛使用。

"肯塔基"鱼轮
本杰明·C·米拉姆（Benjamin C. Milam）因制作高质量的肯塔基鱼轮而备受赞誉。这些鱼轮刻有米克和米拉姆的名字，制于1850—1880年之间。

现代钓鱼活动

世界上数百万的垂钓者都从事现代钓鱼运动。有些人钓鱼纯粹是为了运动,并试图把所有的鱼毫发无伤地放回水中,而许多垂钓者喜欢钓鱼是因为它提供了一种独特的兴趣爱好和饮食需求的融合。

钓鱼的分类

钓鱼分为三种不同的类别:淡水钓鱼有时也称为"一般淡水鱼垂钓(coarse fishing)";海水钓鱼;以及飞钓。习惯上,垂钓者会专注于一门单一的钓鱼方式,但是在现代钓鱼运动中,这种界限正变得越来越模糊。

先进的钓鱼技术和不断变化的态度带来了新的钓鱼方式,开辟了新的钓鱼区域,创造了更快更有效的信息传递方式。

淡水钓鱼

传统的淡水钓鱼包括使用鱼饵或路亚饵钓淡水鱼种。"一般淡水鱼垂钓"多指一个行业英文术语,即用天然鱼饵和路亚饵钓非比赛鱼种。在世界上的一些地方,钓鱼者习惯于用飞蝇饵或路亚饵捕获竞技鱼种,如鲑鱼和鳟鱼,而这正是淡水钓鱼的一部分。此外,非竞技淡水钓鱼鱼种,如梭鱼、鲤鱼和鲍鱼,正越来越多地成为飞钓爱好者的目标。

海水钓鱼

海钓是指在陆地上或船上用鱼饵和路亚饵钓海水鱼种。由于海洋中有许多不同的鱼种,它们会对不同的钓鱼策略作出反应,这可以说是这项惊人的运动中最多样化的部分。对鱼类来说,最难预测的水域

现代鱼轮
现代钓具比过去轻得多,效率也高得多,你可以用轻便得惊人的装备钓大鱼。

海钓
海洋中有最快和最大的鱼,通常需要使用高速船才能成功钓鱼。

钓鱼的历史

新挑战
从最小的河流到最大的湖泊，淡水钓鱼有大量可钓的鱼种和可用的钓鱼方法。

往往是海洋。潮汐、天气，甚至不同的月相都会影响鱼类进食、移动和迁移方式，以及垂钓者是否能进入他们想钓鱼的海域。

飞钓

传统上，飞钓是一种艺术，它将人工模拟的昆虫饵呈现给主要的比赛鱼种，如鲑鱼和鳟鱼。但是现代的飞钓是一门更为广泛的学科。尽管在英格兰南部的白垩纪溪流上用干蝇饵钓鱼被认为可能是现代飞钓的起源，但是这项运动已经发展到可以在更为多样的环境中使用的程度。现代的飞钓捕获了大量的淡水鱼种，而海水飞钓在世界各地也越来越受欢迎。

飞钓先驱们已经打破了人们的固有观念，开始用飞蝇钓具钓海水鱼。这种方法曾经被认为是不可能的。只要看看那些专门研究用飞钓捕获大型鱼类（如大鲨鱼、大海鲢，甚至蓝枪鱼）的专家们，就可以知道这项运动已经发展到了何种程度。用飞钓钓北梭鱼，就和钓鲑鱼一样自然。这就意味着，那些曾经被定义为"钓鱼"的严格的类别，正被单纯地归为"钓鱼运动"。

技能和技巧
无论是在海水中还是在淡水中，将人工飞蝇饵呈现给鱼类的优雅艺术都需要高超的技巧和技能。许多种类的鱼都可以用飞钓法捕获。

第二章　开始钓鱼

在到水边之前，花点时间学习钓鱼的相关规则。了解在哪里可以找到最新的信息，在哪里可以遇到同伴。最重要的是，在水域周围花点时间从其他垂钓者那里获得有价值的信息，这会让你的钓鱼体验既愉快又安全。你获得的相关知识越多，可以尝试的钓鱼方法就越多。

第一次钓鱼

钓鱼是一项非常简单的活动。它最基本的形式不仅仅是试图迷惑鱼类，使其咬上鱼饵或者人工路亚饵。新手不应该被专业术语或大量可用的渔具选择吓倒。

上钩

垂钓者永远不会忘记自己的第一次收获，无论是在假日码头钓到的鲭鱼，还是在佛罗里达温暖的湖中钓到的大嘴黑鲈鱼。许多新手垂钓者很幸运，在他们的第一次钓鱼之旅中钓到了一条鱼，并终生迷上钓鱼。"战胜"野生动物和居住环境的经验让我们了解到史前祖先的采集狩猎生活可能是什么样的。今天的许多垂钓者永远也不会吃他们钓到的鱼，但事实是，人类最初学会捕鱼就是为了获取食物。

第一次去钓鱼是为了找乐子。虽然钓鱼是一项严肃的运动，但是对于许多人而言，尤其是对于刚参加这项运动的人来说，最重要的是钓鱼是一种消遣或爱好。

传递知识

学习钓鱼的最好方法是和一个有经验的垂钓者一起出去，无论是专业的老师还是指导者，或是兴致盎然的朋友或亲戚。钓鱼这项运动之所以如此特别，原因之一是许多有经验的垂钓者乐于将他们辛苦得来的知识传授给热情的初学者。钓鱼作为一项运动是不断发展的，这是因为每一代垂钓者都以自己的方式钓鱼，然后把他们的经验和知识传给下一代。然而，分享钓鱼技术的益处并不全是单向的。钓鱼

和孩子们钓鱼
当第一次带孩子们去钓鱼时，重要的是要抓住这个机会教给他们基本的安全知识。然而，你也需要让他们从这段经历中获得乐趣。

开始钓鱼

时，第一条鱼上钩的刺激，可能是有传染性的。通过这种方式，把新手带进这项运动，通常可能重新点燃一个很多年没有钓过鱼的人对这项运动潜在的爱。没有人会关心第一条鱼是大鱼还是小鱼，但没有什么能比钓到一条真正的鱼更能让人们激动。

钓鱼安全

钓鱼是为了战胜自然，这样做就需要接近最不可预测的因素：水。第一堂课，初学者最需要学习的是把安全放在首位。例如，考虑天气预报或者在船上放置浮力助推器。海滨钓鱼，特别是在潮汐的岩石中或潜在的波涛汹涌的水域钓鱼，需要不断警惕变化的海洋状况。此外，最重要的

与专家一起学习
没有什么比专业的辅导更可贵了，尤其对于飞钓来说。因为在飞钓中，投掷是至关重要的。在世界各地，你都能找到合格的教练和指导者。

你的第一条鱼
很少有人会忘记他们第一次钓到鱼的兴奋，不管它的大小如何，而且即使在钓了几年鱼之后，每次钓到鱼时那种兴奋的回音又会重新响起。

安全措施之一是不要在头顶有高压电线的附近用长竿钓鱼，也不要在暴风雨中钓鱼。这是因为现代的钓鱼竿可以成为优良的电导体。

钓鱼俱乐部和渔具店

无论你的目标是获得专业指导、交流想法,还是仅仅要了解新的水域,都有很多方法可以结识垂钓者。钓鱼本身是一种孤独的消遣,但是俱乐部、渔具店和网络论坛为垂钓者提供了聚在一起的机会。

当地的俱乐部

在大多数地区,你都能找到一家兴旺的钓鱼俱乐部。在你当地的渔具店询问,看看当地的媒体报道,或者在互联网上搜索一个适合你想加入的钓鱼俱乐部。大多数俱乐部都有定期的聚会、钓鱼日,甚至可能有针对初学者的指导课程。许多人还可以进入一些普通人无法在里面钓鱼的水域,而且这些水域收费远低于非会员价格。俱乐部经常会举办能吸引大量垂钓者的比赛,这些比赛可能会让你尝到竞技钓鱼的滋味。一些俱乐部还组织垂钓者到更远的水域进行钓鱼旅行,甚至是不同的国家。但最重要的是,钓鱼俱乐部是一个让垂钓者与其他伙伴共度时光的社交中心,他们可以参与到古老的传统活动中,比如聊天、分享钓鱼知识,当然还可以讲述一个奇妙的"逃过一劫"的故事。

渔具店

你当地的渔具店通常是当地渔业中最为繁忙的中心。尽管可能有一个蓬勃发展的折扣网购商店,但本地实体渔具店经常可以因地制宜地提供关于鱼饵和渔具的建议。许多在渔具店工作的人本身就是非常敏锐和熟练的垂钓者。

和朋友钓鱼
和一群朋友一起去钓鱼是再好不过的了。和那些与你一样喜欢钓鱼的人分享钓鱼经验是这项运动的意义所在。

开始钓鱼 31

当地的渔具店通常像一个俱乐部，人们在那里停下来交谈和交换信息。无论你什么时候离开家去钓鱼，无论你身处何地，一定要抓住这个机会，去最近的渔具店，花点时间和那里的人聊聊。

建议
一个好的本地渔具店能提供大量最新的、可靠的在当地钓鱼的建议，这对于旅行垂钓者或者钓鱼新手是无价的。

专业的钓鱼指导师

有很多钓鱼指导师，他们都有资格教授飞钓的相关技术。你可以通过在互联网上搜索或者在渔具店里询问来找到他们。许多指导师也在当地的水域提供指导服务。划船钓鱼的船长和导游，特别是针对海钓，总会提供和你所想要的一样多的好建议。明智的垂钓者总是会向他们的向导寻求建议。有很多钓鱼杂志涵盖了所有的基本技能和更先进的技术，这些都是有用的资源，值得阅览。然而，没有什么能比到水里去尝试和从错误中学习更好的了。钓鱼向导和指导师会帮助你走上正确的道路，教给你基本的技能，让你自己慢慢地进步。

钓鱼网站及论坛

无比是通过网络杂志、渔具店,还是通过国际论坛,越来越多的钓鱼领域活动被呈现在网络上。即使是有关本地钓鱼的论坛也经常吸引外国垂钓者来学习其他的技巧,这是双向的。这些论坛是分享想法、讨论当地钓鱼情况、计划海外钓鱼之旅的好地方。当然,还可以发布你最近一次钓鱼之旅的照片。

成为全能的垂钓者

选择钓何种鱼取决于当地的水域和你的钓具与技巧。许多垂钓者选择在各种各样的环境中以不同的鱼为目标——从河流和湖泊到沙滩和海洋——使用了一系列的方法。他们就是全能的垂钓者。

多种多样的钓鱼运动

钓鱼是一项非常多样化的运动,它可以很容易让你在你选择的范围内开展。例如,限制你的钓鱼只能使用飞蝇、淡水装备或者海水装备。这没什么错。许多垂钓者都喜欢用自己的方式钓自己喜爱的鱼种。在每一项钓鱼训练中都有足够的乐趣让你终生着迷。

但是,许多垂钓者发现自己被不同种类的钓鱼方式所吸引,而这些钓鱼方式与他们已知并且正在做的相去甚远。这种想要拓展知识范围和学习更多其他类型钓鱼方式的愿望,也有助于你坚持你所常用的钓鱼方式。在拓展了另一种钓鱼方式之后,你可以重新获得新的见解,这将帮助你在熟悉的钓鱼领域钓到更多的鱼。

在移动中钓鱼

垂钓者们互相学习,分享各个学科的知识和想法。而他们往往没有意识到自己正在这么做。这种"学科间的交叉学习"是钓鱼作为一项运动的发展方式。

能在各种各样的水域中,用各种各样的技术钓到鱼是一件非常令人满意的事情。最好的全能型垂钓者都非常尊重这项运动所需的多种技巧。作为一个全能型垂钓者,你总是在寻找别人使用的洞察力和技巧,这些洞察力和技巧可能与你所面对的环境有所不同,但也会为你创造新的可能性。

淡水钓鱼
用浮钓捕获淡水鱼需要注意力、耐心和敏感性,这对于许多其他类型的钓鱼活动都很有用。

在岩石上钓鱼
站在波涛汹涌的岩石上,投掷一个飞蝇饵,虽然不合常规,但确实是最令人兴奋的飞钓方式之一。

全面的享受

人们去钓鱼是因为喜爱。一个垂钓者可能更喜欢大鱼而不顾其他；而另一个垂钓者可能更喜欢在时间允许的情况下到附近的湖里钓鱼，并且乐意钓到任何东西。这些垂钓者都喜欢钓鱼活动。作为一个全能型垂钓者，要与来自各行各业和世界各地的垂钓者建立联系。所有的垂钓者都想和其他垂钓者交谈。对他人的意见保持开放的态度，一定会开阔你的视野，丰富你的钓鱼活动。

一个值得骄傲的时刻
值得注意的是，一次成功的钓鱼活动可以让人们发出会心的微笑，特别是如果鱼是一种特殊鱼种并使用新的技术捕获，或者是在远离家乡的水域时。与志趣相投的朋友分享这一时刻会增加快乐。

钓鱼许可证

虽然有许多水域面向所有人，可以免费钓鱼，但是在很多地方，垂钓者需要某种钓鱼许可证或执照。预先检查你想要去钓鱼的水域（无论是淡水还是海水）的相关规定，是有必要的。

钓鱼执照、许可证和门票

在许多国家，垂钓者被要求持有执照或者许可证，包括在淡水或海里钓鱼，这些规章通常由政府组织制定。垂钓者可能不得不购买额外的许可证，才能被允许捕捞迁徙鱼种（通常是鲑鱼）。许多湖泊和河流水域只能通过购买你打算钓鱼的时间段的船票来钓鱼，而其他的只有它们的主人或俱乐部的成员才能得到。一定要（在当地的渔具店或网上）弄清楚你是否必须寻求当地的许可或以其他方式支付钓鱼费用。

购买你的执照
如果你有需求，许多钓鱼小屋可以帮你获得执照或许可证。当你钓鱼时要随身携带，因为你可能会被要求出示证件。

淡水钓鱼许可证

大多数淡水鱼的捕捞要求垂钓者购买一个许可证，通常称为钓竿许可证。其中大部分的资金用于补充库存和水域管理项目。钓野生鱼种可能还需要另一种许可证，尤其是你的目标是鲑鱼。小心检查你是否可以把鱼带回家，对侵权行为的罚款通常非常严重。要知道有些鱼种有禁止捕捞的季节，通常是为了保证繁殖时间。此外，一些地方还可能实行局部临时关闭政策。一些规章也规定了钓鱼方法。询问当地的规则，比如关于允许捕捞的方法，是否可以使用带钩的鱼钩，是否可以使用渔网，或者是否可以使用水底饵料。

海水钓鱼许可证

世界上很多地方的海钓是免费的，但是有些国家要求你申请一个海钓许可证。去钓鱼之前一定要检查一下，忽视当地的规章制度可能会给渔业当局留下深刻印象。许可证和执照通常在当地的渔具店或网上购买。许多鱼类都受到严密的保护，你只能食用有限的鱼种。

海的自由
在世界上大部分地区，你可以免费在海洋里钓鱼。经常确认不允许进入的区域，并对你的目标鱼类设定捕捞限制。

开始钓鱼 35

在特定区域钓鱼
一般淡水钓鱼和飞钓的许可证规则通常是不同的。许多只能用飞钓的河流受到严格控制,进入可能会受限。

第三章　钓鱼渔具

　　钓具有许多不同的种类,从各种不同种类的鱼竿到复杂的高科技小玩意,比如电子咬钩提示器,都会增加你的成功率。学习基本的钓具知识会使你能够正确装备自己,以便捕捉各种各样的鱼类。穿着合适的衣服是让钓鱼更为舒适、更有效率的关键。

鱼竿基础知识

钓鱼竿有很多种长度、重量、用途、调性,甚至颜色。有一些核心的鱼竿"家族",它们对应着每一种主要的目标鱼种。垂钓者会选择适应他们规划的钓鱼方式的鱼竿。

鱼竿的选择

使用鱼竿的最基本形式是将路亚饵、飞蝇饵或者鱼饵抛向鱼,然后在鱼上钩时充当鱼线的支撑。但是,在如何设计鱼竿来实现这些功能方面,无论是在它们的构造上,还是在钓鱼者想从鱼竿中得到的东西上,都存在着巨大的差异。对鱼竿的个人偏好是因人而异的。对于不同的调性、外观、价格和感觉总会有争议。选择鱼竿本身并没有什么规定,但是当你做选择的时候,要从一个了解你的需求的专家那里得到建议。

在压力之下

钓鱼竿起到减震器的作用,以保护鱼线和保持鱼钩在适当的位置。钓鱼的人很快就会知道要施加多大的压力。

> **鱼竿的调性**
>
> 鱼竿的调性是指鱼竿在施加压力时,无论是在抛掷还是在垂钓时,有多少弯曲度。硬调的鱼竿主要在竿的上 1/3 处弯曲,中硬调(或者适中调性)的鱼竿在竿的上半部分弯曲,软调竿从鱼竿的下 1/3 处弯曲到顶端。中调或软调的鱼竿非常适合初学者,因为它们更容易施展。

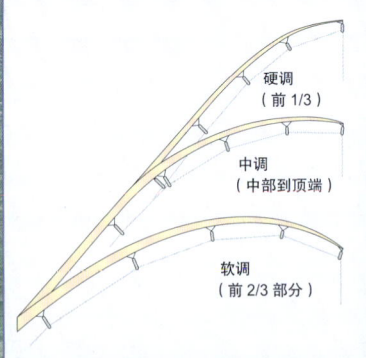

鱼竿的长度

鱼竿的长度会产生的影响：用相同力度抛竿时，长竿比短竿抛得更远。然而，长竿可能会不好操作。竿长也可能是一个国家偏好的问题。例如，美国垂钓者会倾向于选择短而硬调的钓竿。但在英国，钓竿较长且软调的鱼竿通常更受青睐。

短竿
通常在船上，一根短的钓竿就能够提供对付大鱼所需的巨大起重能力。

长竿
长钓竿可以让你在远离海洋的地方垂钓很长一段距离，但提起来却很重。

鱼竿各部位

所有的鱼竿都有相同的基本部件。一个"空白"鱼竿是简单的竿坯，没有任何配件连接。许多垂钓者会买竿坯，然后自己制作自己的鱼竿。纺车式鱼轮和飞钓鱼轮（见46~47页）需要一个在竿坯底部有环的鱼竿，而鼓式鱼轮是设计用来在顶部有环的鱼竿上使用的。

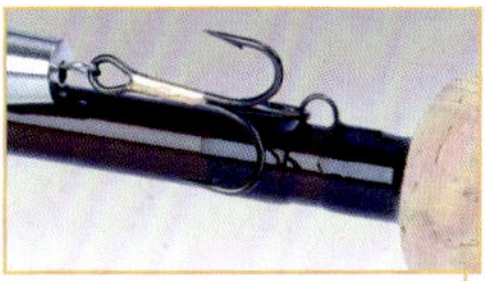

挂钩器
钓钩的挂钩器在竿坯的底部靠近前手柄的地方，是一个小环。当鱼竿被操纵但未被使用时，为钓钩提供一个安全的固定点。

轮座
固定鱼轮到竿上的连接件，通常在固定位置，但有些轮座是可以调节的。

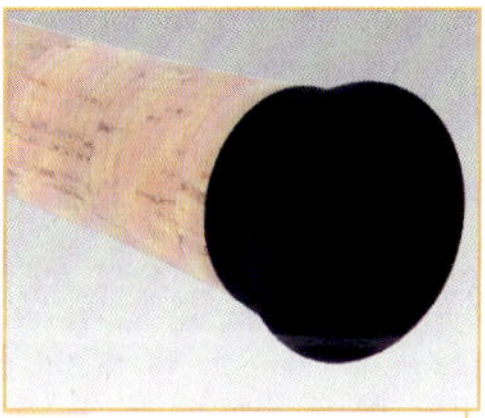

后堵
竿的底部末端由后堵保护不受损害。

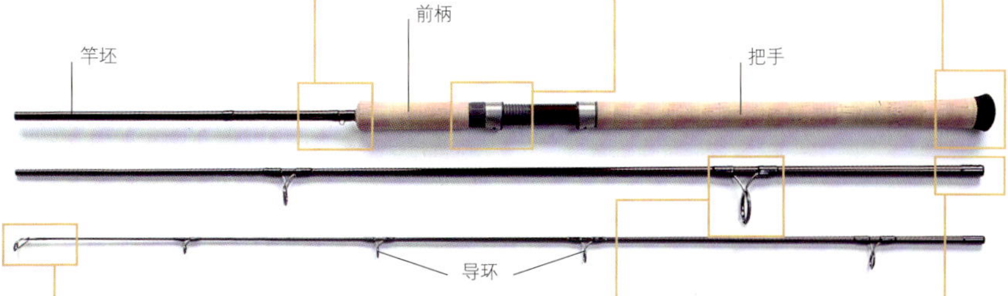

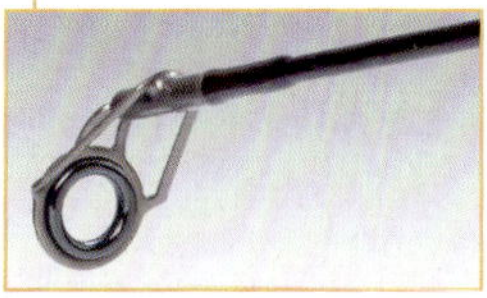

竿坯　前柄　把手　导环

尖端导环
这个环（也被称为"导眼"或者"导环"）在竿的顶端承受着最大的压力，需要定期检查是否磨损。损坏的导环会把鱼线弄断。

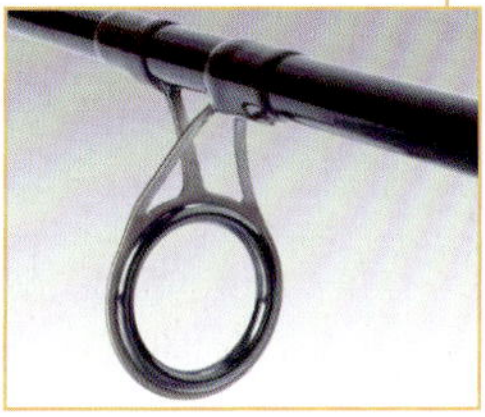

第一个导环
第一个导环是最大的环。它有助于控制鱼线，因为它在抛掷时能使线不脱离鱼轮。

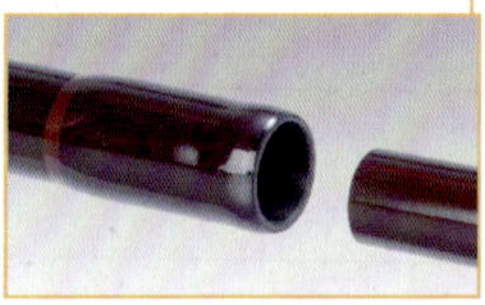

金属箍
也被称为"龙头"。金属箍是用来连接鱼竿的部分。有些竿是一整根，但是有些竿是多节连接起来的。连接的区域通常被加强保护。

鱼竿类型

每种鱼竿的设计都是为了能够满足垂钓者预期用途的要求。例如,浮钓钓竿通常是精致而敏感的;而船用钓竿则是短而坚固的,用来提供在深水中钓鱼所需的拉力。

合适的鱼竿

大多数鱼竿都可以用于捕获许多不同种类的鱼,但是更轻、更精致、更专业的设计,如浮钓钓竿,最适用于垂钓者的预定目标。虽然许多鱼竿既可用于淡水钓鱼,也可用于海钓,但是主要用于淡水钓鱼的鱼竿并不能承受海钓中盐的腐蚀性。

底钓竿

底钓竿,又称"投食竿",是为在水底用重物或水下撒饵器钓鱼而设计的。这些钓竿通常有高灵敏度,有多彩的竿梢,当鱼咬钩时,能对钓线最轻微的动作做出弯曲的反应。

3.4~4米(11~13英尺)投食竿
适用于河流与湖泊,配套使用4种(彩色)不同敏感度的竿梢,以适应不同的需要。

碳纤维竿坯

浮钓竿

虽然通常被用于钓中等大小的鱼,但是浮钓竿的调性相对较软,而且足够结实,也可以轻松地抄上大鱼。

4~4.6米(13~15英尺)浮钓竿
长浮钓竿是非常灵敏的,可以让垂钓者抛掷轻便的浮漂。在遇到河水湍急的时候,如果需要增加长度,这个钓竿模型还附带一个可选的额外延伸部分。(见128~129页)

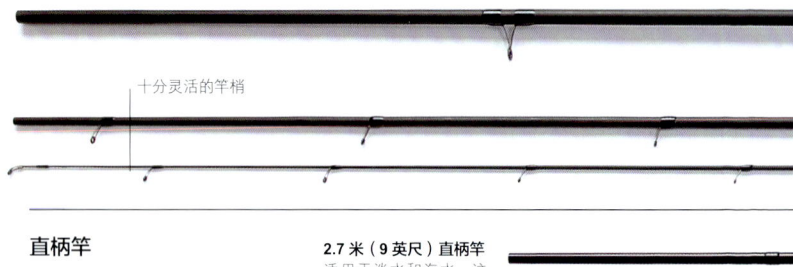

十分灵活的竿梢

直柄竿

直柄竿的设计是为了投掷各种各样的路亚饵。"纺车轮"一词是指用各种人工路亚鱼饵钓鱼。有硬饵也有软饵。寻找一根能满足你灵活性钓鱼方式需求的钓竿吧。

2.7米(9英尺)直柄竿
适用于淡水和海水,这种钓竿用来抛掷重量较重的终端钓组,为15到45克(1/2或者1½盎司)。

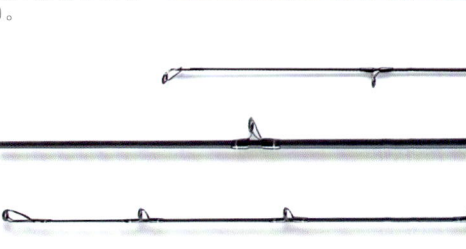

2.1米(7英尺)直柄竿
捕获鲈鱼和梭子鱼的理想选择,这种鱼竿被设计成与鼓轮一起使用。(见44~47页)

架竿器和咬钩提示器

许多淡水钓鱼方法要求鱼竿有一个支撑系统。特别是现在的鲤鱼垂钓,已经变得技术含量很高。钓竿和鱼轮通常被安装在"架竿器"上,以保持稳定并控制在手上。这些"架竿器"可能还包含了咬钩提示器,当你没有抓着鱼竿的时候,它会提醒你有鱼咬钩的迹象。长碳纤维竿也需要底座或者支架才能更有效使用(见"长竿钓",124~125页)。

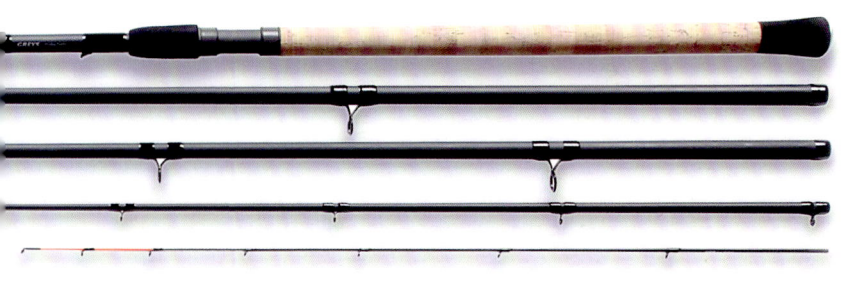

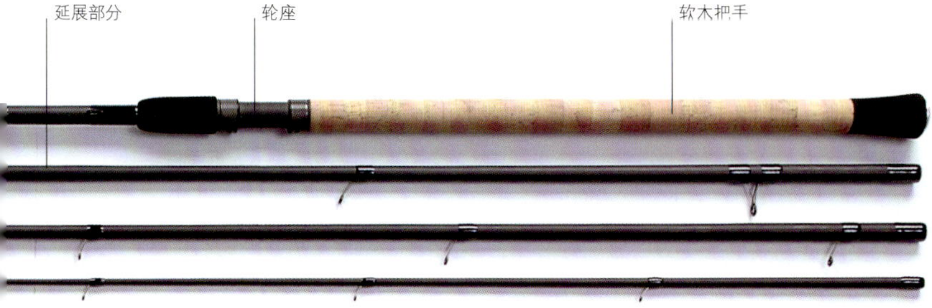

延展部分　　轮座　　　　　　　　软木把手

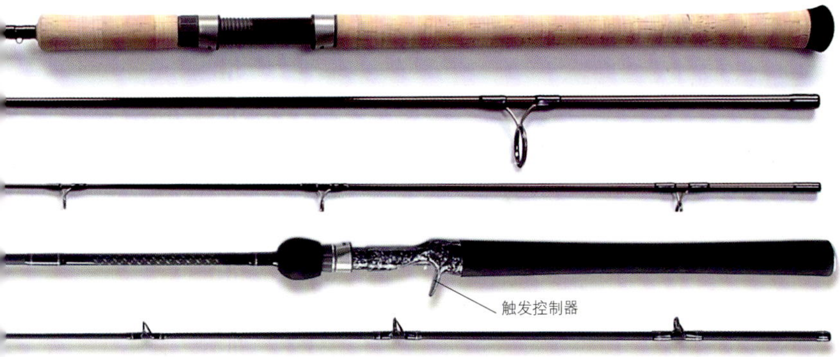

触发控制器

船用鱼竿

在船上使用的鱼竿要比其他类型的短。这增加了在船边钓鱼的拉力，短竿更容易在有限的空间使用。粗壮的船用鱼竿，用于捕捉大型鱼类，往往有全套的导环来分散鱼竿和鱼线的张力。船用鱼竿是根据其设计的鱼线强度来评定的。

海滩钓竿

大多数的海滩钓竿都很长，目的是让垂钓者可以抛掷得很远，这在从岸边钓鱼时是很有必要的。海滩钓竿配有更软的竿梢，更易于抛掷，并且能保护软饵在抛掷时不受损害。矶钓竿是特定的海滩钓竿，被设计用于在粗糙的岩面上进行激烈的钓鱼活动。

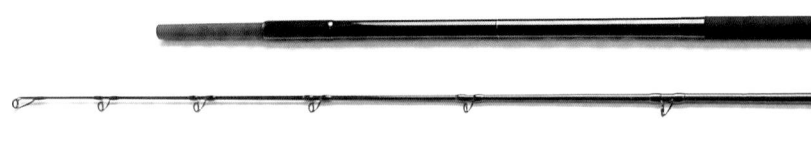

淡水飞钓竿

对飞钓竿的需求从在小溪边用最小的飞蝇饵钓鱼到在水流湍急的河上钓鲑鱼都有。飞钓竿、鱼线和鱼轮是根据 AFTM 代码评定的，例如 8 号的飞钓竿被认定为须用 8 号鱼线。

3 米（10 英尺）5 号河钓及湖钓飞钓竿
这种通用的四件套飞钓竿便于携带。它能很好地应对各种各样的淡水飞钓状况。

钓鲑鱼用双手竿
这种 4.3 米（14 英尺）长的 9 号飞钓竿，为方便双手抛掷而制造，它在应对大江大河和复杂的环境时依旧轻便、灵敏。

海水飞钓竿

几乎所有的现代海水飞钓竿都被分成至少 4 个部分，这使得它们很容易装在工具包里携带。高科技材料意味着这些鱼竿强度高，可以承受最极端的海水飞钓情况。对于技术更好的飞钓者来说，更快更硬的鱼竿能够产生更高的速度及更远的投掷距离。一条快速的鱼线能够穿过风，并在需要的时候完成更好的飞钓动作。一根更宽大的软调鱼竿对于初学者来说更好一些。一些较重级别的飞钓竿在前把手上有一个额外握把，用于垂钓大鱼。

2.7 米（9 英尺）12 号海水飞钓竿
这种强大的鱼竿能够安装粗线和大的飞蝇饵以应对大鱼。它可能难以抛掷，但是强大的抛掷对于极端的飞钓环境是有必要的。

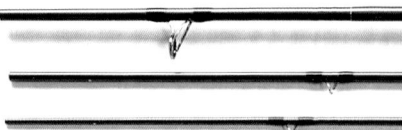

超纤细竿坯，用于减少风的阻力

2.7 米（9 英尺）8 号海水飞钓竿
这是一种很好的全能钓竿，这种精密制造的海水飞钓竿适用于各个场景，从在平原地区钓北梭鱼到在北欧钓鲈鱼都可以使用。

硬调竿梢

钓鱼渔具

9~13千克（20~30磅）的船钓竿
这种鱼竿短而有力，可以钓大型鱼种。

短、粗壮的竿坯

4米（13英尺）的矶钓竿
在粗糙的岩面、强大的潮汐和波涛起伏的海岸边钓鱼，这种海滨投掷钓竿有坚硬的尖端，可用于投掷最大重量为170克（6盎司）的鱼饵。它还有一个可调节的轮座。

减速装置

薄、轻的竿坯

双手投掷把手

耐腐蚀抗氧化轮座

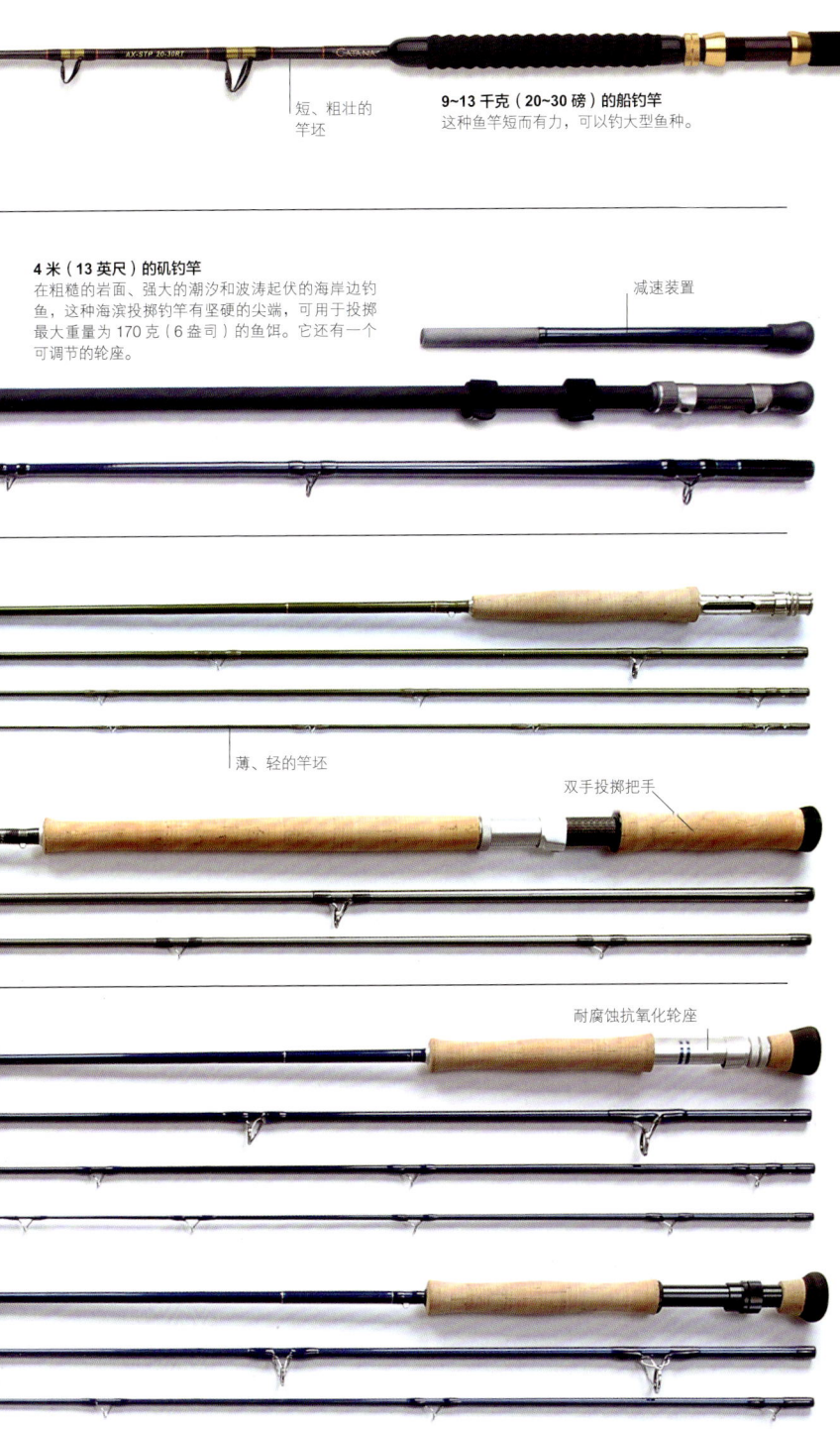

鱼轮基础知识

鱼轮的主要功能是储存鱼线，使垂钓者能够将鱼线抛出，然后将鱼线收回。它的第二个功能是帮助垂钓者缠住已上钩的鱼，通过转动鱼轮，可以调整所需要的置线张力。

鱼轮类别

鱼轮有三种主要类型：纺车式鱼轮、鼓式鱼轮和飞钓鱼轮。飞钓轮和鼓式轮都有一个旋转的线轴，可转动其中绞盘的手柄。纺车轮有一个不转动的线轴，转动手摇柄使鱼线绕过一个旋转臂，叫作"线挡"。鼓式鱼轮的线轴每转动几圈鱼线就旋转几圈，这有助于你快速收线。大多数现代鱼轮都有一个刹车或离合系统，以便上钩的鱼在垂钓者设定的张力下拉扯鱼线。

用飞钓鱼轮遛鱼
当鱼要逃脱时，鱼轮可以根据鱼线的拉力大小来控制鱼线的张力。这就会让鱼按照咬线的力度和指引游动。

安装飞钓轮

安装一个飞钓轮最简单的方法是从鱼竿上部开始，因为这样更容易看到你在做什么，虽然实际上飞钓轮是在鱼竿下部使用的。如果要使用飞钓轮，一定要定期检查，确认轮座和锁环是否紧固。

1 **牢牢握住**鱼竿的前柄，将轮脚插入手柄底部的槽中。

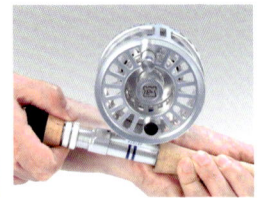

2 **向鱼轮反方向扭紧锁环**，以固定鱼轮。它们应该是绷紧的。

安装鼓式鱼轮

一个鼓式鱼轮附着在鱼竿把手上,这是它在钓鱼时被使用的位置。鱼竿上的轮座有凹槽,是卡住鼓式鱼轮的位置。它被用锁环固定在既定位置。

1 **把鼓式鱼轮轮脚放入**轮座上的凹槽中,同时紧紧抓住鱼轮。

2 **将锁环拧紧**,锁环被拧紧后确保鱼轮与鱼竿中没有空隙。

绕线

装在任何鱼轮上的鱼线都必须缠绕紧密且有一定压力。因拼命挣扎的鱼的反抗力所产生的紧绷张力下,松散的鱼线圈可能被拽到轮轴中并且可能被折断。有些鱼轮有排线器(level-wind system)(见下文)。

1 **用鱼线在鱼轮周围**打一个牢固的结,如血结或者单结(见55、56页)。

2 **拧紧结**到线轴处,然后用一把剪子修剪松弛的鱼线。

3 **在施压的情况下转动鱼轮以便缠绕鱼线**。在另一人帮助下更容易做到这一点。

4 **用你的拇指**做引导,把鱼线均匀地从一边绕到另一边。

5 **把鱼线均匀**地卷起来,这有助于毫无障碍地进行抛掷,而且能遛鱼。

6 **在你为长距离**抛掷鱼线而填充鱼轮时,确保不要缠绕过满。请在线轴的顶部留一个2毫米(1/8英寸)的间隙。

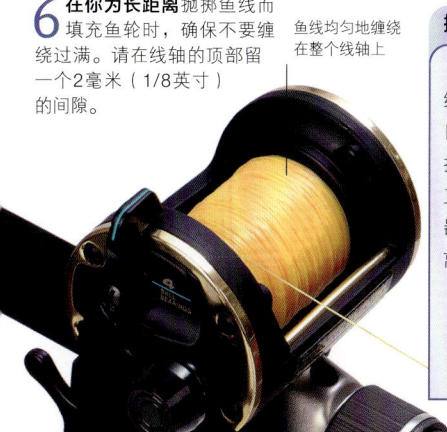

鱼线均匀地缠绕在整个线轴上

排线器

许多鼓式鱼轮有排线器,会自动分散鱼线,并将其均匀地缠绕在线轴上。虽然这是目前为止最简单,通常也是最有效的方法来把鱼线缠绕到鼓式鱼轮上(尤其是在使用细直径编织线时),但是没有排线器的鱼轮也可以进行较长距离的抛线。

排线器

鱼轮类型

有三种主要的鱼轮类型：纺车式鱼轮、鼓式鱼轮和飞钓鱼轮。在每一个类别中又有淡水和海水钓鱼鱼轮。第四种类型的鱼轮，即传统的中心卷轮（centrepin reel），是一些淡水垂钓者的最爱。

淡水钓鱼鱼轮

纺车式鱼轮是淡水钓鱼中最常用的鱼轮，这种类型的鱼轮在很多情况下很好用，而且非常有效，适用于轻型的路亚饵和小饵。然而，对于更大的鱼饵来说，小型的鼓轮是比较流行的选择。当正确使用鼓轮时，可以展现出更合适的调性和更精细的抛掷。大型的鼓轮用在要求更高的淡水水域钓大鱼，如结鱼和尖吻鲈。钓这些强壮的鱼需要强有力的钓具。

纺车式鱼轮手柄
大多数的纺车鱼轮为垂钓者提供了把手柄从左手换到右手的选择。

小型纺车轮
小的纺车轮只能容纳少量的鱼线，一个小的纺车轮是设计用来拿轻型的鱼竿钓小鱼的。

追饵纺车轮
专为钓鲤鱼而设计，追饵系统可以让鱼带着鱼饵游动，不受阻力。

中心卷轮

传统的中心卷轮主要被专业的淡水垂钓者用来在近距离或需要对浮漂进行精细控制的河湖进行钓鱼。它们不适合远距离抛掷。

水滴轮
水滴轮被设计成紧贴在钓竿上，这个小型鼓轮能完美地用于使用轻型路亚饵进行精细钓鱼。在抛掷过程中，内部的制动系统控制鱼轮。

小型鼓式鱼轮
作用与水滴轮类似。一些小型鼓式鱼轮力量足够强大，也可以钓淡水或者海水中的大鱼。

传统的中心卷轮

钓鱼渔具

海钓鱼轮

专业海钓鱼轮是由一种可以抗盐腐蚀的复合材料制成的。它们从小型的纺车式鱼轮,到最大的用于大型垂钓比赛的鼓式鱼轮都有,是用来容纳大量的沉重鱼线并垂钓大型鱼类的。对于这种类型的钓鱼方式而言,重型并具有效刹车系统的鱼轮能够让垂钓者钓上最大的鱼。

岸钓鼓式鱼轮
许多现代的岸钓鼓式鱼轮都有一个刹车装置,当你在抛掷的时候,它可帮助你减缓轮轴转动的速度。这可以防止鱼线缠绕在一起。

岸钓和船钓鼓式鱼轮
很大的鱼线容量和很好的构造让这些鱼轮适合于垂钓较重的鱼。许多鱼轮都有刹车系统(见左图)。

比赛用大型船钓鼓式鱼轮
大型鼓式鱼轮是为重型捕鲸船制造的,非常耐用。许多鱼轮具有平滑的手刹系统,这些系统足够强大,可以应对极快又强壮的鱼。

纺车式鱼轮
非常适合于投掷长而光滑的路亚饵。这种鱼轮转动时轻型饵时都能运转良好。它可以填充单股线或者编织线。

岸钓纺车式鱼轮
使用方便,强度足以应付大鱼,一个大型的纺车式鱼轮可以被所有的岸上垂钓者使用。鲤鱼垂钓者经常使用它进行淡水钓鱼。

飞钓鱼轮

现代的飞钓鱼轮似乎设计复杂,但是内部通常很简单。大的飞钓鱼轮有刹车系统,但是它们的操作方式与鼓式鱼轮及纺车式轮的不太相同。你所选择的飞钓轮的大小取决于你要钓的鱼的潜在大小和拟使用的鱼线的重量。它们通常根据用于飞钓竿和飞钓线的 AFTM 系统进行评级(见42~43页)。选择一个你想要的,与鱼竿和鱼线重量相匹配的鱼轮。

巨大的海水飞钓轮
可以容纳大量的鱼线,可用于垂钓大鱼。这种类型的鱼轮包含一个刹车系统。

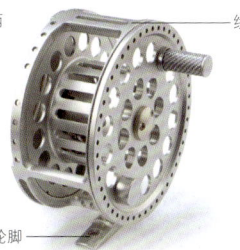

钓鲑鱼的飞钓轮
现代的钓鲑鱼飞钓鱼轮比起标准的飞钓轮要更为结实,也更大。它们可以容纳大量的鱼线。

小河钓飞钓轮
这些鱼轮很轻但是很结实。它们最适合在小河流和湖泊垂钓,那里的垂钓目标通常是鳟鱼和茴鱼。

鱼钩和铅坠

鱼钩和铅坠是被统称为"终端钓具"的主要部件。鱼钩是你钓上鱼的最后和最关键的一环,通常如果你的鱼线没有一定重量,是钓不到鱼的。请花费些时间来学习使用哪种鱼钩最适合你的垂钓。

鱼钩基础知识

使用最广泛的鱼钩是J型单钩,但是许多路亚饵都配有三锚钩,并且,一些钓鲑鱼的鱼钩是用双钩绑起来的。淡水垂钓时,有时会用铲型钩(没有钓眼的鱼钩,只有一个扁平的末端),但是大多数鱼钩都有一个柄头,你可以通过它来穿鱼线或者前导线(见54~55页)。"标准尺寸"指的是用来制造鱼钩的金属的直径。更重的鱼钩被用来钓更大的鱼,同时帮助飞蝇饵下沉。

鱼钩结构图

所有的鱼钩都具有相似特性,尽管设计细节和比例可能有所不同。现代鱼钩通常使用高纯度碳钢或者不锈钢制造。

柄头、钩柄、钩门、钩尖、钩刺、钩深、钩弯

鱼钩的大小

鱼钩的大小用数字表示,最大的数字表示最小的鱼钩,从30号鱼钩到1号鱼钩。数值大于1的鱼钩,在第一个数字之后加上零。用较大的数字表示更大的鱼钩,例如2/0。下面的例子是实际大小。

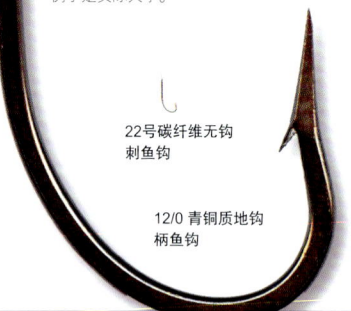

22号碳纤维无钩刺鱼钩

12/0 青铜质地钩柄鱼钩

鱼钩样式

有许多不同的鱼钩样式。它们的变化包括了钩尖的类型——有倒钩或者无倒刺,钩柄的长度,钩把的角度,以及弯曲的形状。

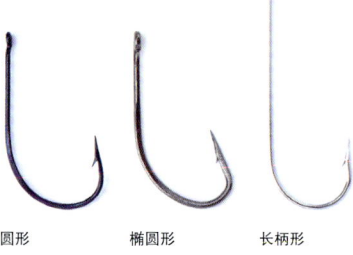

圆形　　椭圆形　　长柄形

海钓鱼钩

用于在海水中钓鱼的鱼钩需要有一定的耐腐蚀性,无论是涂在鱼钩上的涂层还是使用不锈钢等材料。钩尖通常是化学磨尖,以提供良好的钓鱼效果。请选择适合你目标鱼种大小和形状的鱼钩。对于海钓来说,鱼钩通常需要强大的力量来对付那些顽强战斗的大鱼。在容易脱钩的情况下用圆形鱼钩钓鱼是很重要的。

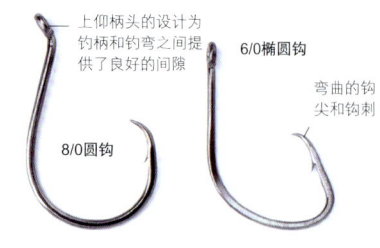

上仰柄头的设计为钓柄和钩弯之间提供了良好的间隙

6/0椭圆钩

弯曲的钩尖和钩刺

8/0圆钩

圆钩

圆钩的设计使其易于放生,可以防止深钩,因为深钩可能会伤到鱼。

淡水鱼钩

许多钓淡水鱼的鱼钩都很小,但是却能钓到大得惊人的鱼,有适用于饵钓、路亚钓和飞钓的大量不同形状的鱼钩。飞钓鱼钩的种类繁多,以适应配有不同的鱼钩类型的飞蝇鱼饵(见66~71页)。

无钩刺鱼钩

当钓到鱼时,鱼钩上的钩刺会固定住鱼钩,有时鱼钩会很难取下。没有钩刺的鱼钩更容易取下。许多垂钓者出于这个原因选择使用无钩刺设计,而且很多渔业管理部门都规定使用不带钩刺的鱼钩,特别是在有"捕捞并放生政策"的地方。

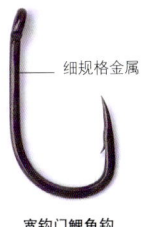

细规格金属

柄头的下倾设计能带来更好的中鱼效果

长柄鲤鱼钩

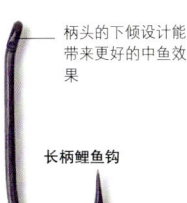

宽钩门鲤鱼钩

鲤鱼钓钩
有很多钩子可以用于垂钓鲤鱼,针对各种不同的条件有不同的形状、大小和计量尺寸。

三锚钩
三锚钩有三个钩尖,通常是作为路亚饵的一部分,因为标准的钓钩在路亚饵中通常会被遮住。许多路亚饵只有与三锚钩配合使用才有效。它们不容易脱落。

斗牛犬(bulldawg)淡水路亚饵 — 三锚钩

铅坠

钓鱼工具上的铅坠砝码功能各异,从将鱼饵沉底,到设置浮漂的深度(称为"翘起")。铅坠的其他功能也包括让鱼饵停留在所期望的水深,并帮助它们顺着水流移动,而且能让路亚饵移动得更深。不同形状的铅坠能完成不同的任务。

咬铅钓组
这些小铅坠被压在鱼线上,它们主要用于翘起浮漂和增加钓组的重量。

重型铅坠
这些大的铅坠砝码,或者重型铅坠,有助于在快速的水流中和深水中下饵。某些形状比其他形状更容易抛掷和沉底。

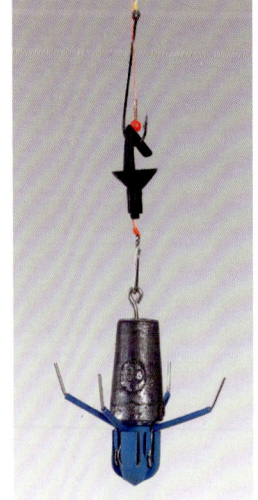

带有饵夹的铅坠
一个铅坠配有尖刺,能够将其固定在海床。当你取回时,尖刺就会从底部断裂,然后铅坠就会插入海床。鱼饵夹在鱼钩的后面,有助于在抛掷时保护鱼饵,并提高空气动力。

其他终端钓具

终端钓具（terminal tackle），指连接在鱼线末端，主要功能是可以更为有效地展现鱼饵或者操控鱼饵的钓具。你与鱼的联系将会因为钓具选择不当而被减弱。请使用你能负担得起的最优质的钓鱼组件。

转环和固定管

使用旋转连接线，不需要通过鱼竿导坏。转环有不同的尺寸，转环中洞眼的旋转，可以帮助防止鱼线在抛掷时扭曲。三叉转环通常是薄弱的，但是只要使用正确，它们可以把铅坠从鱼线上解下来。

使用固定管可以确保重型单线或者钢丝被捆绑起来。请将鱼线穿过固定管，然后穿过转环或者鱼钩的柄头，最后再穿过固定管。请用钳子或者固定工具将固定管夹紧。

转环
八字转环（右）由圆桶（barrel）和更强的滚珠轴承组成（如图）。三叉转环通常是桶形，具有更大的尺寸与强度。

固定管
固定管可以用于在长铅坠钓组中防止转环下滑。

吊杆

吊杆最基本的形式，是用来从主鱼线上播撒子线，以防止缠结，并为鱼饵提供额外的覆盖，一些路亚饵也适用于长吊杆（如飞环），而且大多数的吊杆的设计都不适合抛得太远。它们的形状大小各不相同，所以请选择一种能提供你想要的具备播撒和防缠结能力的吊杆。

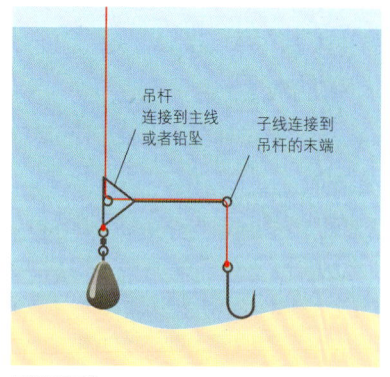

吊杆如何工作
吊杆有助于将子线从主线上分散开来，这样既能够防止缠绕，又能够限制抛掷的距离。吊杆通常用于近距离抛掷或者离岸垂钓。它们有利于创建多钩钓组。

拉链滑块
在子线之前，沿着主线工作的一个小而结实的撑杆，可以用来挂沉重的铅坠。它通常是一个简单的滚动总钓组的一部分，拉链滑块可以帮助防止你的铅坠缠绕在鱼线上。

法式吊杆
老式的法式吊杆仍然有很多用途，而且是在飞钓活动中。为了防止鱼线在水流中打结，一条长长的、带着仿玉筋鱼路亚饵的鱼线需要远离主线。

鱼线连接处

水下撒饵器

对于淡水钓鱼而言，撒饵器是一种可以在你的鱼钩所在位置附近提供底饵或钓饵的很方便的方式。一个可移动的撒饵器是有重量的，所以它可以代替任何其他铅坠，但是它一旦装上鱼饵，可能会变得非常重，以至于你的鱼竿不能抛掷它。欧式撒饵器是一个加重的框架，需要你把你的底饵打包成一个实心球，然后用鱼线垂钓，主线要正好穿过撒饵器。

封闭式撒饵器
撒饵器上的大洞可以让鱼饵，如蛆，爬出来吸引鱼上钩。末端可以打开用来填充饵料。

开放式撒饵器
开放式撒饵器能更快地使底饵扩散，水流可以把鱼饵冲出来。

饵夹（bait clip）

在海水中垂钓，当远距离投掷时，用夹子将鱼饵固定在子线附近，它们会随着海水的冲刷而逐渐散开。饵夹能减少风阻，因此钓组能被抛掷得更远。它们还能够保护软饵，特别是蠕虫，这是由于软饵可能在远距投掷时受损。把鱼饵夹起来也可以方便投掷更长的鱼线，因为多余的鱼线不会未回跑。

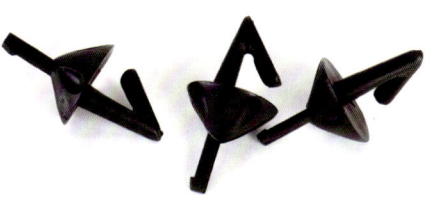

分离夹
饵夹在塑料圆顶后面。当它投入水里时，撞击会使圆顶上升并远离前导线，而前导线会弹出带饵的鱼线。

一个简单的钓组

钓组是终端钓具的统称，包括铅坠、鱼钩、转环、水下撒饵器和其他组件，你需要将它们捆绑在一起钓鱼。鱼饵组合往往不算钓组的一部分，然而钓组包括了与一个上饵的鱼钩有关的任何东西。有些钓组是复杂的，用来帮助抛掷鱼饵，其中有些钓组包含了多达3个鱼钩。

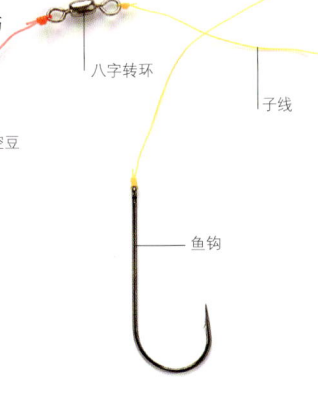

防震前导线或主线　太空豆　八字转环　子线　鱼钩　铅坠

滚动钓组
这个最基本的钓组在大多数情况下都能非常有用。可以随线拖动鱼而感受到的阻力最小。因为鱼线穿过铅坠底部的眼，处于能滑动状态。

鱼漂

市场上有各种各样的鱼漂,每一种都是为了在特定的水域中垂钓而设计的。请选择一种鱼漂,阅读包装上的说明,或在渔具店询问哪种鱼漂最适合你的钓鱼方式。请将它们装在一个不易摔破的盒子里随身携带。

鱼漂的功能

鱼漂是一种可以将鱼饵悬吊在特定水深的工具——可以是在水面上,也可以是在水面下的某个地方,也可以紧固在水底。当一条鱼上钩时,鱼漂的抖动提供了一种视觉上的提示。

如果鱼漂不规律地抖动,从水下弹出,或者突冒出来平仰在水面上,那么就说明鱼上钩了。大多数鱼漂需要某种铅坠,以便使它们能够正确地翘起,但是有些是自己加重的或者不需要铅坠,因为鱼饵已经重到足够可以使用了。

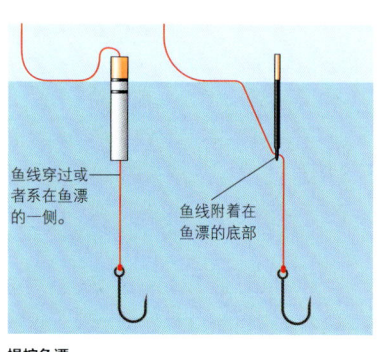

操控鱼漂
大多数鱼漂位于子线上方,通过铅坠固定,悬停在所需的钓鱼深度。铅坠使得鱼漂向上翘起。

使用海钓鱼漂

鱼漂会帮助你把鱼饵(有时是路亚饵)放在你可能抛掷不到的地方。一般而言,海水鱼漂比淡水鱼漂更大,种类也更少,因为它们必须能支撑起较大的鱼饵,比如钓海鲈鱼时用螃蟹和鱼做鱼饵。许多专业的鱼漂是否翘起,完全是由鱼饵的重量决定的。在钓鲨鱼的时候,气球被用来当作鱼漂,如果鱼饵真的很大,需要一定浮力的时候。在条件允许的情况下,让你的鱼漂在水流中漂动,从而可以覆盖更多尽可能有鱼的地方。

海水浮漂钓
一个大的鱼漂需要更多的重量来使得它正确地翘起("坐正"),在需要的时候,可以抛掷相当长的距离。在水面上很容易看到大而明亮的鱼漂。

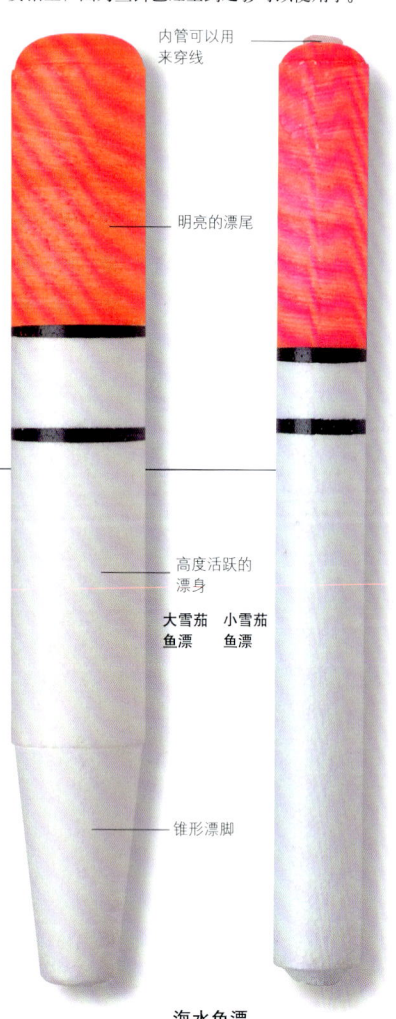

大雪茄　小雪茄
鱼漂　　鱼漂

海水鱼漂

钓鱼渔具

使用淡水鱼漂

有时你会希望你的鱼漂保持在湖面的某个位置,也许在底饵上方。但是在河流中,通常让鱼漂随水流中漂动,以便覆盖更多的水底面积。把需要的两三个咬铅钓组放在鱼漂底部附近,这样可以帮助鱼漂准确地钓上鱼。

选择正确的淡水鱼漂

你所选择的鱼漂取决于你正在垂钓的水域,以及你为钓取目标鱼类所使用的鱼饵类型。例如,棒状鱼漂是用来在河流中钓鱼的;杆状鱼漂小而精巧,适合用长竿钓鱼,在大多数淡水条件下都可以使用。

鱼漂类型	使用
鲤鱼漂	水面垂钓
水流击打鱼漂	静水,强风
游漂	迅猛湍急水流
大杆漂	流动的水流钓点,近距离垂钓
孔雀漂	湍急水流,对咬饵敏感
大负载水晶漂	加重底座,用于更远的投掷
孔雀摇漂	静水,水流缓慢到中等流速的河流

淡水鱼漂的种类

有一系列的鱼漂适用于河钓和湖钓。孔雀漂区别于其他鱼漂的一个关键特征是它加重的漂脚,这使它在湍流中有额外的稳定性。

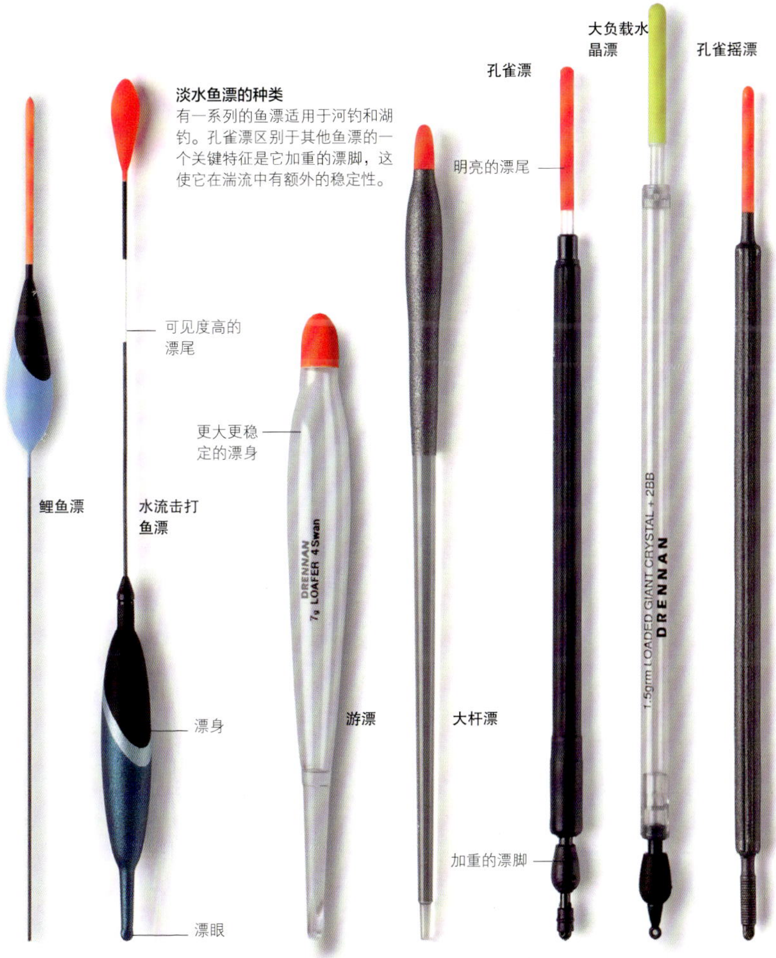

- 可见度高的漂尾
- 明亮的漂尾
- 更大更稳定的漂身
- 漂身
- 加重的漂脚
- 漂眼

鲤鱼漂　水流击打鱼漂　　游漂　　大杆漂　　孔雀漂　大负载水晶漂　孔雀摇漂

河钓鱼漂　　　游漂　　　　孔雀漂

鱼线和结

鱼线是连接你和你钓到的鱼的要素。主线是鱼轮上的重要线材,前导线(或防震前导线)被绑在主线末端。子线(或"钩长")是系在钩子上的较短的线。飞线则不同,必须有一端连接飞蝇饵。

主线类型

主线的主要类型是单线(单丝线)、编织线和飞线。对于飞钓来说,轻便的飞蝇饵需要一条加重的飞线来传递动量,或者投掷铅坠,让飞蝇饵可以飞出水面或进入水中。相对较短的主线则是连接到一长段衬垫线(编织或专业衬垫材料)上的。

单线
用于淡水钓和海钓的单线,适用于长距离抛掷。其固有的拉伸特性为抄鱼提供了良好的减震条件。

线的选择
单线和编织线在强度范围内部是可用的,并通过断裂反应变和线直径进行评级。较粗的线,通常用作防震前导线(见56页),比单线和编织线长度更短,线轴更小。飞线是根据AFTM代码进行评级的,其中一类被系上特定的铅坠,比如8号线。

飞线
飞线由内置线和外部涂层组成。有些是用来漂浮的;有些是用来慢慢下沉的(中速);有些是用来快速下沉的;有些会以不同的速度下沉,从中等到特快。

飞线的穿法

把飞线穿到钓竿上的一个有用技巧是把线对折,然后把它推进钓竿导环。这会把前导线拖到飞线后面,把它拉过导环。单线和编织线如果对折会损坏,所以必须以飞线穿过。

编织线(braid lines)
编织线具有很高的强度与直径比,会让其更细、更轻地穿过潮汐和风。使用时必须要小心,因为它们不具备单线那样的延展度。缺乏拉伸力会让编织线与咬钩的鱼获近距离直接接触。

把飞线推进钓竿导环

金属子线

钢丝绳曾经在深水和大潮钓鱼中很受欢迎,因为它的直径小,能在水中几乎没有阻力地穿过水面。编织线现在也具备这一功能,而金属线现在主要用于钓取牙齿尖锐的鱼。有些金属子线几乎可以像单线那样简单地绑在一起。较重的金属线需要卷起来或者进行特殊打结。

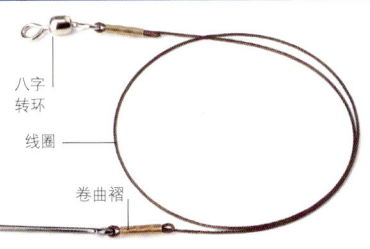

捕鲨线
典型的捕鲨线是由一个大钩和一个转环组成,连接一条坚固的钢丝线,卷曲在两端。

血结(blood knot)

也被称为"混血结",这是最基本的钓鱼绑线方法,用来把线系到像鱼钩、转环和路亚饵这样的物体上。它也常用来连接直径相同的两条鱼线。它会有效地被用于许多钓鱼活动。大多数垂钓者很快就会学会各种不同的结法。

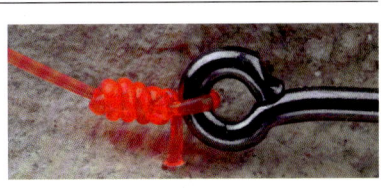

系好线的鱼钩
血结提供了一种将鱼钩固定在鱼线上的简便安全的方法。在紧绷的情况下也是安全的。

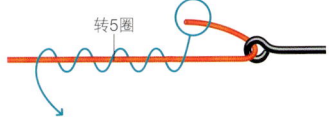

1 **将鱼线穿过**鱼钩、转环或路亚饵的环,然后从尾部至少绕鱼线5圈。

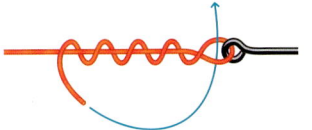

2 **把缠绕的鱼线**绕过后,穿过第一个线圈和圆环之间留出的空隙。

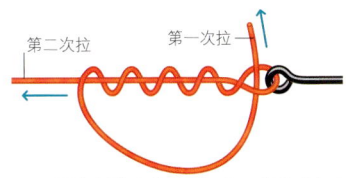

3 **用唾液润滑整个结**。把短的一端拉过去(但不要拉得很紧),然后在另一端拉紧。

4 **拉拽时**,稳定不要着急,将线圈放松,形成线结。修剪线结处的线,但要留下一个突起。

外科结

用于连接直径不等的两条线的另一种结。在飞钓中特别有用,因为你可能需要连接不同的断线。

外科结

1 **将两条线并排放置**,结节两端朝向相反的方向。保持线在一起,形成一个圆圈,将两条线穿过圆圈两次。

2 **弄湿线结**并同时将两端结都拉紧。用剪刀或锋利的钳子把线剪短。

防震导线结

当抛掷重饵和重铅坠时,用一个结实的绳结把一条较结实的线即防震导线,与较单薄的主线连接起来。防震导线保护主线不受抛竿时的冲击影响。通常也被称为表示鱼钩长度的子线。防震导线通常较短,被用来避免被皮肤粗糙的大鱼和牙齿锋利的鱼影响。

防震线结
防震绳结对连接防震导线和细的鱼线很有用。防震结有一个很低的侧面,很容易通过鱼竿的导环。

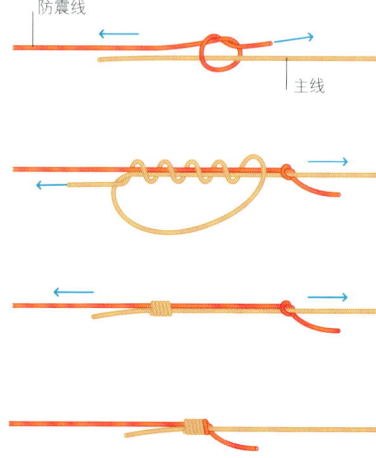

1. **在防震导线上**打一个松散的上手结,从上手结中间拉出主线的一截。

2. **将主线圈**在防震导线上方和周围打一个单结(见下文)。确保线的弯头围绕着两条线。

3. **弄湿两个结。**拧紧在防震线的上手结,通过拉动结节处的末端,放松打出单结的线圈。

4. **放松绳结**(如果有必要的话,再次弄湿绳结),然后把绳结剪短,留下很小的接头。

单结

这是一种用途广泛、结实的结,打起结来很简单。当完全收紧时,它可以作为血结的替代品。它也可以作为一个环结,在打结之前需拉紧结节处。把一个单结和另一个单结连在一起是一种很好地连接两条直径相同的线的方式,但是一定要把每一个结轻轻拉到位。

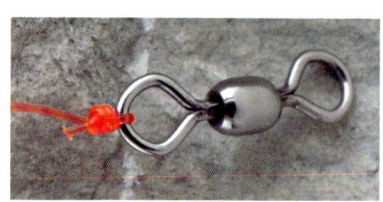

把鱼线系到八字转环上
这种多用途结的主要用途之一是将绳安全地连接到一个转环或鱼钩上。一定要把线头修剪整齐。

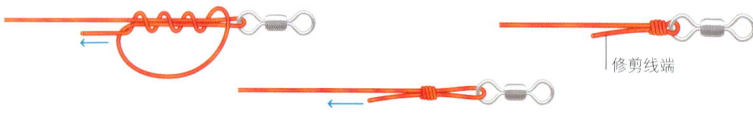

1. **把线穿过**转环,通过把它拉回环眼形成一个圆圈。在圈内和两股线周围弯折几次。

2. **轻轻拉拽线的线端**,打一个结但不拉紧。这样就会在转环的环眼附近形成一个结。

3. **将打结处**(必要时可沾上口水)拉近转环的环眼,然后将结的两端拉紧。修剪线头到环眼处。

钓鱼渔具

血环

也被称为"滴管环"。这个结是在你的线呈直角的部位创建一个固定环，你可以在上面绑上路亚饵或鱼钩。虽然有更结实的结法，但下面描述的基本结的结法很容易，并且适用于许多钓鱼情景中。

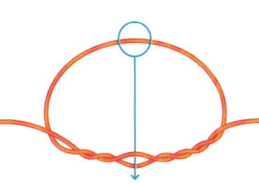

2 把这个环拉拽 直至形成一个新的圆环。把结弄湿，然后轻轻拉线的两端。

1 在你的鱼线上结一个需完成的一定尺寸的圆环。然后把这个圈环绕几次，反复绕过已经产生的线圈的中间部分几次。

3 拉紧线圈，完成最终的血环结。

使用血环
把鱼钩或路亚饵穿在圆环上，或剪掉圆环，用血结或单结将其固定。

乐伯乐结

乐伯乐结是形成绑住路亚饵、鱼钩或飞蝇饵的圆环的一种有效方法，它比用紧绷的结固定活动得更自如、更自然。要让初始的圆环拉拽到足够大，从而在离环眼较远的地方形成一个结。

记住要慢慢地解开结，在解开之前先弄湿它。完美外观结和防滑单结也可以用于绑住路亚饵、鱼钩或飞蝇饵。

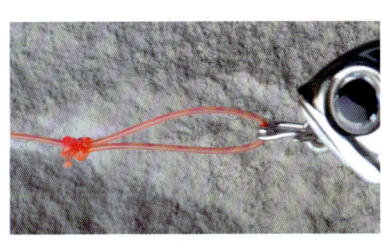

绑系路亚饵
许多路亚饵系在有乐伯乐结的鱼线上时更能诱鱼。这种结让路亚饵在水中有更大的活动自由。

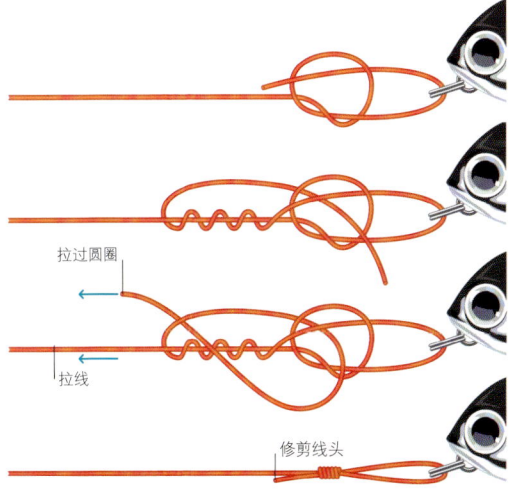

1 打一个松散的结，拉住线尾穿过它和路亚饵眼，再绕穿过结。

2 抓住空线端，绕线三圈，然后通过原来的上手环把它拉回来。

3 把空线端拉过上一步骤中形成的圆圈，拉紧结。

4 在你把结拉紧后，把结的末端修剪整齐。

淡水鱼饵

淡水垂钓者的鱼饵种类繁多，从鱼可以食用的天然美食，到高科技高蛋白鱼饵，应有尽有。花些时间选择合适的鱼饵，用在你想钓的鱼种上。

天然鱼饵

如果你准备自己去挖蚯蚓作为鱼饵的话，它们通常是免费的。渔具店里通常有大量流行的淡水饵，如蛆、蚯蚓、蛆蛹和粉虱（绿蛹幼虫），以及各种掠食性鱼种（如梭子鱼和鲈鱼）的冷冻鱼饵。

许多淡水鱼饵可以储存在冰箱里的鱼饵盒里，这些鱼饵盒上有穿孔的盖子，可以让空气进入，但你将它们从冰箱里拿出来时，要用冷却袋或者隔热盒保护它们不受极端温度的影响。

在垂钓者很少，没有受到严重垂钓活动影响的地方，天然鱼饵效果最好；但是如果其他方法都失败了，任何努力都值得一试。有些鱼对天然鱼饵很敏感谨慎（尤其是大鲤鱼），但这些鱼饵依旧能够成功。

带上足够的天然鱼饵，这样你就能抛投更多的鱼饵了（多次少量）。这就像使用底饵——一种被投掷在水中，旨在通过气味和视觉吸引力，将鱼吸引到你身边的混合物。

蛆
它对许多鱼类有吸引力，通常可用染色剂染色以增强效果。要小心地将其挂在小鱼钩上。

蚯蚓
蚯蚓做饵通常效果良好。它们往往被储存在潮湿的泥土里，可以保存很长时间。一定要把虫子多钩几次，有助于鱼咬饵。

把鱼饵放在手边
当你在岸边垂钓令人毛骨悚然的鱼时，把鱼饵撒在你的周围，这样你就可以轻松地把你的装备放进去。要在原地放饵。

人工鱼饵

鱼类的天然食物中没有的通常是从我们自己的食物中提取出来的,比如面包、玉米、奶酪和加工肉类,以及狗饼干、种子和谷物。然而,近年来高蛋白鱼饵也得到了越来越广泛的应用。这些特殊的鱼饵最初仅用于钓鲤鱼,但事实证明,它们在各种日常淡水垂钓中都很有用。

高蛋白鱼饵是由动物蛋白、大豆蛋白、鸡蛋、调味料、色素及其各种混合物制成,它们的各种气味和味道都是不可信的。它们通常被用来做成可延展的膏状物,可以固定在钩子上,或者被称为"煮过的饵料"——一种被煮沸的球状混合物。由此产生的坚硬的外表涂层帮助它们抵抗较小的、不想要的鱼的注意。

给鱼钩上饵

当"上饵"时,要将鱼钩的大小与鱼饵和鱼的大小相匹配。大多数鱼钩都能挂钩,而不需要把鱼钩埋入鱼饵,尤其在使用硬饵时。然而,对于一些特殊的用法,比如用午餐肉给鲤鱼做鱼饵时,就需要用鱼饵遮住鱼钩。煮过的饵料通常是通过一种著名的钩饵分离的钩组来与鱼钩连接。理论上,它会让机警的鱼感觉不到鱼钩就能吞饵。

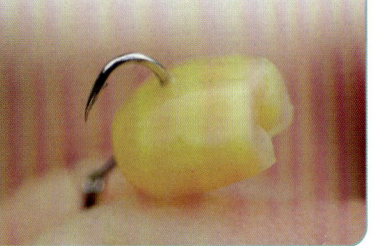

煮过的饵料
用不同的尺寸、颜色和喜好制作而成,煮好的饵料和糊状饵料可能非常有效。

狗饼干
软的狗饼干或者干的各种品种(需要预先用水浸泡),是在水面钓鲤鱼的好选择。

甜玉米
罐头甜玉米适合垂钓许多鱼类。有多种味道和颜色可供选择。

用弹弓弹发底饵

有很多时候,你需要抛掷的鱼漂或铅坠会超过你的自然投掷范围,这时用弹弓弹饵器是很有用的。这是一种精确的方法,可以让底饵到达鱼所在的位置,以吸引它们,并让它们继续进食。底饵和钩饵的混合物放在投饵器中效果很好。投饵器只用于放置鱼饵时要经常注意安全。

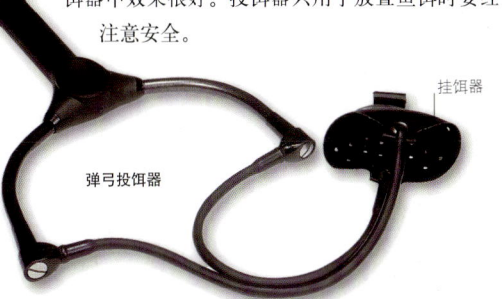

挂饵器

弹弓投饵器

用弹弓投饵器
将弹弓投饵器的前部对准水面,拉回挂饵器,放手。

海水鱼饵

有了大多数的海水鱼饵，我们的目标是把尽可能多的气味投入水中，让鱼靠近你。最有效的方法是使用高质量的新鲜鱼饵。许多垂钓者喜欢自己收集和储存，但渔具店也有很多选择。

选择鱼饵

海水鱼饵有四种基本类型：鱼（全鱼、鱼块、鱼排和鱼片）、蚯蚓、甲壳类（螃蟹、大虾等）、活饵（各种鱼类）及地方特产。有些地区有禁止使用某些鱼饵的规定，要到当地的渔具店和网上咨询最新的政策。

研究你的目标鱼类，知道它们以什么为食会提高你的捕获率，特别是不同的鱼类对特定的鱼饵表现出的明显偏好，而且往往会随着一年中的不同时间而变化。

根据猎物的大小、鱼嘴巴的大小，以及投饵的距离，判断鱼饵的大小。大鱼饵也许能钓到大鱼，小鱼饵也行；但小鱼饵也能钓到许多小鱼。

关注和使用鱼饵

在家里和钓鱼的时候都要注意你的鱼饵。不要让冰冻的鱼饵解冻，除非你准备使用它们；解冻和再冷冻会使它们失去大部分吸引力，它们会失去新鲜的气味。如

玉筋鱼和沙蚕
玉筋鱼（左）用于底钓放饵，放在浮漂下，或旋转放饵。沙蚕（右）常与其他鱼饵一起使用。小心它们锋利的触须。

果你想要从鱼饵中得到一种自然的香味，那么在炎热的条件下，就要小心地把它们拿出来。买一个冰袋，让它们尽可能冷冻，并且远离阳光直射。鱼饵的气味会逐渐被冲走，所以要经常更换鱼饵，即使没有任何鱼咬钩。软饵，如蚯蚓，需要更频繁地更换。像投掷底饵一样让你的鱼饵在水中留下一条"多汁"的踪迹；用碎肉做的鱼饵（chum）（见160页）和其他免费的鱼饵也经常被使用。

用鲭鱼做饵
鲭鱼是一种多用途的鱼饵，很少有鱼类不吃。钩整条鲭鱼最好的方法之一就是把鱼钩从它的下巴伸到眼睛中间。许多鱼咬饵时都咬到鲭鱼头部底端，所以在那里穿钩，你就会有让鱼咬钩的最好机会。

海蚯蚓
海蚯蚓在沙和泥中挖掘，它们会留下独特的痕迹，这给了你到哪里去挖它们的线索，这些虫子对钓鳕鱼和鲈鱼特别有效。如果你想将海蚯蚓保存几个小时以上，可以把它们用报纸包起来放进冰箱里，但每天都要分类，除去所有死虫。

活鲭鱼
羽毛钓组可用来钩住鲭鱼作新鲜鱼饵。鲭鱼可被用作活饵,但它们很难一直保持鲜活。冷冻鲭鱼是其替代品。

混合鱼饵
活饵常被组成"开胃菜"。许多鱼饵都会用到鱿鱼,还有沙蚕,它们可以吸引到多种鱼类。

蜕皮鱼饵
即将蜕皮的螃蟹被称为"蜕皮鱼饵",它们被制作成出色的饵料。寻找开口贝壳和下面的新软壳动物。蜕皮蟹经常藏在岩石和杂草下面。

路亚饵

路亚饵是一种人工拟饵，用来引诱食肉鱼上钩。路亚饵的种类很多，所以要考虑鱼饵的颜色、大小、钓点水深及其在水中活动的方式等因素，并考虑什么类型的路亚饵对你的目标鱼类有吸引力。

路亚饵是如何工作的

路亚饵通常是由金属、塑料或木头制成的，但由软塑料制成的现代设计路亚饵也很受欢迎。路亚饵的设计目的是要以不同的方式工作，但垂钓者只有通过不断地调整钓线，才能将"生命及活力"传递给它们。如果没有这一点，它们就是一种惰性和无趣的仿制品，对任何鱼都没有吸引力。用路亚饵垂钓时，最吸引人的地方之一是垂钓者总得很活跃，高度参与到钓鱼的过程中。

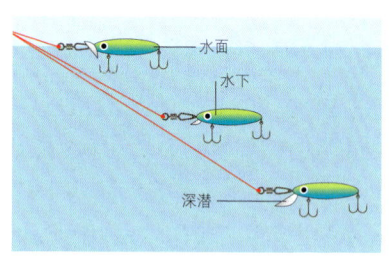

路亚饵的深度
路亚饵在特定深度游动以吸引特定的捕食者。路亚饵的翼片或刀片的设计通常决定了它工作的深度。

淡水路亚饵的种类

与所有类型的鱼饵一样，淡水路亚饵模仿各种淡水饵鱼（baitfish）的外观和游动模式。有些路亚饵被设计来模拟健康鱼饵正常游动的模式，而有些鱼饵则是倾向于设计出来模仿痛苦或受伤的猎物，使它们对捕食者更具吸引力。要想成功地使用路亚饵，尽可能多地了解你的目标鱼种很重要，并且要发现是什么使它们最有可能咬上你的路亚饵。

水面路亚饵
一些水面路亚饵用于水面钓鱼，捕食者会从水下试探它们，这些路亚饵不会下沉。其他的则被设计成浮漂型，直到垂钓者开始尝试提竿探饵，这时路亚饵才会沉入一个特定的深度。

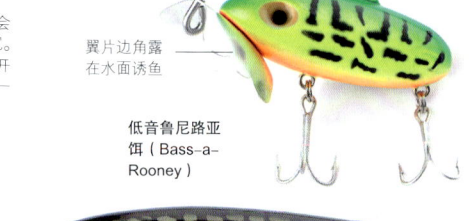

翼片边露在水面诱鱼

低音鲁尼路亚饵（Bass-a-Rooney）

水下路亚饵
设计用于在水下游动，大多数水下路亚饵不会潜水很深。有些对于在一个稳定地点垂钓最有效，而另一些则要求有反复拉拽颤动诱鱼的过程。

翼片角和尺寸让路亚饵正好停留在水面下

扎尔特·赞路亚饵（Zalt Zam）

深潜路亚饵
当路亚饵探索猎物时，能在水深处诱鱼的路亚饵或被加了铅坠，或翼片角度促使它们下沉。确保你的路亚饵不要探底，被水底障碍钩住而失去路亚饵的代价是很昂贵的。

翼片边角引导路亚饵下潜

厄尼路亚饵（Ernie）

选择一种路亚饵

毫无疑问,许多路亚饵的设计初衷都是为了吸引垂钓者而不是鱼,但随着时间的推移,你会知道哪种路亚饵最适合哪种鱼,以及在何种情况下最适合哪种鱼。有些鱼对某些颜色有特殊的偏爱,例如梭子鱼,喜欢红白色组合。深色鱼饵通常在暗淡的环境下效果最好,而明亮的鱼饵在光线较亮时效果更好。如果一条鱼在你的鱼饵下打转,但是没有咬饵,停下一会儿,看看鱼是否会回来。如果没有,那就在下一次抛竿时覆盖同样的区域。给路亚饵足够的时间垂钓,不要太匆忙更换。对自己选择的路亚饵充满信心非常重要。

做一个选择
垂钓者通常会携带各种不同的路亚饵,但他们往往会使用他们过去最成功的一种路亚饵。

旋转饵和匙形饵
这些路亚饵通常是用金属制成的。旋转饵被设计成在被收回时会在水中旋转,光线经常从它闪亮的侧面反射出来,进一步引诱捕食者。当使用旋转饵时,请确保您的子线有一个旋转纹,因为这将有助于防止鱼线缠绕。匙形饵与旋转饵非常相似,但它们在被收回时通常会不规律地摆动和颠簸,而不是简单地旋转。

大黄蜂旋转饵(hornet spinner)

三锚钩

泰门利帕(Taimenlippa)旋转匙形饵

教授匙形饵(professor spoon)

抽停路亚饵(jerkbait lures)
有硬质和软质材料,设计成用于水面和水下,抽停路亚饵在那里被甩出并拉回。人们需要一根短而结实的钓竿来应对这种巨大的鱼饵和它急转直下的颠簸动作。

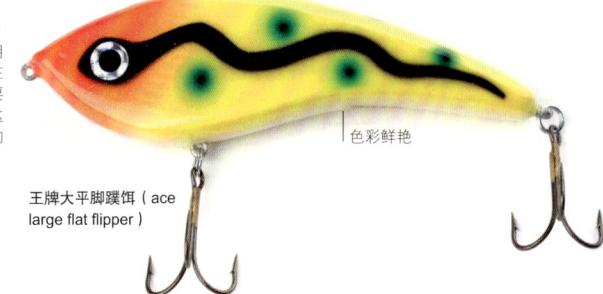

色彩鲜艳

王牌大平脚蹼饵(ace large flat flipper)

用路亚饵海钓

从最浅的近海水域到海洋深处,都有大型鱼类在那里漫游。海洋中有大量的掠食性鱼类,它们很容易吞食路亚饵。正是路亚饵海钓的多样性使它如此特别。普通的带饵钓鱼是抛掷或是投下鱼饵,等待鱼游向你(观光海钓除外),路亚钓则是用你的路亚饵来迷惑鱼。在路亚钓鱼中,你

完美中钩
一种被称为铁板路亚的小型路亚饵沿着水底活动,通常表现得像移动的对虾或小虾。一个铁板路亚饵成功地钩住了这条鱼。

能体验到的最激动人心的时刻之一,就是当一条鱼咬中你下沉的路亚饵时,你会突然感到钓竿颠簸摇晃;或者,当一条鱼冲向水面路亚饵时,你会感到水的巨大漩涡。

海水路亚饵的种类

和淡水路亚饵一样,海水路亚饵的设计是为了在不同的深度工作,尽管许多大型食肉鱼类也很喜欢吞食水面鱼饵。水上钓鱼非常流行,特别是在温暖的热带海洋,因为这里包含了大多数可以用路亚饵垂钓的鱼种。水面和水面下的路亚饵也适用于粗糙的海底,而在那里如果使用深潜路亚饵则会被钩住。欧洲的海鲈鱼可以用这些路亚饵捕捉,一些大型比赛鱼类也可以,比如枪鱼和金枪鱼。这些鱼类经常是恰好在水下或非常接近水面的地方被路亚饵捕获的。

水面路亚饵
水面路亚饵有各种形状和大小,它们都是通过制造一定程度的水面干扰,向饥饿的捕食者发出挣扎信号来诱鱼。波爬路亚饵(poppers)有一个弯曲的前端,可以让它吐出水来模拟受伤的鱼。还有一些路亚饵会被挂上铅坠,使垂钓者可以通过将竿梢前后移动——即所谓的"遛"——的方式使路亚饵在水面上"摆动"。

仰起的脸 | 萨米路亚饵(Sammy) | 饵身

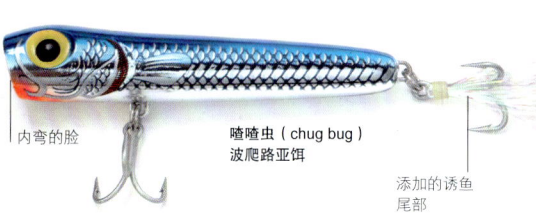

内弯的脸 | 喳喳虫(chug bug)波爬路亚饵 | 添加的诱鱼尾部

钓鱼渔具

水下路亚饵
吸引着各种各样的鱼种，甚至是大型钓鱼比赛鱼种。要意识到，这些路亚饵可能会缠绕杂草或漂浮杂物，从而影响它们的活动。通过练习，你可以知道路亚饵在什么时候不起作用。

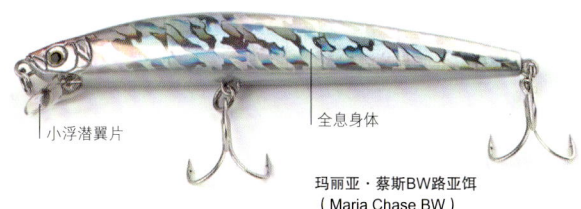

小浮潜翼片 — 全息身体

玛丽亚·蔡斯BW路亚饵
（Maria Chase BW）

深潜路亚饵
许多深海鱼通常都是在船上钓到的，深潜路亚饵在岸上或船上也很好用。先检查水的深度。

大的深潜翼片 — 强力三锚钩

深潜急速颠簸路亚饵
（down deep husky jerk）

垂直铁板路亚饵
蝴蝶或垂直铁板路亚饵用于垂钓在深水中快速移动的大型比赛类热带鱼种。它们沉到水底后会上下颠簸。

金属制成的重路亚饵

深渊路亚饵
（abyss）

协助钩或刺钩

滚动路亚饵
主要是为钓大型鱼类设计的，比如枪鱼。这些通常又大又色彩鲜艳的路亚饵都是在船后的悬臂上以特定的模式被投掷的。许多鱼都是用活饵或者死饵钓上来的，这些真鱼饵通常钩在路亚饵"头部"后面的一对大鱼钩上。

像液态的塑料触角

火前头路亚饵

坚硬"面部"可以搅动水面

枪鱼超级震动路亚饵

软塑料路亚饵
许多灵活、有时有香味的路亚饵已经可以模拟天然鱼饵。这些设计能吸引各种各样的鱼，并能做出逼真的动作。著名的蠕虫和鲱鱼图案的路亚饵分为有铅坠和无铅坠类型。

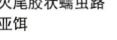

火尾胶状蠕虫路亚饵

朝天钩 — 尾巴在水中振动

野生河鲱路亚饵

飞蝇饵基础知识

飞蝇饵是由各种各样的天然和合成材料制成的，制造出一种活饵的假象迷惑鱼。当你垂钓时，你需要携带一些各种图案的飞蝇饵，这些图案可以根据目标鱼类与鱼栖息地和饮食的不同来诱鱼上钩。

诱鱼饵和惑鱼饵

飞蝇饵通常被归类为诱鱼饵和惑鱼饵两类。诱鱼饵通常颜色鲜艳，灵活多动，能激发鱼的攻击性进食本能。惑鱼饵则通过模仿一种特定的食物使鱼感兴趣。当你装飞蝇饵盒子的时候，要确保你加入了各种鱼类喜欢的，既能诱鱼又能迷惑鱼的飞蝇饵。

粉色鱿鱼饵（squid pink）
这个飞蝇饵图案有鱿鱼的轮廓，但是它亮粉色的颜色不像天然生物，所以它被归类为诱鱼饵。

鱼苗饵

飞蝇饵并不总是模仿鱼食。冲浪糖果飞蝇饵（右图）被设计成看起来就像一条小的饵鱼，在海水钓垂钓鲈鱼等时可以使用。

六日鱼苗饵（6-day-old fish fry）

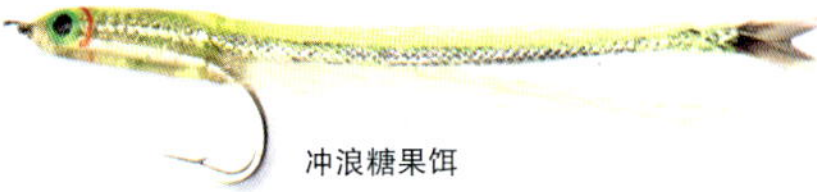

冲浪糖果饵

"长腿叔叔"饵（daddy longlegs）

鲑鱼喜欢在秋天大量孵化的大蚊。"长腿叔叔"飞蝇饵完美地模拟了真大蚊的精致翅膀和瘦长腿，是一个被设计用来惑鱼的好例子。

成年大蚊

"长腿叔叔"饵（daddy longlegs fly）

成年蜉蝣饵（adult mayfly fly）

成年蜉蝣

蜉蝣飞蝇饵

飞钓者们很期待这种季节性的蜉蝣孵化，它通常会引发鳟鱼等鱼种的捕食。蜉蝣类飞蝇饵模拟了天然昆虫的主要特征，如短尾、横当腹部和特点明显的翅膀。

捆绑你自己的飞蝇饵

捆绑自己的飞蝇饵是一件非常令人满意的、省钱的事,因为专业的系好的飞蝇饵会很贵。基本材料包括雉鸡尾羽、兔毛和细金属丝。有许多公司出售飞蝇饵捆绑材料。对于初学者来说,在一个包含了许多有用的材料、鱼钩、一些飞蝇图案和如何绑它们的说明的基本工具包中探究一下是值得的。在一个光线好的工作台上练习捆绑飞蝇饵,然后练习捆绑几种相同模式的飞蝇饵,直到你掌握为止。如果你的第一次尝试有点粗糙,不像图片展示的那样,不要担心,鱼可能会接受它们。

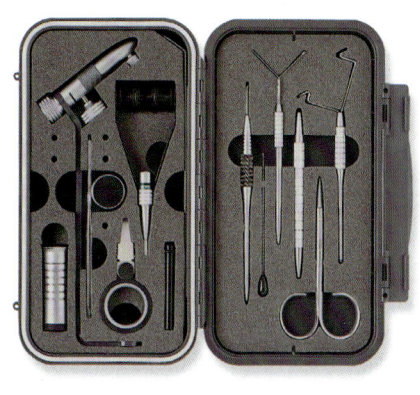

捆绑飞蝇饵的工具包
你需要用一些工具来绑紧飞蝇饵,包括一个虎钳来夹住鱼钩;一个筒子来装你的系线;一把锋利的剪刀来剪材料。

解构飞蝇饵
飞蝇饵样式包含许多特征,有些样式具有所有的特征,而另一些只有几点特征。学习连接这里显示的样式的每个部分所需要的技术,你将能够很好地为你的飞蝇饵盒填充大量的个人作品。

绑紧飞蝇饵
绑飞蝇饵需要注意力集中,手握稳,光线充足。用来捆扎飞蝇饵的虎钳要放在合适的高度,锋利的剪刀是成功的关键。

海钓飞蝇饵
这里制作的飞蝇饵将模仿海虾。虾体用纺好的毛皮制成,用一种被称为"做假饵"的步骤将其绑在鱼钩上。

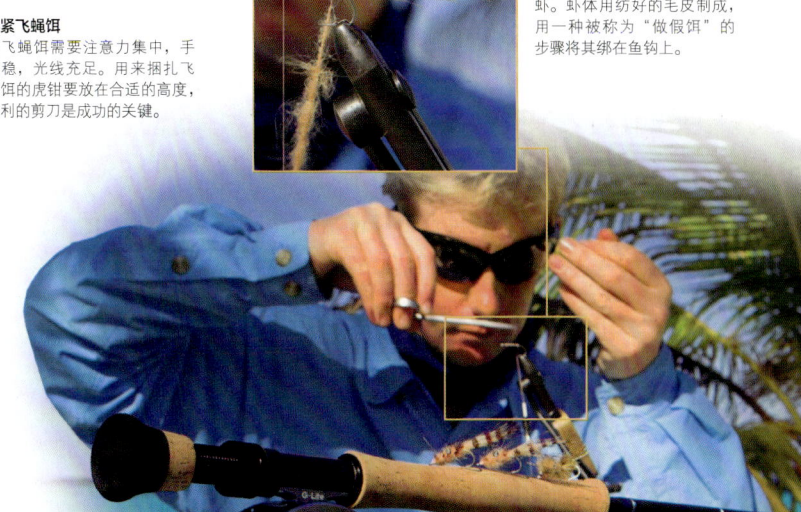

飞蝇饵类型

当你选择一种飞蝇饵时，要考虑到鱼所在的水深，以及它们通常赖以生存的食物。人工飞蝇饵可以分为两大类：一种是水下模式，称为"湿饵"；另一种是水面模式，称为"干饵"。

淡水湿饵

湿饵的目的是模仿水下发现的一系列鱼类食物，比如水面上的苍蝇蛹，或者经常在湖底或者河底附近发现的虫蛹和幼虫。有些湿饵看起来非常像小鱼，甚至像各种甲壳类动物，比如虾。

湿饵通常会吸收一些重量来帮助它们下沉。一条正在下沉的飞钓线被用在不同的深度钓鱼。当你用一种湿飞蝇饵时，你在钓鱼时常常看不到飞蝇饵，因此，你需要感受或者观察鱼线上是否有鱼上钩的迹象。你也可以试着在鱼导线上绑一串湿飞蝇饵来钓鱼。这种策略可以让你将飞蝇饵定位在一定水深范围内，增加你的成功机会。

超级高效摇蚊饵（super buzzer supreme）（橄榄绿）
大部鳟鱼的食物都由摇蚊（也称"蜂鸣器"）组成。超级摇蚊饵就模仿了摇蚊的蛹形。

捷克深水炸弹（depth charge czech mates）
由捷克垂钓者设计的这种快速下沉的人工鱼饵，会让在深水处捕食蛹和幼虫的鱼容易咬饵。

豆娘若虫饵（damsel nymph）（中度橄榄绿）
鳟鱼很少会吞服成年豆娘虫假饵，但是不会抗拒其虫蛹假饵。它移动时尾翼会摆动，会吸引鱼上钩。橄榄绿是很受欢迎的颜色。

戏水饵（dabbler）（酒红色）
戏水假饵是传统的湿饵，模拟的是半孵化或溺死的苍蝇，通常有一个羽毛状的轮廓，称为"飞蝇羽"。

野兔耳若虫饵（hare's ear nymph）
这款突出的设计，大概率能保证钓到全年以各种昆虫和甲壳类动物为食的鱼类。

淡水干饵

干的飞蝇饵可以通过模仿真苍蝇或者干扰水面来诱鱼。它们被系在轻便的钩子上,这种连接有助于体现它们的漂浮特征。在众多的水面干饵中,有些是模仿孵化时的昆虫的样子,有些则是模仿孵化后在水面上搁浅的昆虫。也有模仿那些已经孵化后落入水中的苍蝇的设计。

如果你的飞蝇饵开始下沉,把它拉回来,用纸巾擦干,然后涂上一些有助于让它漂浮的物质。这些液体、喷雾或者凝胶可以在渔具店购买。

用干饵钓鱼时,要仔细观察周围环境。特别是在水面上寻找昆虫,它们或是遁藏在植物中,或是在空中飞行。尝试通过选择外观相似的飞蝇饵来匹配这些发现。在水面觅食的鱼通常会有所选择,可能会拒绝没能模拟成它们喜欢的食物的飞蝇饵。

亚当的降落伞(Adam's parachute)
这种著名而又有效的飞蝇饵很受欢迎,它既能在流水中,也能在静水中引鱼咬饵。这是一种很好的干饵模式。

爸爸的少女(dad's demoiselle)
鱼很少能捕食成年雌蝇,因为要捕获它们需要很大力气。然而,如果你能找到一条精力充沛的鱼作为目标猎物,那就值得拥有它。

克林科汉默饵(Klinkhammer caddis)(绿色)
这是另一种重要的干饵,它可以完美地停在水面,模拟成年石蚕或是孵化中的莎草蝇。

切尔诺贝利蚂蚁饵(Chernobyl ant)
切尔诺贝利蚂蚁饵是一个轮廓特点鲜明的人造飞蝇饵的极好例子。它可以用于在波涛汹涌的水中钓鱼,也可以顺流而下,创造出吸引鱼的踪迹。

淡水飞钓
淡水鱼以不同生长阶段的各种昆虫和虫类为食,它们可以被模拟成人造飞蝇饵。

驼峰饵(humpy)
驼峰饵在水流湍急的水域特别有用,因为其坚硬的羽毛和鹿毛制成的躯干有极好的浮力和结实轮廓。

F 型飞蝇饵(F-fly)
这是一种简单而致命的飞蝇饵,通常被称为"应急者"。它的躯干恰好能立在水面下,而涂油的鸭毛翅羽则浮在水面上。

海钓飞蝇饵

在海水飞钓中,"飞蝇饵"渔具被用来捕获海水鱼类。这种渔具有各种形式,除了昆虫。海钓"飞蝇饵"必须模仿鱼类的各种食物,包括螃蟹、虾和小鱼。要想成功捕捉鱼,用复制目标鱼类食物的方式来武装自己是很重要的。考虑到钓鱼的海水深度和海水栖息地的变化,携带的飞蝇饵大小、颜色和重量都不一样。要选择合适的鱼竿和鱼线。海水渔具可能会很重,可能需要标号在8号以上的鱼竿来承受它们的重量,并采用快速放线的抛掷方式来抵消空气阻力。

拟饵样式

当你购买或者捆绑飞蝇饵的时候,要确保这种人工拟饵能复制出自然食物的基本元素,因为正是这些元素会诱使鱼上钩。生活在热带海洋水域的鱼类,如北梭鱼,以包括虾在内的甲壳类动物为食。

威尔斯·斯科特·坦饵(Wills Skittal Tan)
这是一个模仿虾的飞蝇饵的例子,威尔斯·斯科特突显了飞蝇饵的"眼睛"和"触角"。

白鱿鱼饵
这种白色的鱿鱼假饵模仿它的同名生物,有触角的羽毛和明显的"眼睛"特征可能会引起鱼的进食反应。

冲浪糖果饵
模仿许多幼鱼突出的侧向和分叉的鱼尾,冲浪糖果饵是高仿真的。

饵鱼样式

许多肉食鱼类——包括鲈鱼和金枪鱼——都被饵鱼的形状所吸引,其结果往往是激烈咬饵。简单的轻型假饵很容易被抛掷,同时也能展示出多花色图案的特征,模仿了大量饵鱼。如果想成功使用饵鱼,请一定要关注捕食活动,如潜水海鸥的进食。将鱼竿迅速转向那里,因为这种快速的进食活动通常很短暂。

橡胶米诺饵(gummy minnow)
在橡胶中使用的一种半透明的人造材料假饵,它往往能非常成功。

克劳泽米诺饵(Clouser minnow)
融合了很多饵鱼的双音模式式,这个克劳泽米诺饵的"眼睛"确保了它能顺利从上方朝下捕鱼,而没有任何阻碍。

灰低音饵(bass grizzle)
一个轻便简易假饵的例子。灰低音假饵是一种流行而且使用方便的飞蝇饵。

飞蝇饵表面图案

通常被称为"波爬",表面图案是设计用来在拉回鱼线时制造干扰的。当你选择它们时,要考虑到钓鱼的条件,以及你的猎物的大小。表面图案所产生的水面波动和气泡流对栖身于此的掠食性海水鱼特别有吸引力。

匹维波爬饵(piwi popper)
一种经典的好用的全能飞蝇饵。有橡胶"腿",活动灵活,饵型有力。

折痕飞蝇饵(crease fly)
当这只模拟逃逸的鱼的折痕飞蝇饵,踏上看似恐惧的自由之旅时,它宽大平坦的前缘会在水中产生一种诱人的震动,应该会吸引你的目标鱼种。

鲍勃香肠饵(bobs banger)
一种圆筒状的大飞蝇饵,特别适用于在波涛汹涌的水面上使用,在那里它会产生所需的水面波动。

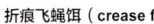

特殊飞蝇饵

飞蝇饵并不总是设计成需被目标鱼种当成天然食物的。其中许多是为了引起鱼类的攻击反应,而不是一种进食本能;而另一些则是为了模拟经典底饵,比如甜玉米甚至面包。一些人不喜欢这种打破传统的方式,但是许多现代垂钓者想要把飞钓的界限推到极致,这就需要一大批不同寻常的飞蝇饵,用于垂钓不同鱼种。

无论你钓鱼的目标是什么,总需要携带一系列飞蝇饵以供挑选,因为通常情况下,垂钓一种鱼很困难,另一种鱼则相对容易,只要你使用正确的皮毛及羽毛混合物,即人工飞蝇饵。

博尼奥饵(Bonio)
鲤鱼喜欢这种非常活泼的博尼奥飞蝇饵。这种飞蝇饵是用鹿毛纺成的,设计成类似狗饼干的形状,被证明钓鲤鱼非常有效。

仙人掌鲣鸟饵(cactus booby)(橙色)
也许这是最不寻常的飞蝇饵,名字出自鲣鸟活泼的眼睛。它经常与快速下沉的鱼线一起触及湖床弹起。

寺庙犬饵(temple dog)
管状飞蝇饵,如寺庙犬飞蝇饵,有活动的三维立体覆盖羽,可吸引鲑鱼和海鳟。

冷天衣着

在寒冷的天气里，穿合适的衣服会使人的身体保持温暖、干燥，最重要的是安全。现代钓鱼衣着易于穿戴，并有一定程度的防护作用，让你几乎可以在任何天气条件下钓鱼。

在陆地上

在寒冷的天气里，淡水钓鱼和海水钓鱼的穿着要求是一样的：外层更需要防水，保持干燥，防寒。穿涉水服是不错的选择，但在寒冷的天气中，你必须在里面穿一些保暖的衣服。身体的大部分热量通过头部流失，所以可以戴一顶暖和的帽子，戴一条围巾或围脖保暖。手套要保持手部暖和。请选择无指手套或者从全指手套到无指手套之间的各种手套类型。鞋子的样式取决于你在哪里，是否需要下水。标准的橡胶靴有最佳的防水效果，但是它们需要衬有保暖袜，而且它们的抓地力也不好。有内衬而且保暖的靴子是真正寒冷天气的最佳选择。防水登山靴子也很适合钓鱼。

多层衣着

在防水服下，多穿几层衣服，因为这几层衣服既能吸收热量，又能让皮肤"呼吸"。与穿大而笨重的衣服相比，穿薄一点的衣服更容易调整动作。穿防水衣前的最后一层通常是羊毛外套，如果天气干燥，它可以作为你的最外层衣着。

- 羊毛帽子
- 羊毛领子
- 防水外套
- 无指手套，可以保持双手温暖，同时手指依旧灵活
- 加强版护膝
- 可调节裤子的底部
- 防水工装裤
- 牢靠的登山靴

在船上

在划船时穿救生衣或者助浮器是在许多允许飞钓的湖泊或者水库中的一项规定。一件救生衣会让你的头露出水面，同时脸朝上；助浮器给佩戴者的只是一定程度的浮力，如果你在水中丧失意识，它不会让你保持在漂浮状态。在寒冷的天气进行船钓，需要穿和在陆地上钓鱼一样的衣服，但是，因为你不能经常活动，需要多穿一层来保暖。你应对这些因素的防御措施越多，你越能钓到鱼。

救生衣
现代救生衣是为长时间穿着舒适而设计的。一旦你落入水中，一个小的充气管会自动给救生衣充气。

在海上

当你在海上船钓时，几乎没有避风的地方。而且总是比在陆地上感觉更冷。千万不要在船上没有救生衣的情况下去钓鱼——这是最低的安全要求。在防水衣下面多穿几层衣服，穿工装防水裤。选择明亮的颜色，这样当你落水时很容易被发现。

吹口哨
如果你掉进水里，口哨是吸引注意力的方法之一。大多数的浮力套装都配有口哨。

橡胶涉水服

橡胶涉水服非常保暖，是陆地钓鱼的理想选择。它们很贴身，底部可与各种材质的鞋底相配。有些人穿的长筒靴可以套在这种涉水靴上。在划船时，不建议穿这种连体的橡胶裤。

- 大口袋
- 加强版护膝
- 硬橡胶靴

浮力套装
在海钓和岸钓中很有用。浮力套装对于钓鱼来说，又温暖又防水。如果你落入水中，它也能帮助你保持漂浮状态。反光条能在灯光照射下反光，以示求救。

- 保暖靴

热天衣着

在炎热的天气钓鱼时，要保护自己不受到阳光的伤害，防止能量流失。专业钓鱼服装用现代织物面料制成，如果你要去钓鱼，事先研究一下你要穿什么衣服。

准备好防晒装备

检查你的目的地的疫苗接种要求，并携带驱蚊剂。垂钓者通常要长时间承受烈日和水面反射的太阳光的暴晒。在这种情况下要小心，暴露在紫外线下的皮肤要经常使用防水的防晒霜。最重要的是，要喝足够的水来补充足量水分。在口渴之前及时喝点水，避免饮用酒精和含糖饮料。

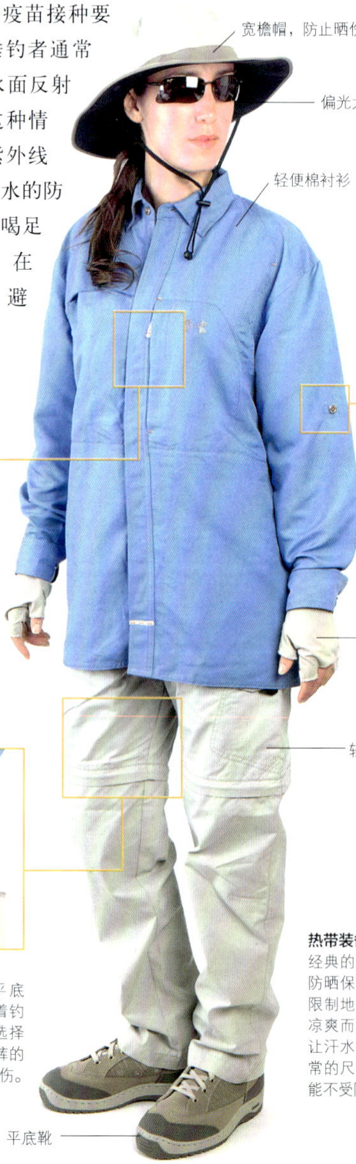

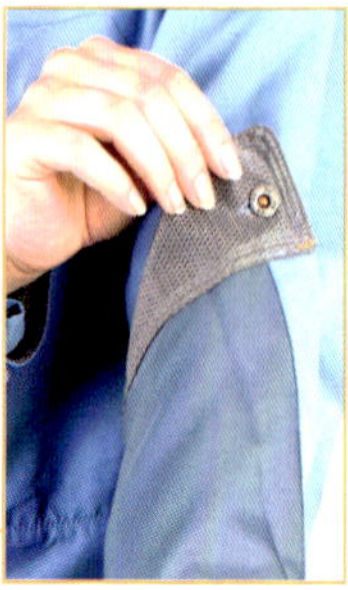

宽檐帽，防止晒伤

偏光太阳镜

轻便棉衬衫

袖扣
在热带钓鱼时的衣着，可以穿长袖或者短袖衣服。当袖子卷起来的时候，要用纽扣或者扣环固定它们。

口袋
有拉链的口袋里可以装任何东西，从钳子和太阳眼镜到剩余的飞蝇饵。

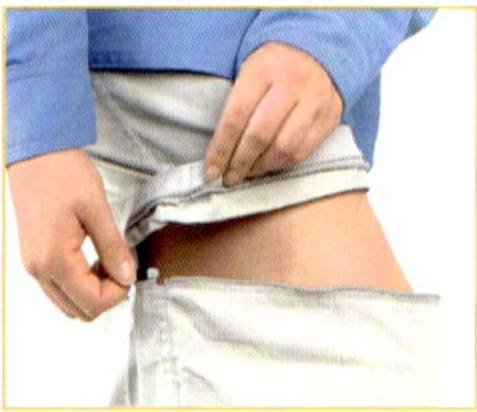

防晒手套

轻便速干裤子

平底裤
超轻的裤子（通常被称为"平底裤"），适合在暖和的天气里穿着钓鱼，喜欢穿短裤的垂钓者可以选择带拉链可以脱卸的裤子。穿短裤的时候在阳光下要注意，防止被晒伤。

热带装备
经典的热带钓鱼装备提供了高度的防晒保护，同时也能让垂钓者不受限制地活动。背部开口的通风衬衫凉爽而且时髦，透气的衣服材料会让汗水很快蒸发。衣服做得会比正常的尺码稍微大一些，以便垂钓者能不受阻碍地活动。

平底靴

钓鱼渔具

额外装备

你携带的衣服取决于你要去何处钓鱼。在热带地区钓鱼时,带上一件轻便的防水夹克,为突如其来的暴雨做好准备。某些在热天垂钓的活动,可能光脚会比较好,那么如果遇上这种情况,请持续在双脚上涂抹防晒霜,因为比起身体的其他部位,水和沙子会更快地将防晒霜从脚上冲走。

轻便的船鞋用于船钓。但是如果你要在浅滩平底行走,一定要穿平底鞋子,因为它们可以保护你免受岩石、珊瑚、黄貂鱼或者沙鱼里有毒刺鱼类的伤害。在你的靴子顶部包上砾石防护袜,以防止沙子进入。防晒手套能保护娇嫩的手。携带额外的渔具要放置在一个防水船用袋子中,或小背包、旅行袋中,并减少携带不必要的装备。

面部保护
一定要戴上帽子,保护你的头部,遮住你的眼睛。颈护套或者帽子的下拉背带可以保护你的脖子,在极端炎热阳光下,你可能需要遮住脸的下部。

太阳眼镜

偏光太阳镜有多种不同用途,它们的主要作用是作为给鱼定位的工具。帮助你更清楚地看到水中的东西。偏光技术通过减少水面上的刺眼眩光,让你看清水下情况。这对于给鱼定位是非常有价值的,它还可以用来了解你的眼前有什么。太阳镜还有助于保护你的眼睛免受长时间在阳光下的伤害,而且,在你抛竿时,如果飞蝇饵被甩到你的眼睛部位,它们还能起到屏障作用。

平底靴子
这款轻便的靴子非常适合浅滩涉水,当你脱鞋之后,它可以排水。坚硬的鞋底可以保护你的脚底不被割伤或者刺伤。在长距离的行走和涉水时,脚踝可以得到支撑保护。

砾石防护袜
(护踝长袜)

饮水管

飞钓衣着

钓鱼时穿的衣着反映了这项运动的高水平。选择轻便的衣着，确保你为各种天气和水况做好准备。相比那些装备不完善的垂钓者，衣着舒适的垂钓者会更为享受他们的垂钓活动。

涉水衣着

飞钓时，经常需要涉水，特别是跑进水里。透气的涉水服有牢固而又轻便的防水外衣，能自由活动，而且出汗很少。防水长筒靴与裤脚相连时就成为连体的防水服，以连裤袜形式与分开的鞋子搭配着穿时，功能更多，也更为舒适。戴帽子保暖。带有帽檐的帽子很受欢迎，因为它们可以减少眩光。偏光眼镜是必备的飞钓装备，可以保护你的眼睛免受四处飞甩的钓钩伤害，同时可以协助在浅水中观察。在选择靴底时，可以考虑一下待考察地的地形。

连体服和上衣
对于想要选择涉水的飞钓者来说，必备的装备包括一件连体涉水服和一件防水夹克衫。

防水轻便夹克

砾石防护袜
套在分体的靴子上，砾石防护袜能防止砂石进入靴子，引起不适。

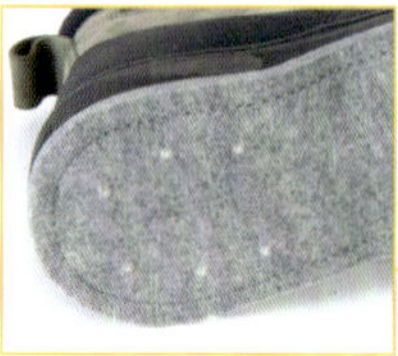

毡底靴
选择有毛毡底的涉水靴，在多岩石的河流中钓鱼时能提供一个安全的落脚点。

偏光太阳镜

防水袋

防水透气涉水服

砾石防护袜

毡底涉水靴

船钓和岸上飞钓

和涉水时一样,你需要一件宽松、防风、而且防水的夹克衫,能自由活动。重要的是,你选择的任何夹克衫都需要有足够的口袋。在船钓时,要穿一件长夹克衫,以免背部被风吹伤。一顶像样的兜帽是非常可取的,因为没有什么比冷水从脖子上淌下来更能让你感到一天被毁掉了。防水裤非常值得拥有,如果可能的话,要购买工装裤类型。在寒冷的天气里,多层保暖内衣和羊毛衫有助于保持身体热量。

防水长裤

防水长裤与皮带相连,适合涉浅水,或在湖上垂钓。不过要小心,不要涉水太深,否则你的防水长裤就会进水。

防水长裤:
- 快速解开卡扣,以方便脱下
- 橡胶靴

主图标注:
- 防水的轻便短夹克,带兜帽
- 可伸缩的卡扣：方便的口袋能够让你保存必要的钓鱼工具,如线剪和镊子,可以随手拿取,而且在任何时候都安全。
- 大口袋：选择一件有足够大口袋的衣服来携带各种重要的配件,如飞钓饵盒和鱼线材料。
- 带口袋的轻便防水裤
- 膝盖加强保护,以减少磨损
- 飞钓靴：舒适的防水靴子是在岸边钓鱼的理想选择。船钓时,防滑鞋底是必不可少的。
- 加强脚踝保护,以减少摩擦损伤
- 登山鞋

"请耐心冷静,因为没有人能在愤怒中钓到一条鱼。"

——赫伯特·胡佛

遮蔽处

在湖边、河边或者海滨进行长时间的垂钓，会由于使用了特殊的遮蔽处而变得容易。遮蔽处可以避免风雨的侵袭，便于干燥的设备存放，而且想要夜钓时，还能有一个地方休息。许多垂钓者用雨伞作为短时间垂钓的避雨之处。

淡水垂钓遮蔽处

小的遮蔽处是被设计用来储存渔具，以备一天之用的，并且可以让你在雨中或者烈日下保持干爽。更大的遮蔽处更像帐篷，专为钓鲤鱼而设计的鱼棚很容易竖立起来，并包含多种功能，有助于使长时间的钓鱼活动舒适而且干爽。许多鲤鱼垂钓者会用几天时间，甚至几周在有大鲤鱼的水域垂钓。他们的防水遮蔽处的房间越多，舒适度越高。遮蔽处颜色通常保守，以融入环境为特点，避免惊吓到四处游动的鱼。一些淡水钓鱼遮蔽处仅仅是一把大伞。需要确保选定的遮蔽处容易打开和收起，而且它应该足够大，可以存放你的衣服，能够抵挡风雨。

钓鲤鱼遮蔽处
通常被称为"临时营帐"。一个好的钓鲤鱼的遮蔽处可以作为垂钓者长期钓大鱼的家。把你的渔具和装备摆好，这样你就可以很方便地找到所需，而且它们会很干燥。

帐篷上的鱼竿绑带
你越有条理，用多根鱼竿钓到鱼就越容易。当你上饵时，把鱼竿固定在适当位置，固定好尼龙绑带，防止它从帐篷上滑下来。

钓鱼渔具

海滩遮蔽处

为在海滩上钓鱼而设计的遮蔽处通常要经受强风和雨水的袭击,所以它们通常比淡水钓鱼遮蔽处要小,而且要更为坚固和稳定。海钓从来不像钓鲤鱼那样所需时间很久,所以海滩遮蔽处就是个基本形式而已,只是让你和你的装备尽量远离风雨。把防风罩搭起来,让开口处避开风。即使在极端寒冷和下雨的天气里,在这些遮蔽处里依旧可以保持温暖和干燥。岩钓并不适合大型遮蔽处,因为凹凸不平的地表和经常活动的垂钓方式根本就不需要遮蔽处。

舒适的海滩垂钓
对于固定位置的海滩垂钓来说,海滩帐篷提供了足够的空间,可以长时间保持温暖和干燥。它很轻,可以和其他装备一起携带。

雨伞

当你不用整夜露营的时候,一把大的钓鱼伞,也许还有专业的加长伞面,是淡水垂钓的绝佳选择。在靠近河流湖泊的地方,在你和你的渔具周围打开伞,这样所有的东西就能都在手边。雨伞可以保护你和你的鱼饵免受阳光和雨水的侵害。它很快就能竖立起来,而且几乎不会产生额外的重量。

携带你的装备

垂钓者总是倾向于携带大量的装备,试图尽可能多地应对可能发生的事情。选择多用途和方便携带的装备是很重要的事,这取决于当你整理行囊时,要知道你要走多远的路去钓鱼。

行李和手提袋

渔具包里有各种形状和大小的渔具,从容量很大装有各种渔具的渔具包,到设计用来完成特定工作的简单渔具包,如装运饵料或鱼轮的渔具包。钓竿袋是流行而且非常有用的装鱼竿的袋子。一些钓鲤鱼的鱼竿已连接好鱼轮,并有良好的保护功能,以防止损坏。水桶和渔具为你的装备提供防水解决方案,但许多袋子本身也是防水的。如果你需要徒步进入钓鱼地点,选择容易携带的渔具包;如果你不这样做,且你需要处理很多东西,请选择一个容易打开的袋子,让你把东西整齐地放在里面。

手提行李袋
为了收纳渔具,旅行包内通常有部分隔层,可以让你把一天钓鱼活动所需的渔具整理得井井有条。它们对于飞钓非常有用。

大口袋

钓鱼袋
这一种渔具包有侧袋,可以保持各种渔具顺手可取。它防水,并能携带所有你需要的渔具。

冷却隔层
加上一个冰袋,这个隔层将非常适合存放鱼饵。

鱼竿包
用竿袋或支架可以安全有效地携带你的鱼竿。许多人还会带上拐杖,抄网把手,甚至是小型的遮蔽帐篷。

钓鱼渔具

免手提背包

帆布背包是长距离携带钓鱼装备的理想工具,尤其是如果你打算四处走动。选择一个适合长时间穿着、肩带和背包轻便、对于小的物件来说好携带的背包。竿袋是走路时携带鱼竿的理想工具。

钓鲤鱼用的手推车

在恶劣的水域钓大型鲤鱼需要大型装备,尤其是如果你要长时间钓鱼,而且需要在户外露营时。钓鲤鱼用手推车是一种现代的独轮手推车,它可以让你把所有的装备都堆在上面。系上带子,然后你可以把它推到你要垂钓的地点。手推车很轻,容易操控,但是会诱惑你多携带装备。

背包和胸前包
对于飞钓和路亚钓来说,背包和胸前包的组合非常有效。如果你喜欢的话,可以解开胸前袋单独使用背包。

腰包
非常适合长距离携带有限装备,可以正面或者背面携带。各种各样的口袋里装着数量惊人的渔具,通常足够一天垂钓使用。

飞钓背心
大多数飞钓背心可以让你装垂钓必需品,如飞蝇饵、鱼线材料、剪刀和卸钩装置。飞钓背心在前面很容易打开。许多人有备用背包。

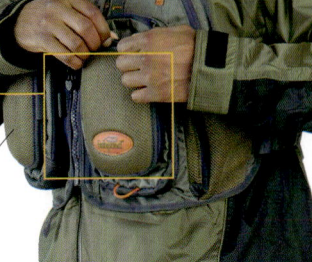

宽背带可以把负担分摊到肩膀上

坚硬外壳,可以保护飞蝇饵料

飞钓盒
这个飞钓背心里包含了一个下翻式的飞钓盒。另一些则有很多口袋来存放小型的飞钓盒。二者都是携带飞蝇饵的理想选择。

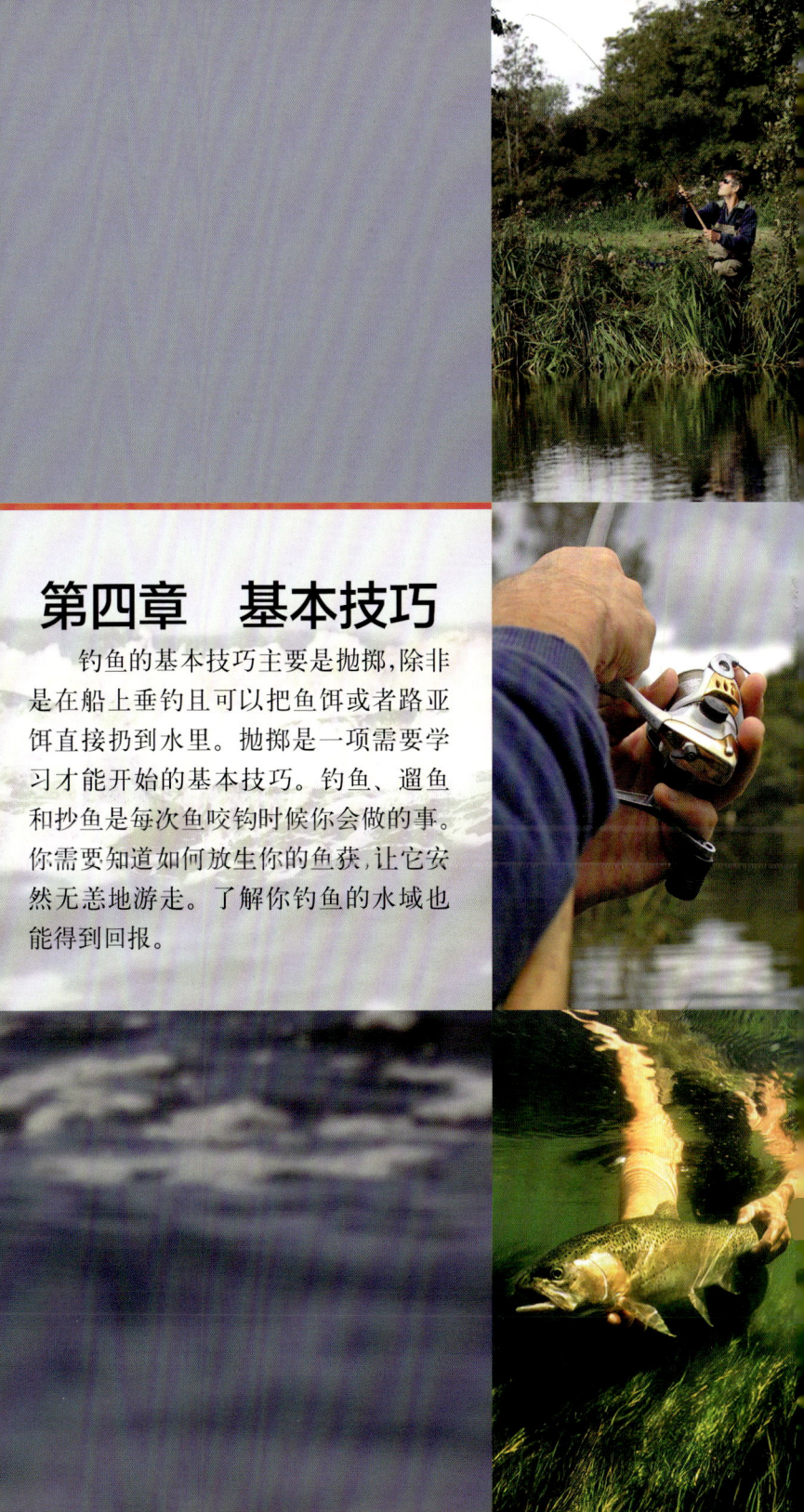

第四章　基本技巧

　　钓鱼的基本技巧主要是抛掷,除非是在船上垂钓且可以把鱼饵或者路亚饵直接扔到水里。抛掷是一项需要学习才能开始的基本技巧。钓鱼、遛鱼和抄鱼是每次鱼咬钩时候你会做的事。你需要知道如何放生你的鱼获,让它安然无恙地游走。了解你钓鱼的水域也能得到回报。

基本抛竿方法

抛竿是垂钓者将鱼饵、路亚饵或者飞蝇饵抛向岸边或者更远的地方的一种方式。有许多不同的抛掷方式,但是,在淡水和海水中钓鱼时,几乎所有的方法都是基于过顶抛。

在你需要的地方投放鱼饵

如果鱼在鱼竿够不到的地方觅食时,你就需要把你的鱼饵投到你想要放置的地方。你的抛竿方式通常需要控制力量和精确度。通过练习,这将使你能够把鱼饵或路亚饵几乎准确地抛掷到你想放置的地方。

抛掷鱼竿依靠动量。它的工作原理是通过压缩鱼竿来增加能量,然后在抛掷过程中释放能量,使其变直或者"展开",将鱼饵或者路亚饵弹回水面上。你把鱼线固定在鱼轮上,直到鱼线松开为止(见第四步,反面),然后放开鱼线,让你的鱼饵或者路亚饵飞出去,在其后拽着主线。近距离的抛掷包括一个快速的顶抛,或者侧抛;甚至低手轻抛也是经常需要的。

没有正确或者是错误的方法,但是一定要确保你是舒适并放松的,并准备使用全部力量来保持双脚稳定。目标就是让自己保持平衡,然后松开鱼线。

速度和准确度

过顶抛可以或快或慢来调节手中的力度。许多抛掷鱼线的垂钓者在鱼竿飞出的时候会目不转睛地看着它,然后在鱼竿"松开"的时候才转过头来。

基本技巧

过顶抛

过顶抛是把鱼竿放置在你身后，鱼饵或铅坠悬垂在鱼线末端（至少每隔60厘米/24英寸就有一个鱼钩），转身看你想抛线的地方，然后用压力让鱼竿弯曲，随后抛竿。你甩竿越快，而且"打"和"拉"得越猛，你的鱼竿就抛得越远。

1 请保持舒服的站姿，鱼竿放置在身后。用你的一只手高举紧握身后的鱼竿，拇指（鼓式鱼轮用）或者食指（纺车式鱼轮用，见111页）按住鱼轮上的鱼线。

拇指夹紧
当使用鼓式鱼轮时，将其设置为自由卷线模式，用拇指停止线轴转动。当你抛掷时，请松开拇指。

2 "甩打"鱼竿，用高位手用竿成弧线，然后用你的低位手把竿尾"拉拽"至你的胸部或者胃部。然后继续目光随着甩竿方向向上看，目的是完全压缩（弯曲）鱼竿。

3 鱼竿急速地弯曲，会在鱼竿松开时，完全弹开，并且把铅坠或者路亚饵甩向目标。请尝试着把头保持静止不动，保持45度的仰视姿势，用你的前腿稳定你的身体，必要的时候，再伸直前腿。

4 当鱼竿达到上扬45度角的时候，它原本的曲度会被迅速展开。请待在原地不动，用你的低位手扶住鱼竿，将鱼竿尾部抵在你的胸口或者腹部，用高位手紧紧握住。从鱼轮上松开你的拇指或者食指，释放鱼线。

 钓鱼基础知识

滚抛

"滚抛"是飞钓新手的主要抛竿方式,它是一种相对简单的抛竿方式。为了应对日常的飞钓情况,必须学会这种抛竿方式。经常练习你的技巧,因为这种相对简单的技巧应用广泛。

使用滚抛

当抛掷飞蝇饵时,必须始终保持直线,以确保钓竿上的张力,并避免松弛的鱼线继续放松,而这种松弛的鱼线可能会导致飞蝇饵击中你身体的一部分。滚抛即是这些问题的完美答案,主要是用来在过顶抛之前巧妙地让鱼线变整齐(见90~91页)。在一个封闭的环境中,由于垂钓者身后的鱼线很少,所以滚抛也非常理想。滚抛可以作为一种安全技术,在重新抛掷之前将下沉的鱼线拉到水面,从而降低鱼线上水的张力。

握竿
把你的拇指放在软木手柄上,想象你正在轻轻地拿着螺丝刀,来获得一种舒适而又平衡的握法。确保你的握法在任何时候都是放松自然的。

1 **一开始**,请把鱼竿的顶端放低至水面,水面上保持长度达到两根鱼竿那么长的飞钓鱼线,将你的肘部缩到身体一侧,手臂放松。想象一下,在你身边有一个钟表,把你的鱼竿当作时针,12点的时刻正在你头顶。这个时间序列对应右手投掷;如果你是左手投掷,相应地改变"时间方向",如11点就是1点。

2 **用你的肘部**,而不是手腕,平稳地将鱼竿顶端抬高到11点的位置。这个动作会逐渐将鱼线从水里拖出来,这样它就会滑过水面,为后抛(back-cast)做好准备。

基本技巧

3 **把你的手臂**轻微地从你的身体移开，慢慢地移动鱼竿回到1点的位置。飞线应该落在鱼竿的后面，形成一个独特的"D"形状。检查你的拇指，它应该近乎直立，并且在你的视线范围之内。在前抛开始之前，确保有一小段鱼线留在水中。

4 **从一点钟的位置**，平稳地加速鱼竿向前移动，跟随鱼线的方向。请注意，鱼线在水中拖拽时产生弯曲，这一过程被称为"加载鱼竿"。

5 在10点到11点之间，立即停止鱼竿的移动。观察鱼线在延伸时形成的狭窄香肠形状，这被称为"抛掷环"。

过顶抛

过顶抛是所有飞钓抛掷中常见的一种，当与滚抛一起使用时效果非常好。这不是一项很难掌握的技术，但是需要手眼协调和时间。请在一个安全开阔的空间（如运动场）内练习。

使用过顶抛的投掷技巧

虽然过顶抛没有滚抛那么多的用途，但它是一项重要的飞钓技术。这种技术消除了水对于鱼线施加的压力，这提高了抛线速度，因此构成鱼竿"加载"（见第四步）。一旦卸载压力，鱼线就能获得用滚抛方式无法达到的距离。如果用一个干燥的飞蝇饵钓鱼，使用过顶抛法，可让空气填满干燥的飞蝇饵的羽毛，增强浮力。过顶抛也可以用于大多数静水捕鱼的情况。钓鱼线需要在垂钓者身后延展很长，所以这种过顶抛不适合封闭环境。

1 开始的时候，把你的鱼竿低垂至水面，就像滚抛时的手法一样。握住你的把手，保持放松状态，你的手臂也要放松，并抵在你身体的一侧。再想象一下时钟的样子。这个时间序列反映了一个右手抛掷类型；如果你用左手抛掷，请相应地改变"时间方向"，如11点会变成1点，反之亦然。

2 平稳地将杆尖提升到11点的位置，用你的肘部而不是手腕。这会逐渐地将鱼线从水中拽离，同时会在鱼竿上产生一个弯曲度，而为后抛做好准备。

3 把鱼竿拽回，平稳地加速，直到你的拇指触及眼睛的位置，拇指的指甲几乎与其垂直，而鱼竿顶部在1点钟方向。为了调至正确的速度，想象你正在轻轻拍打着竿梢的泥土。当鱼竿的运动完成时，确保让鱼竿保持静止，鱼线会形成一个圆环。

基本技巧  91

4 **当这条线在你身后延伸时**，在等待时暂停一下，这样就可以让线圈完全展开，并将拉力施加到鱼竿上。这个过程被称为"加载"，这对于一次成功的抛掷来说是至关重要的，如果你不暂停，松弛的鱼线可能会发出"叭"的一声，导致前导线断裂。

5 **向前加速抛掷鱼竿**，确保你的肘部保持在你身体的一侧。一直向前看，不要仰望天空或者向下看地面。因为这样会产生一个抛投角度，使得飞钓线在抛掷结束时很难轻轻落入水中。

6 在10点到11点之间**把钓竿停下来**，"推"或者"拖"竿。这条鱼线会穿过鱼竿的顶部，形成一个圆环。确保圆环的上部靠近下半部分，因为这样会形成一个紧密并抗风的圆环。

7 当鱼竿轻轻落回到起始位置时，**把飞钓线在水面上拉直**。目标是在水面上轻轻着陆，尽量减少对水面的干扰。

双手投送法

双手投送法本身并不是一种抛竿法,更多的是将一系列协调的手部动作运用到过顶抛法上,在鱼竿内部产生更多的张力。良好的双手投送技术将获得最佳的抛线速度并帮助实现一个紧密且遵循空气动力学的圆环。

使用双手投送法

双手投送技术应该被用在使用飞蝇饵远距离钓鱼时,它帮助你用最小的努力达到最大的抛掷距离。大型的人造钓具空气阻力很大,可能会很重,双手投送抛掷时可解决这两种问题,因为鱼线会有效地滑过空中。在多风条件下,双手投送也很有效。此外,由于快速掷出的鱼线更有可能抵达目标,因此它可以用来精确投放飞蝇饵。只有当你精通过顶抛掷时,才能尝试双手投送这种投掷方式。

1 先假设一种低鱼竿定位和放松握柄方式,用于滚抛和过顶抛。请用你空闲的手拿着飞钓线,也就是控线手。你的两只手应该从10~30厘米(4~12英寸)的地方分开。开始后抛,确保在抛投顺序前抛的阶段,不要用线控手松开你对鱼线的控制。

2 当鱼竿向后加速时,用你的控线手做一个短而平稳的下拉动作。当你做这个动作的时候,想象一下在地上弹起一个"球",然后说"拉"(haul)。

3 允许线控手开始向其原本的起始位置移动,在鱼线完全伸展后开始后抛动作。在这个动作中说"回"(feedback)。确保你的动作流畅而且从容。

基本技巧

在海钓中使用双手投送法

利用双手投送法在热带海边平滩上，捕获那些要用快速而又准确的垂钓方式来钓的鱼类，如鲣鱼和鲳鲹。双手投送法可以大大增加你捕捉到的这些紧张不安的鱼类的机会，而且对于投下通常很沉重的虾蟹鱼饵时，也是很有效的。对于需要用飞钓法的快速游动的鱼类，如鲈鱼，也很方便。通常，捕捉这些鱼类需要不断地给鱼线补允鱼饵。

高速双手投送法
在过顶抛过程中加入双手投送法，会导致鱼线以高速投向目标。这是一种特别有用的技术，用于在热带海水中进行飞钓。

4 暂停，让鱼线在你身后延伸，而你的线控手回到原来的起始位置，为下一阶段做准备。

5 开始前抛，用你的握竿手握竿，同时也用线控手牵引鱼线，就像你在第二步中做的那样，说"拉"。

6 当你完成前抛动作后，松开鱼线，或者重复这些步骤来继续延展鱼线，从而达到更长的垂钓距离。

斯佩抛掷法

斯佩抛掷法起源于苏格兰,以苏格兰著名的最长河流斯佩河(Spey)命名。也许是所有的抛竿技术中最优雅的一种,斯佩抛掷法用双手把持的鱼竿进行垂钓,并且可以在很多情况下用于目标鱼类,如鲑鱼、海鳟鱼或者钢头鱼(学名硬头鳟)。

何时使用斯佩抛掷法

斯佩抛掷法是滚抛的一种(见88~89页),抛掷方向变化很大,非常适合在没有足够空间进行后抛的河流中使用。例如,在捕捉鲑鱼时,需要将人工路亚饵抛过小溪流,然后漂流到河流中,最终让鱼线回到垂钓者下方。在这种情况下,要使得标准的抛掷不造成鱼线的缠绕是不可能的,斯佩抛掷法可以让你将鱼线放置在正确的位置,这样就可以避免飞蝇饵卷入绿植的情况,并将鱼线送到河对岸。

1 让鱼线穿过河流,直到它停在你的下方。如果你使用的是需双手把持的鱼竿,用你的低位手,握住剩下的鱼线。你现在可以开始展示垂钓技巧了。这里演示的被称为单手斯佩抛掷法,应该在风吹向上游时使用。

2 如果你使用的是双手竿,那么当你从河流左岸垂钓时,你的右手应该放置在手柄的前部,从河流右岸垂钓时,你的左手应该放在手柄的前面。

3 平稳地提起鱼竿,轻轻地将鱼线从水中拖出,直至阻力开始将鱼竿变得弯曲。

基本技巧

4 轻轻地点一下鱼竿，在半空中画一个笑脸状的弧形。

5 当鱼线飞越你的身体时，平稳地加速，并开始将鱼竿提升到可以进行后抛动作的位置。

6 这时，一个巨大的"D"字形鱼线将会在你的竿侧形成。当鱼线接触到水面，以及"D"字形鱼线完全延展时，用低位手来拉住竿尾，施加力量。

7 把鱼竿高高提起。这样就形成了一个香肠形状的圆圈，然后鱼线就跳过水面。不要强迫竿顶朝向水面，因为这样一来，抛掷会不成功。

提竿、遛鱼和抄鱼

当一条鱼咬饵后，无论是咬了你的路亚饵、还是飞蝇饵或者真饵料，你都必须知道何时提竿，何时放钩，何时遛鱼和抄鱼。这不是一门精确的学科——你的直觉总是很重要。抄鱼要遵循大多数鱼种所适用的基本规则。

何时提竿

有时鱼会要咬住你的路亚饵、飞蝇饵或者真饵料，咬得太猛会导致完全吞钩。将鱼竿朝着挣扎的鱼的方向提起，这会让鱼线保持笔直，这样鱼钩就不会松脱。但是有一些鱼类在准确吞钩之前，会绕着饵料试探，你需要了解何时提竿，何时全部收回鱼竿或者侧收竿，让鱼竿准确地钩住鱼的嘴。

当你看到鱼咬钩的提示，如浮漂浸水，一个干燥的飞蝇钓饵被吞没，或者你的竿梢跳跃，那么就要试图衡量一下提竿时机。你可以通过感受鱼线和鱼竿的轻微运动来预估准确的提竿时机。要有耐心，等待鱼已经咬住饵料或者吞食飞蝇饵的时机。有些鱼的嘴很硬，需要你反复用力地提拽，但是对于大多数鱼来说，你不需要做出很夸张的提竿动作。

遛鱼

如果中钩的鱼很小，可能不需要遛鱼它已经被缠绕住了。对于较大的鱼而言，你的鱼轮上的阻力应该被设置成可以让鱼带线游动

快速提竿
这条鱼飞快地吞食了飞蝇饵，以至于当垂钓者提竿放钩时，还有松垮的鱼线需要收紧。鱼游动时，要收紧松垮的鱼线。

时，能有足够的阻力把鱼累坏，而同时又不用冒着断线的危险。如果钓线拉得紧，脱钩的鱼就会少得多。遛鱼的时候，用一只手握住鱼竿的前柄，然后另一只手转动鱼轮的手摇柄。

保持鱼线紧绷
鱼竿不会对抄鱼起到什么作用，除非鱼竿已经出现弯曲，而且如果你给鱼施加的压力越大，它就会越快地感到疲惫。

抄鱼

当你遛鱼的时候，你会感到它逐渐疲累。游动和摆动距离会变得更短，力量也会减弱，或者鱼会浮到水面上，被轻易捕捉。抄鱼技巧变化多样，有些鱼很容易在抄鱼用的小渔网中被捕获，而另一些则太大太强，不适用于小渔网。如果可以的话，用渔网抄鱼通常是最安全的方法。

其他方法包括：用鱼竿把鱼提起来；拉起鱼线，抓住鱼的尾巴或其他可以接近的部分（只有在你知道鱼获没有锋利的牙齿的情况下才能抓住鱼嘴）；用取饵钩或者T字架在水中给鱼取下鱼钩；或者把鱼获拖上岸。为了把一条鱼拖上海滩，要让海浪把它冲到海滩边，直到你能安全地捕获它。如果你在河上或者湖中，你可以引导鱼游近水边。抄鱼的时候，要注意水况，不要在水中走得太远而陷入困境。

网鱼
把渔网放置在水中，用你的鱼竿和鱼线套住鱼获。然后捞起鱼，轻轻地把它带上岸。

抓住鱼尾

遛鱼出水，然后小心地抓住它尾巴的"腕部"。尾巴的凹陷处可以防止鱼从你的手中滑落。一些鱼种，如鳟鱼，在尾巴凹陷处有一个尖锐的鱼鳍，所以一定要戴双保护手套来抓住鱼尾。你需要靠近鱼或者在水中握住鱼尾。一定要谨慎遛鱼。

双人抄鱼
对于又大又重的鱼，你需要一双额外的手来捕捉。垂钓者可以用两只手握杆，而同伴则用渔网涉水而入。

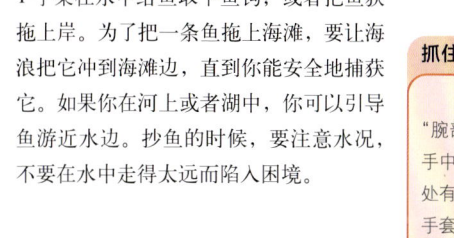

摘钩和放生

如果钓鱼是为了食用，就需要你迅速而又人道地把鱼吃掉。检查当地法规是否允许捕捞并放生。如果你要把鱼放回水中，就需要给鱼摘钩、照料它们，直至能够确保它们完全恢复后再放生。

给鱼摘钩

你可以用你的手指直接把鱼钩取出来，尤其是当你使用的是一个无倒刺的小鱼钩时。如果鱼齿尖锐，或者钩口很深，就需要使用专业工具，如长嘴钳、取饵钩，或者一个T字架。把鱼离开水的时间控制在最低限度，在水中或者近水的地方给鱼脱钩。把鱼齿锋利的鱼或者大型强壮的鱼从水中拖出来时，要戴上防护手套。因为当你解开鱼钩时，大鱼有可能会突然跳动。如果一条大鱼，比如鲨鱼，吞饵的地方在鱼嘴深处，就尽量把子线切到钩把的地方。鲨鱼的酸性胃液再加上海水，很快就会让鱼钩生锈。当你解开鱼钩的时候，确保鱼已被支撑住，以防发生危险。像鲤鱼这样的大中型淡水鱼应该放在湿垫子上。

谨慎摘钩
一个人握着鱼，另一个人取鱼钩，这样给鱼摘钩通常就容易多了。如果是一个人操作，一种能牢固而又安全地固定住鱼的下巴的工具通常很有帮助。

照看鱼

鱼在挣扎之后会非常疲累，除非它马上要被送去食用，否则你需要照看它直至它恢复体力。许多快速恢复的鱼都能被摘钩并迅速放生，因为它们消耗的能量很少。但是，如果一条鱼挣扎得非常激烈，或者吞钩处在鱼嘴更深的地方，那么就要花点时间让它恢复。

用双手握鱼轻轻摆动，在水中支撑住它的重量，让它面朝水流，让氧气充足的水流过鱼鳃，让鱼在你的手中重新获得力量。如果鱼很大，可以考虑拖住鱼尾在船边或者涉水出去到你力所能及的地方，尽可能让其恢复。

靠近水面
大多数人都看重他们来之不易的战利品的照片。把鱼从水中拖出，时间越短越好。贴近水面握住鱼，然后拍照。轻轻晃动鱼身，支撑其离开水中后的重量。

基本技巧

放生鱼

一旦一条鱼足够强壮,有足够的力量游走生存,就到了放生它的时候。如果你花时间让一条拼命挣扎的鱼恢复了活力,当它做好被放生的准备时,你会有所感觉。当鱼开始用力挣扎并试图游走时,移开你的手,让鱼游开。观察鱼游走时的状态,以备在它需要更多时间进一步恢复的时候,能抓住它并给它提供帮助。在深水中捕获的、受到水压变化影响的鱼,如绿鳕鱼和鳕鱼,应尽快入道地放生。这些鱼种受到水深急剧变化的严重影响,它们的鱼鳔会膨胀到无法游回水底。像鲨鱼和枪鱼这样的大型鱼类应该在船沿边被放生。

放进水流中
在河中,你可以帮助你的鱼获恢复体力,让流动的水流过它的鱼鳃。这条鱼状况良好,已经完全恢复。

给鱼称重

大多数垂钓者都想知道自己的鱼获有多重,有各种各样的称重秤和吊秤,可以在你称鱼的时候安全地支撑住鱼。一种工具,比如Boga控鱼器,可以安全地吊住鱼的下颚,以便抄鱼和解开鱼钩,它还有一个内置的秤,同时可以让你给鱼称重。最重要的事情是在称重的过程中不要给鱼造成痛苦。有了经验之后,你将学会近乎准确地预估鱼的重量。

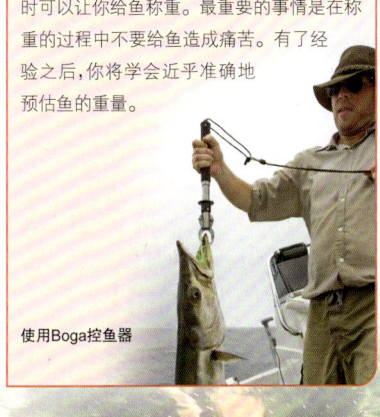

使用Boga控鱼器

淡水水域

具备良好的水域解读技能能够使垂钓者仔细观察场地,并尽可能多地掌握吸引鱼上钩的要素。所有鱼都需要食物、水域和氧气,所以在考虑这些因素的情况下检查水域,会引导你找到鱼类丰富的地方。

解读淡水水域

河流和湖泊提供了许多线索来帮助你找到你的目标鱼类。所有的鱼都需要食物,它们通常以昆虫或者小鱼的形式出现,这取决于鱼的种类和位置。这些鱼类的美食都被杂草丛生的河床、岩石和类似的特征地所吸引,所以有可能这些鱼类的食物来源就在不远处。突出的灌木和树木提供了一个天然的食物储藏室。同时,当受到捕食者的威胁时,它还能充当鱼类的庇护所。岩石、树根和其他自然"障碍"也可以提供保护。但是,最重要的是,鱼需要氧气充足的水域来生存——湍急的水流是许多鱼类所喜爱的。

关键
浅水
深水

漂浮的水面植被,谨慎的鱼类可能在这里藏身

流动的水
这条河流是完美的鱼类栖息地,有充足的水流和大量的树木掩盖,也是一个明智钓位,有足够的空间来抛竿。

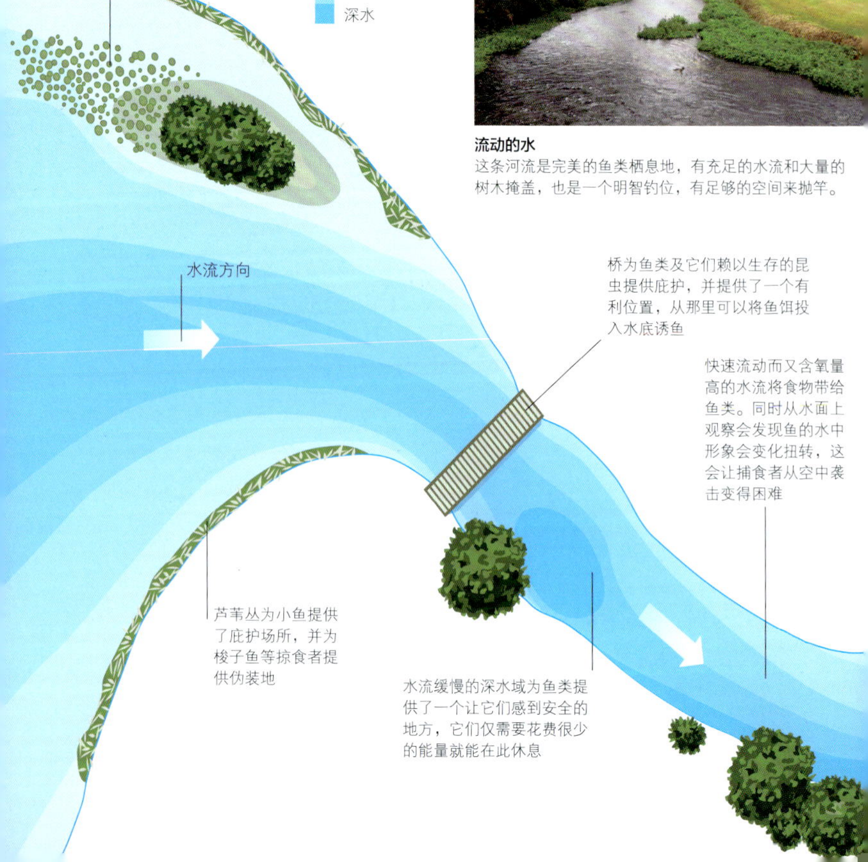

水流方向

桥为鱼类及它们赖以生存的昆虫提供庇护,并提供了一个有利位置,从那里可以将鱼饵投入水底诱鱼

快速流动而又含氧量高的水流将食物带给鱼类。同时从水面上观察会发现鱼的水中形象会变化扭转,这会让捕食者从空中袭击变得困难

芦苇丛为小鱼提供了庇护场所,并为梭子鱼等掠食者提供伪装地

水流缓慢的深水域为鱼类提供了一个让它们感到安全的地方,它们仅需要花费很少的能量就能在此休息

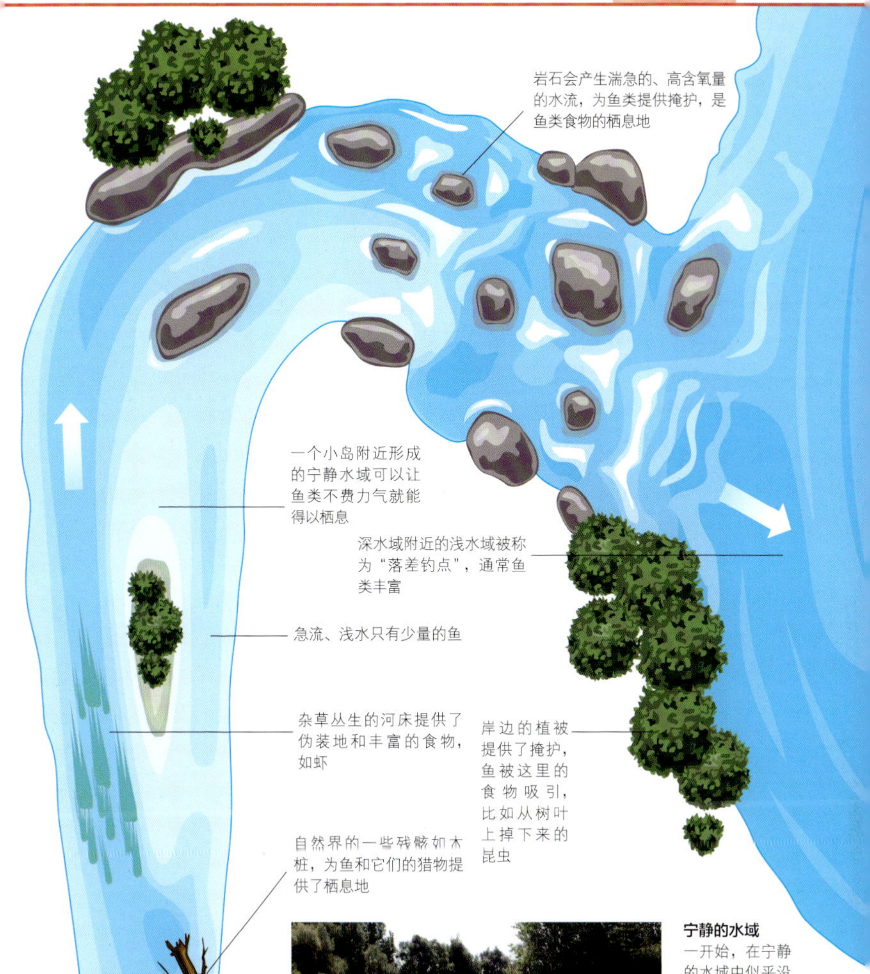

基本技巧

岩石会产生湍急的、高含氧量的水流，为鱼类提供掩护，是鱼类食物的栖息地

一个小岛附近形成的宁静水域可以让鱼类不费力气就能得以栖息

深水域附近的浅水域被称为"落差钓点"，通常鱼类丰富

急流、浅水只有少量的鱼

杂草丛生的河床提供了伪装地和丰富的食物，如虾

岸边的植被提供了掩护，鱼被这里的食物吸引，比如从树叶上掉下来的昆虫

自然界的一些残骸如木桩，为鱼和它们的猎物提供了栖息地

宁静的水域
一开始，在宁静的水域中似乎没有生命迹象，但是仔细观察就得知，鱼类活动的许多线索开始出现

解读静水

　　平静的水域很难解读，因为缺少明显的特征。环顾四周，观察在水面附近觅食的鸟类，这将意味着附近有大量飞蝇，因此也可能吸引鱼类。湖泊可能被比平静的水域水温更低的支流汇入，这种富氧水域应该经常被仔细观察研究。许多鱼种也会寻找突然变深的浅水域，这种特征被称为"落差"。

海水水域

"解读"水域的能力,了解不同的鱼类可能在哪里,意味着你能花更多的时间在正确水域垂钓。了解投食习惯、时机和可能的钓点,与选择合适的渔具和钓鱼策略一样重要。

解读多岩石的沿海水域

靠近多岩石海岸的水域通常有大量的大型鱼,这些大型鱼被这类水域提供的庇护和食物所吸引。多礁石地带,在一个集中的地区,提供了一条完整的食物链。一些鱼种生活在多礁石地带,另一些则是在食物适合它们的饮食习惯时才出现。在多礁石地带的浅水区域可能会出现湍急水流,搅动水底并倒流给鱼类提供食物。礁石位于近海,拥有丰富的鱼类资源,许多种类的鱼都生活在附近。许多底栖鱼类有领地意识,它们在有限的地区觅食,而自由游动的鱼则在广阔的地区觅食。失事船只会成为海洋生物的避风港,小鱼和海洋生物会利用沉船作为庇护所,更大的捕食者则被这里的食物来源所吸引。

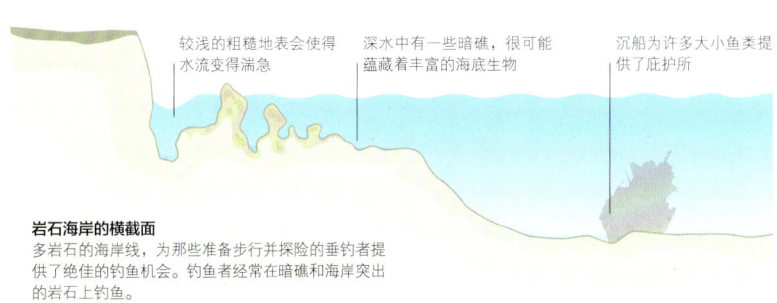

较浅的粗糙地表会使得水流变得湍急

深水中有一些暗礁,很可能蕴藏着丰富的海底生物

沉船为许多大小鱼类提供了庇护所

岩石海岸的横截面
多岩石的海岸线,为那些准备步行并探险的垂钓者提供了绝佳的钓鱼机会。钓鱼者经常在暗礁和海岸突出的岩石上钓鱼。

岩石海岸
似乎无法接近的锯齿形海岸线可能是一个垂钓者云集的钓鱼区域。在一个相对小的区域内,通常有不同地方可以钓鱼。

解读沿海多沙水域

鱼类一般只能在适合的条件下，游近海岸觅食。例如，鳕鱼在一场风暴之后，会游到岸边，吞食从汹涌澎湃的海底带出的丰富食物。海床受波浪和水流的塑造影响而形成，有很多海滩随着沙子和砂砾的移动不断变化形状。通过观察海浪拍击的方式和水流的流向，你就能知道水底下是什么。鱼类寻找食物和庇护所，再过一段时间你就会认出那些表明水底有洞、沟渠、沙洲和平坦区域的标志。

浅沙滩造成水面波浪涌动

深沟或洞表现为水面平静，里面可能会有丰富的鱼类

在清澈的沙底上方的深水中，有许多种类的鳐鱼和比目鱼

海滩的横截面
一个倾斜入海的海滩逐渐延伸到离岸更远的海洋深处。海洋的活动为寻找能容纳鱼类生存的水下环境提供了线索。

解读海滩
海滩上具备丰富的储鱼特点。了解它们周围可能存在的鱼类，是海滩钓鱼的重要组成部分。波涛汹涌而又短促的海浪可能会搅起海底营养物质，为较大的鱼类提供食物。而许多鱼类喜欢在沟渠和洞中活动，即使是那些靠近海岸线的鱼类也是如此。

解读热带海滩

热带海滩是非常浅的温暖水域，通常被称为"瘦"水（skinny）。底部铺满坚硬的沙子或者珊瑚。某些热带鱼种在这种水域繁衍生息，包括北梭鱼、鳐鱼、遮目鱼、一些鲨鱼和镰鳍鲳鲹。大海鲢、梭子鱼、各种大鱼和非常喜欢群聚的其他鲹科鱼种也会游过一些平坦的浅滩。平坦的浅滩可以是开阔的，并且多数鱼肉眼可见——垂钓者或者导游可以看到这些鱼四处游动。许多浅滩会沉入更深水域，那里的掠食性鱼类正在等待着潮水的到来，让它们浮到浅滩上掠食。

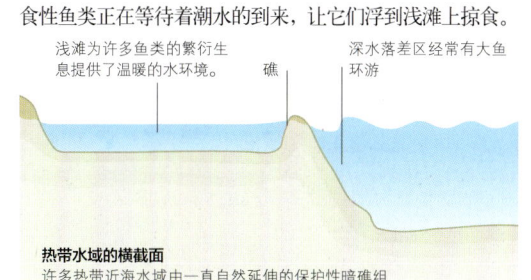

浅滩为许多鱼类的繁衍生息提供了温暖的水环境。

礁

深水落差区经常有大鱼环游

热带水域的横截面
许多热带近海水域由一直自然延伸的保护性暗礁组成广阔平坦的海岸系统。除此之外，还经常有深水落差。

浅海滩的海水颜色变化
海水颜色的变化显示了海床的深度和性质。水越蓝则越深。

钓鱼策略

钓鱼策略

一旦你学到渔具的基础知识及抛竿、抄鱼的必要技巧,那么是时候将你的技能付诸实践了。第一次抛竿似乎令人却步,但你在本章学习的这些有用的信息将带给你一个有利的开端。

尽管本章有可能教会你用正确的方法去应对全球范围内的多种钓鱼情境,但事实上,钓鱼从来都不能尽善尽美。这正是这项运动的魅力——它完全不可预测。

本章介绍的策略有助于你钓到大多数鱼,但谨记处理每类钓鱼的情况都有多种方式。钓鱼是一项一直在发展的运动,但通过阅读这些合理的、易于遵循的、循序渐进的指南,你将深刻理解到底该如何去钓鱼。期望经过一段时间你能运用并改进本章学到的一些策略,以适用于本地垂钓水域的那些挑战。如果钓鱼对你来说轻而易举,那么你将能更快地对钓鱼策略提出疑问、调整并改进已有的这些策略,以更好地适用于"你的"钓鱼风格。

很重要的一点是,对于在其他水域

挑选渔具
选择正确的渔具是成功的关键之一。在很多情况下简单的金属路亚饵就挺好用。

钓其他种类的鱼,本章中的许多条策略也很好用。通过提升对如何应对不同的水域和钓鱼情况的理解力,你会开始更明白在未来如何运用你学到的这些策略。尽管淡水钓鱼和海水钓鱼有本质的差异,但二者的钓鱼策略很多都是极为相似的。例如,路亚饵钓海鲈鱼和钓梭子鱼的钓法就是类似的。步骤中都涉及把钓饵抛向饥饿的鱼。

能让钓钩上的鱼饵稳稳插到水里需要一些技巧,而这些技巧适用于所有鱼种,不管是大鱼还是小鱼,淡水鱼还是海鱼。尽管飞钓看上去似乎有其独特的地方,但了解鱼的习惯和生活模式依然是在所有情境下都有帮助的。你学习越多钓鱼的核心策略,这项迷人的运动就会变得越简单越合逻辑。

专注
不同的钓鱼策略需要不同的方法,但缜密的计划及睿智的思考能帮助你钓到大量的鱼。

第五章 淡水饵钓和路亚钓

淡水饵钓及路亚钓鱼为富有冒险精神的垂钓者提供了各种各样的机会。你学到的淡水钓鱼使用的饵料和人工路亚饵知识,很多也适用于海钓及飞钓。从学习鱼饵和路亚饵开始是应对多种水域和鱼类的合理途径。使用本节的这些策略,你就能把技巧融入实践中去。

经典湖水底钓

很多淡水鱼在水底或者靠近水底的地方进食，捕获这些鱼的最好方法就是把各种各样的饵料系在钓线上沉入水底。铅坠带着饵料往下沉，同时也确保饵料固定在一处。对窝饵的精确使用能有助于吸引鱼游向你，很像海钓中的碎肉饵（见160页）。

配备钓组及钓竿

钓鱼要尽可能做到有技巧性，这非常重要。底钓使用的钓竿长3.6米（12英尺）左右，比浮钓竿要更结实一点，能承受铅坠和水下给饵器的重量。但是，竿要反应灵敏，当鱼上钩的时候你要能辨认出来。特制的竿梢部分在很多底钓竿上都可用。设计这些竿梢是为了在不同的条件下配备不同的铅坠。

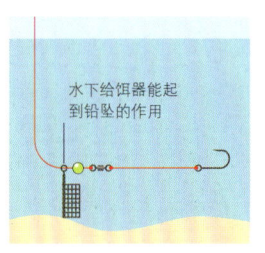

水下给饵器能起到铅坠的作用

淡水钓组
大多数钓组都是在基本的移动底钓装备上有所变化。基本的水底钓组为母线穿过铅坠或水下给饵器。

小型纺车式鱼轮
用这种类型的鱼轮要么前刹要么后刹，要用轻软一些的主线。相对大点的鱼容易被轻便的鱼线钓起来。

准备在湖里钓鱼

一开始要找到一个好的钓点。寻找鱼在四周游动的迹象，或者选择那些有潜在储鱼特征的地方。

就像专业的鲤鱼钓一样，底钓使得鱼群向你游来。底钓饵使用方法：一开始将有限的饵料给鱼吃，以便在你钓鱼的时候能让它们依然停留在那里，秘诀在于用刚好的饵量来吸引鱼，但不能喂多。这项技能需要多加练习。不要只是站在湖边，然后把你所有的窝饵都扔进去，期待着鱼群快速游来。可以购买多种窝饵混合的饵料，用来吸引不同种类的鱼。拌饵时加入一点你的饵料是很有用的。

1 在桶里用湖水混合底饵来制造持续粘连的效果，并且入水后能散开。把它抛进你旁边的水域来测试这一点。

2 用弹弓将钓饵弹入底饵所在的区域。通过练习，你将做得非常精准。记得每次少喂，喂得频繁些。

淡水饵钓和路亚钓

3 用窝饵和你的钓饵混合物**填满水下给饵器**。将你带饵料的鱼钩藏在水下给饵器中那一团散开的、极具诱惑力的底饵里。

4 用模具**制作出一些已调味的面糊团**糅合在鱼钩上。这些高蛋白饵料在水中会散发出大量气味,设计不同的味道来吸引不同鱼种。

握线
在抛竿之前,打开线挡,食指钩住线,线轴要紧,向后抛竿后回竿,钓组通过头顶的时候,手指松开钓线。

5 **精准地**控制好鱼线,将鱼线过顶抛(见86~87页)到撒过窝饵的地方。在抛竿前保持舒服的状态,记得看向空中你想放线的那个点。当迎面来风的时候抛竿抛低一些。如有树枝悬在水上,抛竿时往旁边一些,以便线从树下穿过。

6 **设置好鱼轮**,让线能被鱼自动拉出,但也要足够紧,避免出线过多。在提竿之前,收紧鱼轮,或者使用一个追饵鱼轮可自动地将鱼轮收回你预设的拖拉模式。

尝试不同的钓饵

在湖水底钓,各种各样的钓饵都行得通。人们总能用很多不用加工的饵料来钓鱼,如虫子、甜玉米和面包。事实上,几乎没有鱼会拒绝这些饵料。但现代那些加工后的高蛋白的饵料,如面团和煮好的饵料,也很值得额外花钱购置,尤其是在那些很难钓到鱼的区域使用。这就好比当你想要钓更特别的鱼时给你升级了装备。

  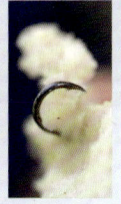

甜玉米　　　煮好的饵料　　　面包

湖边浮钓

很多淡水鱼类在靠近湖边的地方吃东西,这些地方靠近悬垂的树木和芦苇丛。由于这些地方可接近鱼类停留点,以便撒饵打窝或者垂钓,不需要远距离抛竿,因此这些地方对于施展浮钓技术来说是完美的。

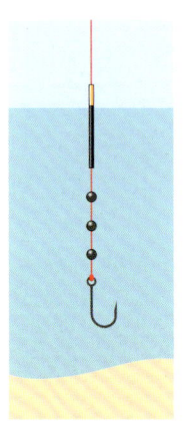

装配钓竿及钓组

用一个大约3.6米(12英尺)长的轻便浮竿,装上鱼轮时,鱼竿握感平衡。选择一款基础的鱼轮,没有水流拉扯浮漂的话,那么也没有必要放线。配上小一点的鱼钩和轻便的浮漂以便饵料快速下沉,或者慢慢降至设定好的深度。很多淡水鱼在饵料一下沉时就会抢食吞饵。

浮漂钓组
用咬铅钓组的方式来使浮漂承重,以便只有一小部分浮漂伸出水面。这就是所谓的"竖起浮漂"。

中心卷轮
这款经典的中心卷轮(上图)深受众多垂钓者的喜爱。但是也可以用小型纺车式鱼轮,而且用起来还更简单。

准备好在湖边垂钓

环顾这片湖泊,找到浮钓技巧可能适用的钓鱼点。像鲤鱼、丁鱥、欧鳊及拟鲤这些种类都适用轻巧型的浮钓策略。鱼类喜欢某种掩护,如集中在悬垂的树木下、杂草丛生的岸边及芦苇丛中。尤其是丁鱥,喜欢天亮就觅食,紧挨着芦苇丛。你经常可以看见它们在水下觅食时产生的气泡浮到水面破掉。寻找那些能让鱼类靠近觅食的地点,然后在这些区域撒饵打窝来吸引鱼群,或者在你钓鱼时使它们停留在那里。

1 混好底饵来吸引目标,包括一些钓饵。将甜玉米、球状饵等混合起来即制作好了。

2 用弹弓抛射或者投掷一些饵料,朝向你能有效运用浮钓技巧的水面。同时,不时在你浮钓的区域周围抛些饵料。偶尔离开你的钓鱼点,在另外的区域轻轻撒饵打窝。这会让你在某个钓鱼点垂钓结束之后还有其他选择。

3 **将鱼线穿过**简易浮漂的漂座孔，浮漂就会因咬铅钓组的合适重量以正确的角度立于水面。

固定漂
用专用的固定漂或易于更换的咬铅钓组，将浮漂设置于想要的钓鱼深度。

4 **精确地瞄准你**底饵所在的地方抛竿，或者在你判断有鱼的地方准确抛竿。通常简单的低抛入水就能把浮漂置于你想要的位置。

鱼轮刹车
中心卷轮需要手动刹车来避免鱼线缠结。用大拇指或者食指来刹住鱼轮。

5 **仔细专注**于浮漂上。观察每一个带有咬钩信息的震颤或动静，因为浮漂显示出来的就是水下在发生的动作。

提竿，遛鱼和抄鱼

当浮漂消失或者平浮到水面，一定要立刻拉鱼线，让鱼嘴中钩。没有必要动作幅度很大，而应该在鱼线绷紧、竿梢变弯的时候拉回钓竿。

你可以用软线钩住很大的鱼，因为中速运动的长浮钓竿能帮助保护鱼线并缓解鱼的冲劲。挥竿收回小鱼，只需放在手里即可解开鱼钩。确保你有一个软质的渔网，准备好来处理大一些的鱼。把鱼拽到网里再将其拿出。细心地给鱼摘钩，然后轻轻地将其滑入水中放生。

很多钓鱼者钓鱼结束前都用鱼笼保存钓上来的鱼，然后将所有的鱼一起放生。一定要查阅当地关于活鱼笼使用的规则条款。绝不要将鱼笼装得太满，这会让鱼因缺乏空间和缺氧而痛苦。

湖钓鲤鱼

对于垂钓者来说，在广阔的水域钓大鲤鱼是一种越来越受欢迎的钓鱼形式。专供钓鱼的湖泊遍布欧洲，有大量野生大鲤鱼的湖在北美也很多。美国和加拿大的钓鱼者开始留意这备受珍视的鱼种。

装配钓组

在经常垂钓的水域，经年累月，鲤鱼能敏锐识别出某些鱼饵和钓鱼装备。为了适应这一情况，在垂钓鲤鱼的技术上有了很大提升。通常的钓组是一个有发辫钓组（见下图）的装配。为了不惊动这些警惕的鱼，铅组、鱼线、子线（trace）都涂上了伪装色。而加重的钓线则位于底端。

大型纺车轮
鲤鱼钓中使用的大型纺车式的鱼轮容量大，线轴粗，更易均匀地绕线。在抛竿过程中放线越平滑，装有饵料的铅组飞得越远。

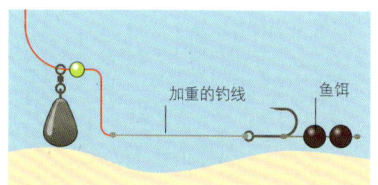

发辫钓组
鱼饵附着在鱼钩下的细线上。鱼食入饵料的时候便不会察觉到钩子。

安置和准备钓鱼

钓鲤鱼的人要长时间在水边或水上，因此需要一些能保持舒适的装备——可能包括一个夜钓中专用的遮蔽处、一张床、一个睡袋、冷天时使用的保暖衣。通常要装配好三柄钓竿，能覆盖尽可能多的水域。

鲤鱼偏爱在某些有遮挡的地方觅食，因此要将饵料撒至小岛边、芦苇丛、可见的河口沙洲、沉入水中的树及掉落在水里的树叶上。很多湖泊都有有利钓位，那些地方经常能钓到鲤鱼。扔出或弹出饵料到你选中的钓鱼区域，来吸引鲤鱼。抛竿入水，鲤鱼可能就在觅食时上钩了。上钩的鲤鱼可能会躲在遮挡物下，所以就需要一个大鱼轮、结实的主线和一个结实的中调鲤鱼钓竿来应对鲤鱼的惊恐并提供力量将鱼拉出障碍物。

1 花些时间，在安置钓位前寻找鱼出没的迹象。密切注意鲤鱼在水面的跃动还有芦苇的动静，因为鲤鱼正在撞动苇丛，鲤鱼在浅滩觅食时也会搅动水流。

2 确保为钓组用PVA网袋多装一些底饵，在抛竿之前用泡沫材料装好。这种PVA网袋溶解很快，这样，你的装好饵料的钓组很快就会被散开的饵料美食包围。

淡水饵钓和路亚钓

3 朝着你撒饵打窝的地方**准确抛钩**,只用简单的过顶抛,放钩时与地面成45度角,看侧前方上方。鲤鱼钓竿有伸缩力,具备中调性能,使你能顺畅地远距离抛垂钓鱼钩。

4 **将每个钓竿**置于钓竿座上,安装上电子咬钩提示器。有鱼咬饵时,提示器会在接收器上发出声光提示。

停止放线
纺车轮需要钓鱼者在抛投过程中用食指钩住钓线。抛投快结束时松线送线。

5 **耐心观察等待鱼上钩**。钓大型鲤鱼就需要投入时间。一些水域鱼很少,但是你在正确的区域放入饵料的时间越长,钓到巨大鲤鱼的机会越大。

帐篷(或小型帐篷)

咬钩提示器

用来放钓到的鱼的"鲤鱼床"

饵料

多个安装咬钩提示器的钓竿置于竿座上

追踪鲤鱼

找到觅食的鲤鱼后，可能要入水钓鱼，这是一种令人兴奋的、将大型淡水鱼类作为目标的钓鱼方式。任何一种钓鱼观测，即用眼追踪你想要钓到的鱼，都会为这项运动的乐趣增加额外的优势。

装配钓竿及钓组

一柄标准的 3.7 米（12 英寸）鲤鱼钓竿是不错的选择，但是很多钓鱼人偏爱用更短的追踪钓竿（stalking rods），在有限的区域内钓鱼。当鱼在近距离上钩时，有一定程度延展性的单丝线可确保安全，但它易沉；然而编织线比较灵敏，加上浮漂，适用于水面钓鱼。轻装潜行，你的行动越方便，就能离你想要找到的鱼越近。

纺车轮

潜行追鱼时，一个大容量的纺车轮非常好用。如果你需要做观测，那么值得带一个更小更轻的鱼轮。

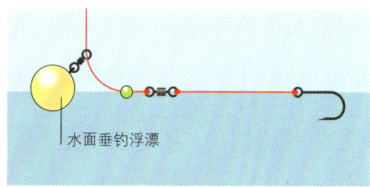

水面垂钓浮漂

水面钓组

浮漂，比如控鲤鱼浮漂（carp controller），会让你能够抛钩到鱼所在的水域。如果它们离得近，你或许就可以控线下饵。

寻找并垂钓鲤鱼

追踪鲤鱼就是要找到鱼，如果能靠行走及观察做到最好。悄悄行动，别让鱼先看见你。要追踪鱼，黎明和黄昏是一天中较好的时间。水域越安静，发现鱼的机会越大。有声音有动静，鱼就会躲起来。

鲤鱼吸入鱼饵，而不是冲过来吞食饵料，因此当你看到一条鱼咬饵时，拉竿之前等一会。一开始要通过观察它们觅食来熟悉它们的习性，那么上饵钩入水前，鱼就会放松警惕。

1 找到一个高一点的有利地点去搜寻鱼——如果必要的话，甚至可以小心地爬到粗壮的树干上。戴上偏光眼镜，挡掉刺眼的光，来确保你可以看到水里的情况。为了不惊吓到鱼，穿暗色系衣服，保持安静，而且别破坏鱼类的自然领域。

2 预先在你选好的区域，用面包或狗食饼干撒饵，然后不时查看这些区域。如果鲤鱼来吞食这些饵料，那么也用它作钓饵。轻便的及胸涉水裤很实用。小心踩水，别走到太深的地方去。

3 尽可能地保持静止不动，当鲤鱼们在离你很近的地方进食时。虽然令人兴奋，但是你必须要悄悄的。无论在岸边还是在水里，鱼类对于陌生的物体和人会自然而然地警惕。它们视觉非常敏锐，因此一旦在那样的位置，你移动时，要确保尽可能不打扰它们。随身带些鱼饵，这样就不必为了给鱼钩上饵而离开水域。

4 用一个柔软的大捕鱼网来捕捞鲤鱼。将钩取下，在一个湿润的鲤鱼垫上称其重量，或者用吊秤来称，这样不会破坏鱼身上天然的起保护作用的黏液层。这过程中，让鱼离水近一些，确保鱼离水时间较短，以减轻其呼吸压力。

钓梭子鱼

在世界很多地方，钓梭子鱼都很受欢迎。用鱼饵或者路亚饵都可以钓到这些凶猛的捕食性动物，而且钓这种鱼是钓淡水鱼的最大挑战之一——用轻巧的钓具及路亚钓鱼方法来捕获梭子鱼，这将会让人极其兴奋。

装配钓竿及钓组

小型路亚竿能支持你钓很长时间。它们有充足的力量去应对大型梭子鱼，但切记要了解你可能会遇到多大的鱼，并制定相应钓法。更长更重的梭子鱼钓竿更适于饵钓，也适合路亚钓鱼，不过在船上的话，最好能用3米（10英尺）以下的弹性钓竿，以及抛投额定重量的路亚饵。至于鱼轮，取决于你更偏向小型饵钓鼓轮还是中小型纺车轮。

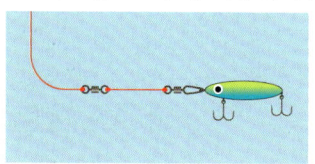

梭子鱼钓组
使用编织线和金属子线。单丝线承受不了梭子鱼尖利的牙齿。很多钓鱼的水域要求鱼钩无倒刺。

水面下的路亚饵
在水下任何深度，从浅潜游移类路亚饵到较重的抽停路亚饵，梭子鱼对各种设计的路亚饵都感兴趣。

为钓梭子鱼做准备

钓到梭子鱼的真正诀窍在于找到它们潜藏或进食地。要定位鱼所在位置，一个电子搜鱼器会很有用。它既可以显示鱼在哪里，也可以展现水底的构造，能让你辨认出一些吸引鱼逗留的水底特征，例如水下小岛、块石堆叠的地方、沉水的树干及水下洞穴。从这些地方及其附近开始用路亚钓鱼，同时也可以在水岸附近钓鱼，尤其是那些有大片芦苇丛及悬伸水面的树木或者有枯木的地方。带一批能覆盖各种深度的路亚饵，从紧贴水底再到水面。在梭子鱼上钩前，你布下的路亚饵会多次掠过梭子鱼身边，这是很好的机会，因此要系统地在水下不同深度下功夫。因为声音会通过水传递，可能会惊吓到鱼，因此在船上要安静地走动。

鱼上钩后有一个大的渔网很必要，如同你从鱼嘴卸钩戴的保护手套一样必要。很多钓鱼人喜欢在船底一个湿润的鲤鱼垫上取下鱼钩，但在船侧的网里也能安全地取下鱼钩。

1 从船上抛竿入水时 采用稳定的姿势，因为当船轻微摇晃时，动作会更大。抛下锚能让你固定好船，将路亚饵覆盖最大水域，但是如果有微风，考虑在该水域稍微偏移一点儿的位置。

淡水饵钓和路亚钓

2 **中鱼过程可能很残酷。** 梭子鱼经常在你意识到要拉钩线之前吞下路亚饵。在拉鱼过程中保持鱼竿有所弯曲,尽可能地让鱼头朝向你的方向,以防止它逃脱。

3 **把渔网放在**恰好在水面下的位置。当梭子鱼疲倦时,将其拉到网口上方,然后提网。取鱼钩时也能用双手"保护"梭子鱼不受伤(抓住两边鱼鳃的尾端,那里是骨头,不会被伤到),但这需要经验。

4 **握住梭子鱼鳃外缘骨头处,** 用尖嘴钳或者专用的取钩工具来取下鱼钩。戴上手套并且避免让你的手指靠近鱼颌。梭子鱼牙齿又多又锋利,用来抓捕猎物,而且一旦咬住不会松口。

用鱼作饵

用鱼作鱼饵是钓到梭子鱼的一个极好方法。用强韧的长鱼竿能让你抛出较重的铅坠。沉底的死鱼饵在接近目标鱼类时会起到很好的作用。使用咬钩提示器,并用钩鲤鱼的方式,通常能捕捞这些目标鱼类作为鱼饵。用浮漂系上死饵或者活饵钓鱼是最有乐趣的方式之一(核查当地关于使用活饵的规定)。用大浮漂带动饵料到所需水深处,且要用金属子线。最大化利用河里的水流,或者湖面的微风来掌控好浮漂,注意它的动静。直到梭子鱼使劲往下拉浮漂时,再提竿。

"钓钩上要一直装好鱼饵。在水塘中不乱想,多专注,就会有鱼出现。"(时刻准备好,专注自会有好结果。)

——奥维德[①](Ovid)

① 译者注:奥维德(Publius Ovidius Naso,通常被称为Ovid),古罗马诗人,与贺拉斯、卡图卢斯和维吉尔齐名。代表作《变形记》《爱的艺术》和《爱情诗》。

湖钓大口黑鲈

在美国的休闲和竞技钓鱼者中，大口黑鲈是颇受欢迎的淡水鱼类之一。美国南部的许多湖泊有大量的大口黑鲈，垂钓者通常从快艇上钓它们，快艇吃水浅，能去各种水域。

装配钓竿及钓组

鲈鱼钓竿通常较短，更适合在船上用，而且足够强韧，可以帮助鱼钩钩进带有硬骨的鲈鱼嘴，并能使这些强壮的鱼远离障碍物。小型抛饵鼓轮是最受欢迎的钓鲈鱼的鱼轮，因为在狭窄的区域内，无论是路亚钓还是饵钓时，它们均可以提供良好的控制力。纺车式鱼轮也挺好用。

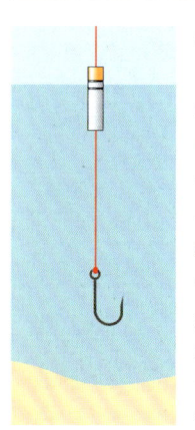

大口黑鲈钓组
用简单的浮漂装配好活饵来钓鱼。路亚饵也可以用来钓鲈鱼。由于编织的主线能直接并精准钓鱼，因此变得越来越受欢迎。

小型抛饵鱼轮
因为钓鲈鱼的需要，促使小型抛饵鼓轮不断改进，例如安装电子刹车系统。

在快艇上钓鱼

像很多其他鱼种一样，大口黑鲈喜欢在有遮盖物的隐蔽区域活动。因为它们的进食习惯会根据大气压力和水温的不同而变化，所以船可以驶入不断变化的鲈鱼活动区域。速度快的船很受欢迎，原因在于你行进得越快，你的钓鱼时间就越多。专门钓鲈鱼的船通常装配有大引擎、找鱼器和活饵槽。很多钓鱼人在船首设有座位来坐着钓鱼，另外还有一个用脚控制的独立电子发动机，以便最后能安静地接近目标鱼群。

1 精准抛竿 至关重要，因为鱼经常藏匿起来，而且路亚钓和活饵钓抛竿时都需要很精确。用路亚饵覆盖的水域越大，你钓上鱼的机会就越大；你抛活饵抛得离可能的富鱼区越近，那么鲈鱼就越有可能出现并上钩。

选择路亚饵

淡水鲈鱼路亚饵有很多种。在不同深度水中钓鱼，软塑料质地的路亚饵较为受欢迎，即使被鱼撕碎，要替换它的话也很便宜。硬塑料路亚饵也好用，包括浅水中下潜的路亚饵。

2 **用力拉鱼**和开始收线几乎一气呵成，尤其是当你离水下鱼获很近的时候。关键要尽快让鲈鱼远离潜在的危险，然后拉动钩线将鱼拉进离船更近的清澈水域。

3 **用渔网**抄鱼是最安全有效的方式。最容易的捕鱼方法是将网口置于水面下，再拉拽鱼到网口上，持网的人就可以将其兜起来。

4 **握鱼时**拿住鱼的下巴，小心别使鱼有疼痛感。保证鱼离水的时间越短越好。

长竿钓

长竿钓是一种使用不装鱼轮的长鱼竿钓鱼的专业浮钓法。长鱼竿，通常是碳纤维制成，6~18米（20~60英尺）长，这样能使浮漂在显示动静时，钓线恰好在其上方。

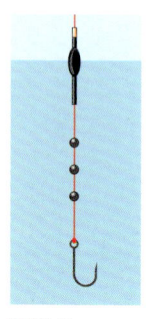

轻型钓组
浮漂因小铅坠的重量立在水中，并将钓钩置于合适的深度。

装配长钓竿及钓组

将钓线直接安装在钓竿竿梢上，或者在竿梢内系上一个橡皮圈，通过它来安装钓线，这样便于中鱼后遛大鱼时减震。由于浮漂是被放置水中，而不是抛投入水的，因此它所需的铅组重量较小，它纯粹就是可视的中鱼提示器。为了使浮漂灵敏度更高，要选择碳纤维的浮漂。准确度是很关键的，而且浮漂上的直接动静，就与水面下发生的动作有清晰的关联。

长竿钓装备
一个带腿的工具箱座可以置于浅滩中，能让垂钓者轻易拿到饵料，有工具隔层。这样的工具箱座就很完美。

长竿钓及竞技钓

装备好你的钓鱼大本营或者钓区，你需要的每样东西都要触手可及，这样能让你更有效率地钓鱼。竞技钓（竞赛性质的长竿钓）要求十分快速地钓到鱼。手握长竿钓鱼需要不断练习，但对于浮钓多种鱼类来说这是非常好的，迟早会感觉自如。精准投放浮漂也需要很仔细地投放窝饵。多数长钓竿有许多配节，可以伸缩进鱼竿，来调整所需的鱼竿长度。增加鱼竿节数来放置浮漂，中鱼时则要卸下几节让大型鱼进网。小型鱼可以直接挥竿入手。在近旁准备好软网丝的鱼笼。

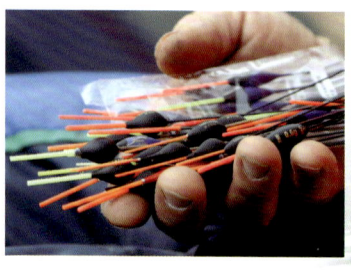

1 在有风的情况下，选择立漂（body-up float）（离漂尖近的部分更鼓更宽）来确保稳定性。在水面平静的情况下卧漂（body-down float）更有用。越纤细的浮漂用来钓更小型的鱼类越好。

2 给钓竿增加节数来准确设置浮漂。一手握住你身后的钓竿粗柄处，另一只手握在你前面的鱼竿底部，调整角度来平衡钓竿。将多余的鱼竿节存放在身后，需要时再拿到前面来安装在你身前的钓竿上。

3 **确保你**在工具箱上的座位上可以做所有这些动作——控制长钓竿,给鱼钩上饵,抄鱼,撒饵打窝。一旦中鱼,将钓竿往上倾斜,让精致的金属鱼钩钩到鱼嘴。这个动作,需要握着钓竿粗柄处的手用力压下粗柄端,这样就能提起钓竿尖端。

4 **当你的长钓竿弯曲时**,如果鱼小,你可以用一个简单的动作挥竿离水直接把鱼送入手中;一条大些的鱼则需要遛一遛鱼。保持温和的力度,防止轻巧的鱼线断掉或将小鱼钩拉出鱼嘴。

5 **将鱼拉到一个置于**水中的长柄抄渔网上方。取下鱼钩,轻轻放到存鱼笼里。千万别让鱼笼过于拥挤。很多淡水竞技钓是以称鱼重量的程序结束的,因此钓到的鱼总重量最重的钓鱼者就是获胜者。一旦网里的鱼们被称完重量,就会毫发无损地被放生。

无漂钓和钓线感知底钓

无漂钓只用钓饵作为铅坠,且让它随着水流找到自然有鱼的区域。钓线感知钓用很小的铅坠固定鱼饵的位置。这两种钓鱼的方法都能让钓鱼者经常了解饵料的情况,且一直都能感觉到鱼是否咬饵上钩。

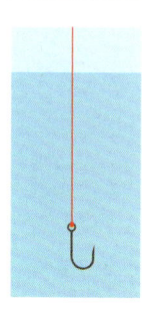

无漂钓组
无漂钓组的钓线上只有一个鱼钩,而钓线感知钓钓组会增加一个小铅坠。

装配钓竿及钓组

无漂钓和钓线感知底钓都不用钓竿座和咬钩提示器——只是你和水和鱼之间的事情。你需长时间握竿,才能找到最轻便、反应最灵敏的装备。因为不会抛投重的铅组,所以选择一根3米(10英尺)左右的钓竿,搭配一个小的纺车式鱼轮就行。只要有鱼被饵料吸引,轻巧的竿梢就能帮助给出可见的提示,而且能让你在有需要的时候抛掷一点无漂饵。这两种钓鱼方式更多是感知,而非使用高科技设备。

纺车式鱼轮
对于这两种钓鱼方式来说,一个小的纺车式鱼轮就能放置许多鱼线,但是要用有前拉力及后拉力系统的鱼轮,因为以轻巧的钓线遛大鱼时需要小心。

在河湖上无漂钓

在河上,利用水流使无漂无铅组的钓饵轻柔地顺流而下。在钓线上增加一点重量,不仅能提供准确抛投的可能性,而且能让你在特定的区域更好地掌控钓饵。在湖上,当鱼靠近岸边进食时,或者如果有悬垂的树木、水草和芦苇丛时,都可以用这些方法。找寻湖面的微风,微风能使垂钓水面的无漂饵料正好漂到悬垂的树枝下面。

1 **在水面垂钓时使用能自然漂浮起来的**面包片作饵。贴底钓或者底钓的话,则用小铅坠加一点重量,帮助饵料下沉。或者挤压钓钩上的面包片,挤出其中的空气,这样就会自然地下沉。高蛋白的饵料也好用。

2 **看准你想放置鱼饵的地方**,轻柔而准确地抛竿。你的饵料和渔具应该触手可及,因为你在岸边动静越小,受到惊吓的鱼就越少。跪着钓鱼能让你在鱼类的自然视野中隐藏起来。

淡水饵钓和路亚钓

钓鲃鱼

鲃鱼的进食方式使得无漂钓和钓线感知底钓成为钓鲃鱼的极好钓法。因为鲃鱼在清澈的浅水中活动,因此要捕获它们需要隐秘而又精密的方式。鲃鱼上钩后要用力抓紧钓竿,因为它们力气大,会大力挣扎找到障碍物来逃脱。

3 时常用手指捏握钓线,以便你能感觉到什么时候扬竿钓鱼。如果你的钓点附近有鱼的藏身之处,拉鱼的过程中要用力遛鱼,用鱼竿的弯曲度尽力使鱼远离障碍物,而且能保护轻质主线。操纵鱼轮的前拉力系统增加额外的拖拽力。

4 将抄鱼网置于手边,以防鱼突然中钩而你没法去拿网。让抄鱼网的上端沉入水面,以便不惊吓到已中钩的鱼,然后将鱼拉向你,置于网上方,提网将鱼抄起。

5 把鱼的紧张度降至最低。在放生一条挣扎猛烈的鱼之前,需要很小心地照看它。当你取出鱼钩时,将它保存在离水很近的地方,或者放于水中,或者放在湿润的垫上。在把鱼送回水中时轻柔地帮助它,继而在水里轻轻地托着鱼,确保它强有力地呼吸。当鱼的身体恢复力量,让它从你手中游走。

经典河流跑漂钓

当小浮漂钓组沿着狭窄而熟悉的河道顺流而下时，用轻质渔具仔细掌控浮漂，这种钓法被称为跑漂钓。这种古老的钓鱼方法适合钓一系列的淡水鱼类。此技能要花费时间才能掌握，但它也能教会你很多关于河流的知识。

装配钓竿及钓组

跑漂钓只需要很轻的钓具。用一根长时间手握也舒服的轻型浮钓鱼竿即可。长钓竿，例如4.6米（15英尺）的钓竿，是一个很好的选择。你需要精选一批轻型浮漂，能带着钓饵在河中以你认为最可能有效钓到鱼的速度顺流漂移。同时，在传统钓鱼者中，带有直接驱动的中心卷轮颇受欢迎，纺车式鱼轮也很好用。

浮漂钓组
所需的钓组不过是简单的浮漂钓组，但是此钓组使用的浮漂类型和铅坠的数量非常重要。找到那些你用起来最好用的钓组。

中心卷轮
中心卷轮能直接从大卷线轴送线。这使得对于水流中浮漂移动的控制更加简单。

方法及策略

跑漂钓非常有效，因为它能让你在那些无法抛竿和无法将浮漂固定在某一位置的水域钓到鱼。让饵料在那些很可能钓到鱼的水中漂移，能使你非常有效地覆盖这些区域。此项技能在于控制浮漂在流水中的移动，以一种能诱鱼的方式进行。

你能覆盖有鱼的水域越多，你钓到的鱼就会越多。随着时间的积累，你对浮漂的引导控制会熟练到你能操纵钓饵进入可能有鱼的狭窄水域，例如树下、芦苇附近等。

河流跑漂钓并没有受钓具和技术上的进步显著影响，对于许多钓鱼者来说，这也是赋予这个钓法永恒魅力的原因所在。在许多小中，最好的钓鱼模式是经过缜密思考的钓鱼人用细致及隐秘的方式钓鱼。钓到经典的淡水鱼类，例如斜齿鳊、雅罗鱼、鲃鱼及鲢鱼的兴奋感、愉悦感是巨大的。

1 湿润的面包是很好的打窝饵料。向你计划要钓鱼的河流区域多次少量抛投饵料。

2 认真选择浮漂，力争找到最轻的。它产生的水花越少，惊吓到那些警惕的鱼的可能性就越小。

3 将咬铅钓组装在钓线上的浮漂下面（如果浮漂不是自带重量的话）来帮助浮漂在水流中确定位置。然后在钓钩上装好饵料。

淡水饵钓和路亚钓

4 **抛竿将浮漂钓饵送入水中**。用中心卷轮,确保提前放适量的线。用没有握竿的手来控制钓线,并且在你轻柔地挥出浮漂时放线,放线过程中使其带有一点点阻力。没有必要远距离抛竿,准确地投放、轻柔地定位钓组重要得多。

5 **一直保持与浮漂的联系**。尽力保证在水上的钓竿和浮漂呈一直线,而后你能轻松操纵浮漂。

掌控鱼轮
用一个手指来控制卷线轴。经过练习,你将能轻掸一下就收线或放线。

6 偶尔**把浮漂往回拉一下**,防止其随水流漂离。这也会让你的钓饵有所运动,可能会吸引到鱼并促使它上钩。

河钓大鲇鱼

最易获得且鱼汛稳定的钓鲇鱼的地方,是西班牙的埃布罗河。热爱钓鱼的垂钓者通常和专业向导一起去这条河钓大型鲇鱼,专业向导能提供所有所需的渔具及知识,对这些强大的鱼类也是严峻的生存挑战。

装配钓竿及钓组

鲇鱼可能会非常大,有时重达 90 千克(200 磅),因此需要极其强健的钓具。钓竿应该要相当短,很结实才能提供拉鱼时的杠杆力。市场上有一些钓竿完全是为钓鲇鱼而设计的。主线的钓力值应当至少有 13.5 千克(30 磅)。

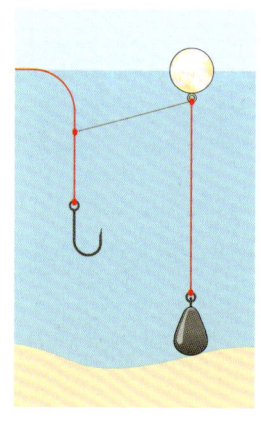

鲇鱼钓组
用大的海水鱼钩来钩住活饵,或者用专门的鲇鱼钓组。将装好钓饵的钓组系在浮漂上,浮漂提前用铅坠稳定在河床上。

大鱼轮
用一个大的纺车式鱼轮或鼓式鱼轮装下大量重线。结实的泄力阀和舒适的手摇柄是非常必要的。

怎样钓鲇鱼

钓鱼若是以这些庞然大物为目标就需要长时间的等待。鲇鱼是真正的掠食者,偏爱在光线较暗的时候捕食,要么是在傍晚,要么是在晚上。它们会来到靠近水面的地方进食,而且经常在太阳下山的时候到河岸边攻击那些毫无疑心的鱼。

一般来说,垂钓者会在河岸边用拴好的抛入河里的活饵钓鱼,但是一些人也会在傍晚时乘船在河边缘找寻徘徊于附近的鲇鱼。在河岸边钓鲇鱼很像更大版本的鲤鱼钓——因此要装备好帐篷(小帐篷)、卧床椅和咬钩提示器以备长时间钓鱼。当鲇鱼吞进鱼饵并开始逃脱时,你经常会在睡梦中被咬钩提示器发出的声音吵醒。匆忙弄明白发生了什么,然后在合适的时间猛拉鱼竿,这些动作需要一点适应时间,但是结果就可能是钓到一条大得难以置信的淡水鱼。

1 站在岸上或者浅水区,当你的向导或者同伴乘着小船,抵达已抛锚至河底牢牢固定好的浮漂附近时,就用鱼轮放线。你的向导会将装好鱼饵的钓组,通过一条细鱼线系在浮漂上,而鲇鱼吞饵时很容易扯断这条细线。固定好的浮漂将会在沉重的饵料需要被托住的地方去支撑住它。

淡水饵钓和路亚钓

用鱼竿支架

一个鱼竿支架或者三脚架,能将诸多钓竿和鱼轮装备同时固定在某个地方,通常也会装上咬钩提示器和其他各种各样的咬钩提示器。鱼竿支架可以将鱼竿长时间一动不动地稳稳固定在一个位置上,但是将各个鱼竿固定位置时也要方便从竿梢放出钓线时是按照一定顺序而来的,而不是各钓竿的钓线缠绕在一起,这很重要。将鱼竿支架放置在你可以够到的位置以便能在快速的吞饵动作发生时迅速拉竿上鱼,也要留有空隙可以四周走动。通常来说尽可能地靠近河水是极佳位置。

2 当每个钓饵都被抛出去后,**将鱼竿固定在鱼竿支架上**。用橡皮筋来保护鱼竿以防鲇鱼上钩时鱼轮卡住。将更多的鱼竿装上钓组放在船后,在夜幕降临时钓河边缘的鱼。让自己舒服一些才能长时间地钓鱼。

3 **细心抄鲇鱼**。你的向导会进入河中给鲇鱼系上承重绳——一条穿过鱼嘴和鱼鳃的柔软绳子。系承重绳要在鲇鱼恢复体力之后。

第六章 海水饵钓和路亚钓

你的第一次海钓尝试可能很容易燃起你对钓鱼的终身热情。实际上最变化多端又令人兴奋的钓鱼活动的一部分，就存在于这个世界的海洋之中。如此多的水，如此多可钓的鱼，还有如此多可学的钓鱼知识。在本章中你会发现海钓及淡水钓是如何相互学习借鉴彼此的钓鱼策略的。

码头钓鱼

人造的钓点（structure）通常能提供进入深水的简单又安全的机会。成群结队的小鱼经常在码头、防波堤、港口岸壁周围聚集，而更大的掠食鱼类被这些潜在的食物来源吸引，也会聚集到这些地方。很多人第一次钓鱼都会在码头进行。

装配钓竿及钓组

在码头钓鱼的最有效的方式之一就是装配一个简单的浮钓钓组。用一个大约3.5米（11.5英尺）长的轻型海滩抛掷竿或者鲤鱼竿，大中型纺车式鱼轮，和钓力值为7千克（15磅）的主线。一个负重30~60克（1~2盎司）的浮漂对于抛竿及钓鱼来说较为完美。当心抛竿时不要伤害到码头上其他的人。

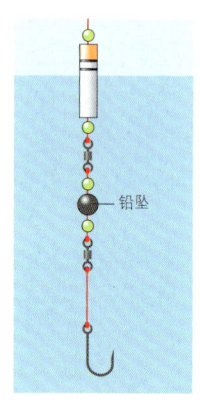

基本的浮钓钓组
装上鱼饵的钓钩悬挂在浮漂下方，意在钓到那些不是在水底进食的鱼类。

纺车式鱼轮
在抛竿时用纺车式鱼轮不会造成钓线缠结，用来浮钓非常理想。

开拓人造的钓点（structure本意为建筑、结构，这里引申为鱼群聚集的钓点）

一些海洋生物会到码头筑造栖息地，例如螃蟹、甲壳纲动物，码头利用这些物种给鱼群提供的觅食机会，经常能吸引许多鱼到来。小鱼经常在码头的荫蔽处或者港口岸壁聚集。一些码头也因此提供了令人兴奋的钓大型鱼类的机会，比如说在佛罗里达南部的码头钓大海鲢。在澳大利亚的一些地方，钓鱼者在码头钓鱼会以黄貂鱼和鲨鱼为目标。一定要核查你计划去的码头是否允许钓鱼。

1. 选择适合该水域和有希望钓到的目标鱼类的饵料和装备。在北欧的一些水域，要钓鲭鱼、雀鳝、绿鳕鱼或者隆头鱼的话浮钓就很有效。

海水饵钓和路亚钓

2 努力集中注意力去观察浮漂的所有动静,当它刚沉入水面下时提竿捕鱼。在浮钓当中浮漂就是咬钩提示器。当它突然往水下运动或者开始不规律运动时,那就是有鱼上钩了。

3 当鱼上钩时,提竿收线。将钓饵置于浮漂下2米(6.25英尺)处来钓鲭鱼。雀鳝倾向于在浅一点的地方游动,要相应地设置好钓组。

使用抬网

在码头钓鱼,如果离水的距离太远而不能用传统的抄鱼网的话,或许需要用到抬网去抄人鱼。已经钩住了鱼,就将抬网下降到水中,引导鱼到网中来,然后提起已经装好鱼的抬网。通过练习,这会变成一个简单的操作,尤其是如果还有人帮忙的话。

海滩远投钓

在海滩远投钓这种钓法中,钓鱼者能够在海滩上将钓组抛投到远处的话,将拥有明显的优势。当鱼在离岸边很远的地方或者在远处的海沟或沙洲觅食时,能够到那些地方的钓鱼者将钓到更多的鱼。

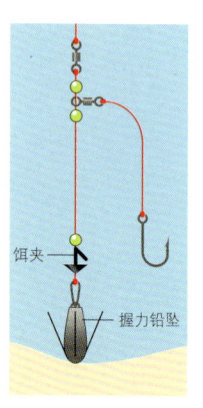

可断开钓组
在一个可分开的固定总钓组中,钓钩被饵夹固定好,然后在撞击海水后打开。

装配钓竿及钓组

长的海滩钓竿能比短一些的钓竿抛得更远,而且被一个抛投好手使用的话,还能产生额外的杠杆力和压缩力。大多数远投钓竿至少有3.9米(13英尺)长,而且被定为能抛投112~170克(4~6盎司)的重量。新式材料让这种钓竿变轻且反应更灵敏,但是最强有力的钓竿柄部分到中间部分都非常硬。很多海钓者也会用4.5米(15英尺)的软调钓竿,这样的钓竿更容易弯曲和抛投。越长灵活度越大的钓竿越能承受适合的弯曲度,并获得最大的压力,将饵料抛到最远。

鱼轮和鱼线
一个新式的6000型鼓式鱼轮是海滩远投钓的理想选择。但是,很多钓鱼者通常使用更简单大型的纺车式鱼轮。无论使用哪种,鱼轮都应该能装6.75千克(15磅)单丝线,以及为安全起见,要能装下一个钓力值为27千克(60磅)的防震线(又称缓冲前导线)。

定位及准备

为了钓到在倾斜浅滩的鱼,海滩远投钓正在不断发展,水更深有更多鱼的地方往往在更远处。如果你需要越过高低不平的地面,钓到生活在远处沙质或淤泥海底的鱼,那么海滩远投钓是非常有必要掌握的技能。很多钓鱼者会在远投锦标赛中磨炼他们的技巧。

在远投时要一直想着安全问题,因为远投时积聚的力量非常大,这就意味着铅坠和钓组高速运行,对周围的人们可能造成危险。在抛投过程中,用结实的防震子线拉紧钓组;如果没有防震子线,较脆弱的主线就会突然断掉。

1 新鲜的饵料很关键。 尽管能否到有鱼的海滩很重要,但是饵料的新鲜度和质量也极其重要。当你在底钓时——即挂饵钓线深入水中垂钓时,饵料散发到水中的气味越多,你成功钓到鱼的机会越大。如果没有鱼上钩,每隔20分钟查看一下饵料。

海水饵钓和路亚钓

握住卷线轴
当你抛竿时用大拇指夹紧鱼轮，握稳它。

2 **站在坚实的地面上**，离其他钓鱼者远一点抛竿。发力过程中看向天空，当钓竿与地面成45度角时放线，铅坠就会朝那个方向运行。抛竿远至你需要够到的地方。

3 **很快意识到要提竿**。当鱼上钩时，确保那些更犹豫的鱼类有充足的时间将饵吞入嘴里。也要意识到如果竿梢突然弯曲需要很快提竿。

抛竿小建议

海滩远投钓最重要的一个方面就是要在抛竿的整个过程中给钓竿逐步增加压力（或者弯曲度），以此来获得更长的抛投距离。看向你想要把饵料、铅坠或者路亚饵抛到的地方，然后按照这个落点来用力。用握住钓竿上方的手大力朝空中抛竿，用握住竿柄底部的手稳稳地将鱼竿拉向胸前。

河口钓鲻鱼

包括小鱼和食肉类鱼在内的很多鱼类，都会聚集到河口的平静水域。其中厚唇灰鲻鱼就是一种适应力强的鱼类，在诸多咸水环境中都有它们的踪迹，钓鲻鱼的话河口就是一个好地方。

装配钓竿及钓组

要在河口钓鲻鱼，你需要一个3.7~4米（12~13英尺）长的（见40~41页）或者类似长度的鲤鱼竿。同时应该搭配一个纺车式鱼轮，钓线应该是钓力值在3.6千克（8磅）的单丝线或者6.8~9.1千克（15~20磅）的编织线（见54页）。装备要简单，要花时间了解这些鱼什么时间在哪里，还有它们怎样觅食。

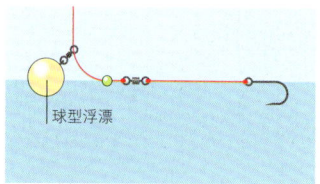

球型浮漂

水面钓组
装一个空球型浮漂让你能够将饵料（通常是面包）抛投到较远的地方。挤压系在钓钩周围的面包屑，留住一些空气帮助其浮起来。

纺车式鱼轮
中等大小的纺车式鱼轮使得抛竿更有效，且对于较轻的铅坠及用来在河口钓鲻鱼的小鱼饵来说就非常好用。

技巧及建议

鲻鱼是神秘的鱼类，经常看似随意地漫游，可能在任何地方出现，但是你钓这种鱼钓得越多，就发现它们有更多不同的行为模式出现。包括鲻鱼在内的很多鱼在潮汐周期的不同阶段会转换成觅食模式，这就解释了为什么在潮汐的不同阶段，某些地点好钓鱼。鲻鱼喜欢进入被潮水浸没的潮泥滩，尤其是当地面已经被太阳照射得很温暖的时候。你经常可以通过那些淤泥中留下的刮痕看出鲻鱼在这些地方觅食过。也要找寻四处游动的鱼。它们经常在船的周围、系船柱附近和码头、防波堤等人工建造的钓点附近被找到。

1 戴上偏光太阳镜，这能让你看到水中的东西，观察四处游动的鱼。用这种方式来使用目视钓法会很令人兴奋。通常要在其他人的帮助下观察发现鱼，这样你可以准确地判断在哪里抛投饵料。

海水饵钓和路亚钓

2 往最可能有鱼的区域**撒饵打窝**。鲻鱼有时候会被这些免费的馈赠引诱去觅食并吞下鱼饵。一片片投入水中的面包通常很有用,因为它们既可以沉入水中又会漂浮在水面。面包也是很好的钓饵。

3 当鱼吞食窝饵时需要**密切注视它们**。你可能需要通过增加饵料以保持对鱼的吸引力。在你进入水中抛竿、抄鱼及进入不同区域时,防水连体裤能为你提供保护,因此在河口钓鱼穿着这种裤子最合适不过了。

4 当鲻鱼咬饵时,你要做好它会强力挣扎逃跑的准备,通常都是朝着障碍物(水下障碍物)逃跑。一定要尽力使鱼避开那些可能会跑鱼的区域。保持钓竿弯曲度高也是和鱼对峙时的一种方式,侧压在变化鱼的方向上也很有效果。

5 在放生钓到的鲻鱼前,**花一点时间**享受你的成功。通过钓鲻鱼能找到使用轻型渔具的无限乐趣,这些鱼其实是很狡猾的对手。

岩礁边海钓

人们经常通过礁石、悬崖、岬角和小海湾去接触海岸附近的深水区。有许多鱼类在这类海岸边凹凸不平、破碎的地方生活,例如巴兰隆头鱼、绿鳕鱼、欧洲海鳗,在北大西洋沿岸都能找到这些鱼类。

装备钓竿及钓组

在凹凸不平的地表上,很多鱼都靠近海岸觅食,因此你可以不必抛竿很远就能钓到鱼。选择一根足够结实的钓竿,能从岩穴中拉出奋力挣扎的鱼,再选出与之搭配的鱼轮。重的钓线要经得起磨损,因为在岩礁边海钓时,一些渔具会不可避免地损耗。固定钓组(左图)是一个颇受欢迎的选择。

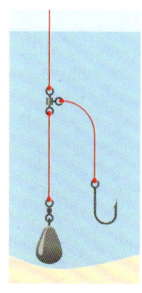

固定钓组
三叉转环可以被用来连接钓线、铅坠和钓钩。

减少损耗
用一条橡皮筋去固定铅坠,这意味着如果钓组钩在障碍物上了只有铅坠会丢失,而非整个钓组。

岩礁边钓隆头鱼

作为一种典型的矶钓鱼类,巴兰隆头鱼在岩石表面生活得很是舒适自在,因此能成功将螃蟹和蚯蚓饵放入这种地形的钓鱼者最有可能钓到这些会奋力抵抗的鱼。关键是要四处走动,以便你将鱼饵放在不同的地方。这种不平坦的地面是最适合巴兰隆头鱼的,但是考虑到你的人身安全,一定要穿抓力好的鞋子或者靴子。夏威夷的钓鱼者用更重型的渔具和类似的岩石边缘钓法来钓岩石下方的鲹鱼。

1 挑选安全的位置,并且站得离岩石边缘很近,以便直接往下投鱼饵。一直要握好钓竿且密切注视海里动静,尤其是在海水活跃的时候。

2 当你感到鱼咬饵时，不停地摇鱼轮的摇柄收线，把鱼提出水面，再卸下钓钩。在岩石边缘务必站稳。

3 **一条色彩斑斓的巴兰隆头鱼**被成功地从海里钓出。在岩边钓鱼时不必使用抄鱼网。注意系住铅坠的脆弱连接线，该连接线用于有潜在障碍物的岩石地貌。

钓绿鳕鱼

岩礁边海钓的另一大目标就是绿鳕鱼，这种鱼出没于北大西洋海域。这些鱼对路亚饵及活玉筋鱼或者像路亚饵一样结在一起的玉筋鱼反应强烈。钓鱼前找寻靠近海岸的有大量岩石和水草的深水区。仔细选择一天中的钓鱼时间很重要，并且要知道该区域的潮汐时间。鳕鱼偏好在退潮时觅食。在海岸边钓它们的最好时间是在天黑前的最后一小时，但正午时分也好钓。将旋式钓饵尽可能靠近海底，往往能钓到最大的绿鳕鱼。这种鱼被钩住之时通常会突然俯冲。当你感觉到鱼上钩了不要停止收线，而要保持往回绕线，然后当鱼俯冲时稳住钓竿和鱼轮。如果当鱼第一下俯冲的时候你坚持住了，那最终鱼就是你的了。

绿鳕鱼路亚饵

绿鳕鱼对一系列的路亚饵都反应良好，从简单的银色螺旋形路亚饵到更新式的塑料路亚饵（如胶状昆虫、鲥鱼）、铁板路亚。不同颜色的路亚饵用于不同的时候。这幅图中的胶装昆虫路亚饵就被装配在一个简单的移动底钓钓组上用以靠近海底钓鱼。

浪钓海鲈鱼

这一经典的海岸钓鱼方式源自爱尔兰和英格兰西南部的大西洋沿岸海滩，这些地方有翻滚的海浪和各种海鲈鱼钓者找寻的水下特征。在偏僻的海滩，浪中钓鱼自有其奇妙之处。

装配钓竿及钓组

市面上有很多 3.3~3.6 米（11~12 英尺）的专门钓鲈鱼的钓竿，但任何能抛投 55~115 克（2~4 盎司）重的钓饵或路亚饵的钓竿都是很好用的。给钓竿搭配一个小的鼓式鱼轮或者中型的纺车轮。你将需要钓力值为 6.8 千克（15 磅）的主线和长长的钓力值 18 千克（40 磅）的防震导线。

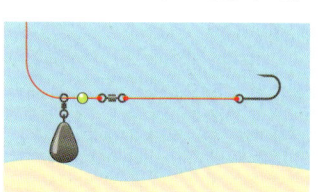

移动底钓钓组
钓底的标准移动钓组是浪钓这种海岸边钓鱼的常见装备。

鼓式鱼轮
这个小鼓式鱼轮，能装下 250 米（825 英尺）长、6.8 千克（15 磅）重的线，非常适合用于这类钓法。

观察解读环境

很多人看到浪花拍岸，除了海浪什么也看不见。然而，经过训练的人还是能看出清楚展现水下地形的各种样式的海浪。

如果你学会"解读"海水，你就能钓到更多鲈鱼，因为鲈鱼喜欢通过看不见的水沟和更深的洞靠近海岸来捕食玉筋鱼、螃蟹和虾。"解读"需要联系，但是时间长了你就会发现在大量的波浪中海浪涌现不那么频繁的区域通常预示着此区域水更深，或者有沟壑、断层，或者有洞穴。你的钓鱼装备里一个重要的元素就是轻便、透气的及胸涉水裤。

1 采用普通的过顶抛竿方式将钓饵抛至你认为鱼在觅食的地方，在岸上的柔和的浪花中更好——鲈鱼喜欢的环境。大多数鲈鱼钓都是在邻近的范围内，所以不需要远投和远投所需的特殊专业技巧。

2 **握好钓竿**以便你能感受到任何动静，这些动静可能预示着中鱼。或者用大拇指和食指捏住主线。

3 **用软调海滩钓竿的伸缩力**来缓和强劲的挣脱力和上钩海鲈头部的晃动带来的冲劲。只有当鱼急速逃离绷紧钓线的时候才猛拉钓竿。避免在鱼咬饵但钓线松弛时提竿——那其实是海鲈鱼取饵并向你游来的时候。

4 **在你放生之前**，慢慢将鱼引向你，直到你能抓住它并取下钓钩。

应对海鲈鱼

海鲈鱼有极尖的背鳍和锋利的鳃盖边缘，因此要小心处理它。它没有真正的牙齿，所以牢牢握住鱼唇底部，轻柔地从水里将鱼提出来，从下方托住它以便鱼身不至于不舒服地弯曲着。

路亚钓海鲈鱼

海鲈鱼是非常有掠夺性的鱼类,擅长靠近海岸线捕食。很多浅的、礁石多的、海草大片生长的海域都能为这些饥饿的海鲈鱼提供掩护和食物,这些区域对于想用路亚钓的移动钓鱼者来说是非常理想的。

装配钓竿及钓组

路亚钓海鲈鱼,用一根2.7~3.3米(9~11英尺)的直柄钓竿即可,这种竿被评估为可以抛投10~60克(0.35~2盎司)的鱼饵,再配上中等尺寸的纺车式鱼轮。给鱼轮装上4.5~6.8千克(10~15磅)的单丝线或者6.8~13.5千克(15~30磅)的编织线。如要到达最好的钓点,穿上胸涉水裤会很有帮助,但是在夏天很多钓鱼者不穿防水类衣物,他们会湿漉漉地涉水。路亚饵装在盒子里带着,饵盒得能放进小双肩背包里。

路亚钓组

将一条短的钓力值为13.5千克(30磅)的碳氟材质或透明的单丝线与主线初个小活节连接起来,然后系上一个小的环夹。这就意味着你可以简单地通过夹上和解开夹子更换路亚饵。

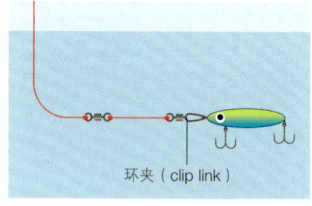

环夹(clip link)

玛利亚·蔡斯路亚饵
在被取回时,这种路亚饵下沉深度不超过30厘米(12英寸)。

选择你的位置

海鲈鱼需要靠掩护来伏击它们的猎物,且会使用礁石、海草和水沟来困住那些不幸的受害者。以这些地方为目标抛投路亚饵。看一下低潮时的一部分海岸线并观察一下往外流动的海水揭露的那些地方。然后你能弄清楚当这些地方被水覆盖的时候是否值得在此钓鱼。注意水沟和一片片水草,寻找大块岩石,海鲈鱼会在周围觅食。你需要追寻海鲈鱼,而不是等着鱼向你游来。确保密切注视潮汐及按照计划穿过浅水撤退。

1 选择有浅水滩、轻柔翻滚的海浪及大量可能吸引鱼驻足的**特征地**,比如水沟和多岩石的区域。

通过朝岸边涌来的潮水,浅滩提供了一条安全的出口路线

涨潮时海水填满的水沟可能会有鱼的踪迹

对于海鲈鱼来说,浅浅的岩底很有吸引力

海水饵钓和路亚钓

2 在最安全最易去到的有利位置遛鱼,尽力消耗已钩住的鱼的体力。被钩住时,海鲈鱼会游向最近的障碍物。施力于钓竿,使鱼避开危险。

3 如果可能的话,**把海鲈鱼放回海里**。拍照留念,欣赏这高效的鱼,但要让鱼靠近海水,快速放回海中。注意大鱼的眼睛和尖尖的、锋利的背鳍——这便是它们被称作"海中之狼"的原因。

浅滩边缘为安全涉水提供了稳当有利的地点

更深一些的海沟是很好的留鱼驻足的区域

鱼轮不装满

在纺车式鱼轮上装太多编织线会导致线在用力抛投过程中扎成缠绕的结,这可能需要剪线然后重新开始准备。为了避免此事发生,鱼轮别装满。一直要带有张力地绕编织线。

钓条纹鲈鱼

条纹鲈鱼，或称"银花鲈鱼"，是一种洄游鱼类，在美国很受欢迎，是重要的海鱼鱼种。钓条纹鲈鱼的最佳地点在一年中也是有黄金时间的，从船上或者海岸，用鱼饵、路亚饵或者飞蝇饵都能钓到大多数或者最大的条纹鲈鱼。

装配钓竿及钓组

对于在船上钓条纹鲈鱼来说，当用路亚饵或者鱼饵（活饵或死饵）钓鱼时，短而强有力的2.4米（8英尺）直柄钓竿是十分合适的。将钓竿和纺车式鱼轮或者鼓式鱼轮组装好。

新式的编织主线是很好的选择，因为它们提供了和鱼的直接接触的机会，并且比相同宽度的单丝线结实得多。然而，调试鱼轮的泄力阀来弥补弹性的缺乏是很重要的。9号海水飞钓装备也很好用。带上鱼漂或下沉式鱼线。

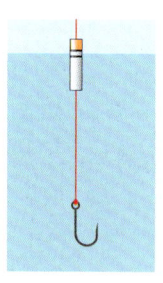

基础的浮钓钓组
在流水中钓鱼或者在水下钓点附近钓鱼，用基本的浮钓钓组即可，包含23千克（50磅）的单丝线铅坠和尖尖的6号钓钩。

追饵鱼轮
这款纺车式鱼轮最适合把鱼饵缓缓送至浮漂下面。你可以用送饵系统徐徐放出钓线，然后只用转动把手让鱼轮准备猛拉鱼线。但是，很多钓鱼者偏好通过打开绕线环来放出钓线。

船钓条纹鲈鱼

像很多海鱼一样，条纹鲈鱼会在遮蔽物的掩护下搜捕猎物及进食。很多船钓者利用风和水流将鱼饵和路亚饵推近那些可能有鱼的区域。在诸多区域都颇受喜爱的一种方法就是掌控好船只或精确地抛锚固定好船，以便你的浮钓鱼饵（切好的鱼）能回到水下钓点，例如浅滩、礁岩或者桥下和码头。小心驾船驶近那些水下钓点并朝看上去最好的钓点抛竿，这个过程也很令人兴奋。占据一个稳定而舒适的抛投点，覆盖尽可能多的水域。

要熟练地移动船只靠近一个钓点，你必须在这种情况下有能力操纵船只，或是带一个极其在行的船长。如果你缺乏经验，不要驾船去任何靠近岩石海岸的地方。要一直小心水上来往的其他船只，也要留意海水和天气的情况。有时候潮水涨落也很重要。

1 船一锚好，就开始往潮水中投入钓饵鱼（鲭鱼就很好用），以便它们能漂到有鱼的区域。就和淡水窝饵一样，少量多次投放是关键，要让鱼被吸引，但又不能让鱼吃饱。在钓钩上也钩上一块钓饵鱼，设置好浮漂，用潮水或水流使钓饵漂回到水下钓点。

2 **看浮漂**，不仅为了观察鱼是否中钩，也为了观察浮漂随海潮流向的漂动情况。放出足够的鱼线让它自然浮动，但保持钓竿足够紧，以便及时提竿。当浮漂处于一个可能鱼类丰富的钓点时，值得让浮漂暂时停留一段时间。

3 **当你钩住条纹鲈鱼的时候**，从水中钓点中尽可能把鱼钓出来——它会试图找避难逃脱的地方。在船上，最简单的抄鱼方法就是用网，尤其是水面波涛汹涌的时候。开口大的捕鱼网能使诱鱼入网变得相对简单，这样你的同伴就可以把它捞起来。

岸钓条纹鲈鱼

许多条纹鲈鱼的垂钓是在岩石、海滩、码头或河口进行的，因为迁徙的条纹鲈鱼会靠近海岸觅食和产卵。大型雌性条纹鲈鱼，或称"母牛"，是海钓者的梦想。这些条件为用飞蝇饵、路亚饵或鱼饵钓鱼提供了绝佳的机会。

许多大的条纹鲈鱼，都是夜晚在安静的岩石边被成功捕获的，通常是在恶劣的条件下。海滩和河口通常为条鱼提供更容易的途径。如果你发现成群的鲱鱼在附近觅食，条纹鲈鱼很有可能会在它们旁边觅食，所以请睁大眼睛，注意周围游动的鱼。

飞钓条纹鲈鱼
当用飞蝇饵钓鱼时，用鱼轮放送鱼线，这样海水的运动就不会把多余的鱼线从你身边带走。

岸钓海鳟鱼

在北欧海岸钓海鳟鱼，与在河流中钓这一鱼种，需要的技术非常不同。当海鳟鱼靠近海岸吃小鱼和小虾的时候，一年四季都能在海岸捕获它们。

装配钓竿及钓组

长 2.7~3m（9~10 英尺）的直柄竿可用于抛掷重量 20~30g（3/4~1 盎司）的路亚饵，配有小的纺车式鱼轮或投饵轮。相对于单丝线，编织线往往是首选，因为它们的触感很好。旋转抛竿过程可以让你的饵料投掷有效覆盖大片水域，这是至关重要的。

抛饵鱼轮
一个抛饵鼓式鱼轮（见上方）用来投放较重的路亚饵是非常理想的。但是纺车式鱼轮在需要轻便路亚饵的情况下是更合适的。

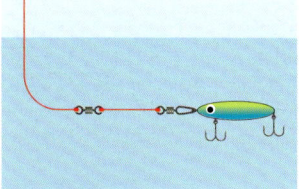

路亚饵钓组
在一个简单的装置上装上匙形饵和旋转饵。许多垂钓者喜欢在浅水处使用浅色鱼饵。但更大的海鳟鱼通常在较深的水域中，因此较重的鱼饵会使你能抛得更远。

定位和开始

成功的垂钓，来自了解鱼可能在哪里，来自在海岸线边的努力工作。每天，第一道阳光出现和最后一道光熄灭时，是钓鱼的最佳时间，但在夏天，垂钓者经常晚上钓鱼。寻找长而浅的海滩，浅的暗礁或岩石地面，在那里鱼可以觅食——在涉水之前先锁定钓点。寻找能躲避海岸风的庇护所，因为海风使抛竿变得更棘手。

1 **慢慢涉水出去**，以避免惊吓到鱼。投饵时尽可能覆盖更多水域，改变回拽竿时的比率。如果海鳟鱼忽略你的路亚饵，请让鱼饵置于水中一段时间，这可能吸引鱼咬钩。

天然食物
开始在虾和各种各样的小白鱼可能存在的地方捕鱼，比如靠近岩石和杂草的地方，因为它们是海鳟鱼在近海觅食的原因。许多路亚饵和飞蝇饵能成功地模仿对虾和小虾。

2 岸钓时,最好用渔网捕获**大海鳟鱼**。建议携带一个便携式小渔网,在你需要时,可随手取用。在海中捕获的大海鳟鱼通常色彩鲜艳,标志鲜明。它们在河流中生存一段时间,就会颜色变暗。

3 **合适的衣着**会让你享受垂钓乐趣。寒冷的月份里需要温暖的外套,这样你才能长时间钓鱼。飞钓服装很完美;一定要经常戴偏光眼镜,这样有助于定位目标鱼,并能看到更多钓点的情况,同时也可以保护眼睛。

近海小船钓

小船能让钓鱼者进到那些大船可能难以到达的水域钓鱼。那些吃水浅的小船可以在浅水区域及狭窄的空间使用。对于热带海域来说，有专门的平底船可使用。

装配钓竿及钓组

大多数在船上钓鱼的人会携带各种各样的钓竿和鱼轮。必须仔细地装好这些装备，避免当你在船上走动时对它们造成损害。一根短而强有力的直柄竿很有用，它适合底钓、旋式饵钓或是铁板路亚钓和浮钓。另一种船钓的形式是锚定船只在涨潮中用底饵钓鱼。

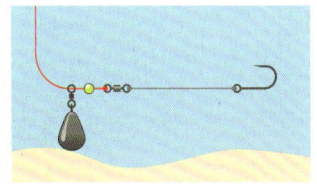

底钓钓组
移动钓组是近海小船钓常用的钓组，人们使用金属子线应对牙齿锋利的鱼。

小型鼓式鱼轮
当小型鼓式鱼轮装满编织线时，它就是一个全能的船钓鱼轮。巨大的鱼类都可以被这种鼓式鱼轮钓起来。

温热气候下的小船钓

在温暖的水中有大量鱼类在水面或是靠近水面觅食。很多靠近海岸的区域能吸引大量鱼类逗留，乘坐小船前往或许是到达那些地方的唯一方式。比如水渠、浅滩、红树沼泽地只能通过乘坐小船才能到达，这些地方盛产锯盖鱼、大海鲢、笛鲷及北梭鱼等鱼类。

当你驾船在海上航行时，要密切注意鱼活动的迹象。比如，鲹科鱼类在水面狼吞虎咽地吃着鱼饵，或者一群鸟俯冲下来，都可能预示着有掠食型鱼类在水下游动。你能越快靠近这样的区域，获得成功的机会就越大。这值得你一直保持路亚钓竿和水面波爬路亚饵（见64页）装配好，以便抛投进入有此类鱼活动的区域。

对安全的考虑

不论你选择在哪里钓鱼，携带重要的安全装备：每个人都要准备救生衣，另外还要带上高频收音机和遇险信号弹。出于安全考虑，不要过于依赖于移动电话。如果你想买一艘船，为了你自身的安全，需要去参加一门合适的安全课程。

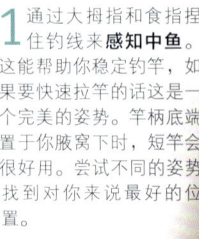

1 通过大拇指和食指捏住钓线来**感知中鱼**。
这能帮助你稳定钓竿，如果要快速拉竿的话这是一个完美的姿势。竿柄底端置于你腋窝下时，短竿会很好用。尝试不同的姿势找到对你来说最好的位置。

海水饵钓和路亚钓　　　151

2 钓竿和鱼连接的**钓线要保持紧绷**。如果钓竿不是弯曲状态，要么鱼小，要么你的力度不够。学习施加多大的力量要花费一定时间。

3 如果可能的话，在船侧用工具**抄鱼**，这种工具能夹住下鱼唇而不会伤害到它。让你能安全地取下钓钩且不会接触到鱼锋利的牙齿。一些此类工具还有内置的计重秤功能。

寒冷气候下的小船钓

很多在寒冷水域的鱼类都喜欢在海底或近海底觅食。你对钓具的选择需要考虑到要将钓组沉到海底或者让路亚饵和饵料沉入很深的位置，所需的铅坠越重，你的钓竿必须要更结实有力。

随时了解当地的天气预报，听船上收音机里的更新。出海时起雾会令人担忧，但你的 GPS 和雷达能帮助你安全到家。当你在雾中航行时，要一直给出适当的亮光，这能确保甲板上的人可以留意到其他船只。就这一点来说显示亮光至关重要。要与那些在你雷达上出现的船只保持安全距离。

在寒冷水域的着装
浮力救生衣套装有内置的闭孔泡沫内衬，能在你落水时帮助你浮起来，而且保暖，有助于更好地钓鱼。但浮力衣救生不是救生衣的替代品。

滩钓鲨鱼

这是一种极限的海岸钓法——在沙滩和边远区域的礁石等完全谈不上舒适的地方追逐超大的鱼。有时候鱼甚至比垂钓鱼者还重,比如在纳米比亚荒凉的骷髅海岸钓到的短尾真鲨。

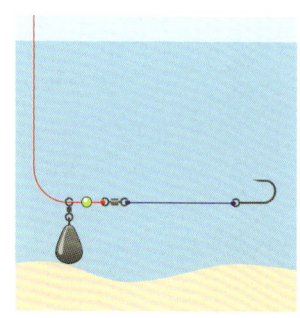

移动底钓组
对于抛投大型鲨鱼饵用其钓鱼来说,移动底钓组很好用。钓组需要尽可能结实且简单。

装配钓竿及钓组

钓鲨鱼的人常用简单但强健的装备。选择长而结实有力的海滩钓竿,这种钓竿可以承受住大鱼的重量,并能远距离朝海浪中抛投大型鱼饵。4米(14英尺)长的中型钓竿比较常用,但是这些钓竿却惊人的轻软,且易于操控。长竿搭配结实的鼓式鱼轮,此轮可装载至少320米(350码),钓力值在13.5~18千克(30~40磅)的主线。当大鲨鱼被钩住时它们会逃很远,有时你可能需要用到所有钓线。

大型鼓式鱼轮
挑一个泄力系统顺滑、手柄舒适的鱼轮来应对耗时长又困难的搏鱼。

以鲨鱼为目标

和一个好的向导一起钓鲨鱼能达到最好的效果。鲨鱼只有在有大量食物供应时才会来到近海岸。向导要能"解读"海水,找到那些能显示海浪下为何种地形的迹象。钓鲨鱼依靠的是和滩钓或船钓类似的方法,充满血腥气味的钓饵被用来吸引拥有强大嗅觉的鲨鱼。它们从很远的地方就全神贯注于这些诱饵了。用这种钓法,你需要戴上一个钓竿柄垫,当你遛这些巨大的鱼的时候可以固定钓竿的末端。

1 **压紧钓竿**来利用力量,这是抛投大鱼饵进入巨大海浪中必需的力量。用这些大型钓竿及鱼轮进行安全的抛投需要练习和体力。

海水饵钓和路亚钓　　　153

2 将钓竿末端固定在钓竿柄垫上来**搏鱼**。当鲨鱼减速时收线。当它又开始逃跑，让它逆着鱼轮的拽力游走，你要站在一个舒适的位置做好准备。

3 **当鲨鱼疲累的时候**，让海浪带其尽可能靠近海滩。然后你的向导会抓住鲨鱼尾巴上方的部位，利用潮水的助力开始将其拉出海水。

4 **取下钓钩**，用海水冲洗干净，然后给你捕获的猎物拍照；但要保持鲨鱼靠近水，之后尽快将其送回海中——通常需要两个人来做这件事情。当你送鲨鱼回到海水里，确保它强有力地游走。

慢速拖钓鲑鱼

大鳞大马哈鱼及银大马哈鱼是群居于太平洋的鲑鱼类,它们在返回河流产卵前会在太平洋觅食,此时就是许多钓鱼者用拖钓的方法在海里钓它们的时间。不论是靠近海岸或是远离陆地,使用的钓法都是相似的。

装配钓竿及钓组

深水拖钓,也称沉底拖钓,用金属线和重铅坠将路亚饵拖下深水区。这意味着如果你的钓竿上不系铅坠,会使得你搏鱼时有不同的感觉。用竿梢软一些的钓竿,因为当钓线被夹到深水拖钓钓组上时这种钓竿会很容易弯曲。建议使用编织线的主线。

鲑鱼钓组装备
路亚饵通常被安装在一个反光的"闪光板"后面。这是一个塑料板,当以正确的速度转动这个塑料板时,它将很诱人地旋转。此板的运动会吸引鲑鱼,然后它会看到路亚饵就在闪光板的另一边。

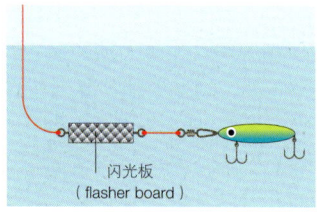

闪光板 (flasher board)

海岸钓及船钓鼓式鱼轮
鼓式鱼轮很受欢迎,也被称为"让人渴求的"的鱼轮。它与中心卷轮相似,但后者没有泄力系统和传动装置。当鱼拉扯钓线时鱼轮手柄会旋转。

深水拖钓装置是如何工作的

深水拖钓装置是一个电子或机械的绞盘装置,拖钓时能保持路亚饵处在特定的深度(通常会相当深)。这是依靠一条细而结实的金属线及末端的重铅坠来达成的。在铅坠之上便是一个特别的线夹,钓组就系在这个线夹上。在中鱼之前主线是通过这个线夹固定好的。在船下缓慢拖钓的时候,重铅坠和细金属线在水中穿来穿去。

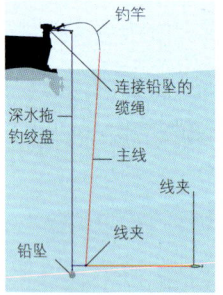
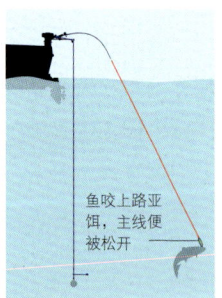

深水拖钓装置
钓竿上的主线沿着带有铅坠的深水拖金属线穿过线夹将钓组固定在需要的深度。鱼一咬上路亚饵,线夹便松开钓线,竿梢即向前弹出。

深水拖钓装置的运用
大多数船上都会用到至少两个深水拖钓装置,其中很多都是电子控制的。它们与船上的电力系统相连接,能为你承担拉回重物的所有收线工作。深水拖钓装置有一个从船侧伸出的长臂能帮忙避免路亚饵缠结。使用找鱼器和深水拖钓装置的水深计数器能方便在正确的深度钓鱼,且避免钩到障碍物。

拖钓的运用

拖钓鲑鱼通常是在缓慢而恒定的速度下进行的，经常用到小引擎。一旦路亚饵在深水拖钓装置上放好，就操纵船只通过有鱼的区域。大鳞大马哈鱼及银大马哈鱼会进行顽强的抵抗，尤其是大鳞大马哈鱼。它们通常在水底附近拖钓时被钓到。这些鱼的存量是被监控的，钓鱼者可以保留的数量也被严格控制。这样做能保护鲑鱼的储存存量，确保大量鲑鱼可以回到河流产卵。

深水拖钓技巧

把钓线夹在深水拖钓的线夹上，然后将鱼轮设置成自由出线模式（但记住依然要控制它）。让深水拖钓装置沉下铅坠，当路亚饵下降时控制好鱼轮。在你选好的深度停住铅坠，点击鱼轮进入传动装置，卷线使得到线夹之间的线呈紧绷状态。把鱼轮泄力值调至上鱼时要用的状态，然后再把钓竿置于竿座上。

1 鱼上钩时竿梢突然弹回原来的状态，那是因为线夹松开了钓线。抓住钓竿，用力往下摇鱼轮直到你可以感觉到这充满活力的鱼。在开阔的海洋中鲑鱼会有力而激烈地反抗。有软调竿梢的钓竿能通过缓冲鱼的冲力来帮助保护被钩住的鱼。

2 用抄鱼网来协助**抄鱼**，小心取下钓钩。银大马哈鱼是极好的鱼，也是太平洋鲑鱼类中最被看重的鱼种之一。如果涉及你能留下的鱼的数量时，要遵守规章制度，尽可能多地放生鱼类。

饵钓大海鲢

在这个世界上，大海鲢属于十分令人印象深刻、极其奋力与人搏斗的鱼类，它们以极佳的速度、力量与跳跃特技，还有甩掉钓钩的能力闻名。它们长得很大，且能代表对各种钓组都能构成巨大威胁的鱼类。

装配钓竿及钓组

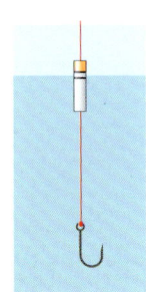

大海鲢钓组
使用一个浮漂，一个尖的6号或7号钩和一条长度较短的能承受45千克（100磅）咬力（或"摩擦力"）的子线。

短而强有力的钓竿常被用来饵钓大海鲢，通常是有充足力量的重比率直柄竿。很多钓鱼者偏爱断拉力（breaking strain）为大约13.5千克（30磅）的单丝线——这种线固有的弹性能够帮助缓冲大海鲢逃跑和跳跃时候带来的冲击力。但是越来越多的重编织主线也被使用，相比单丝线，它能提供更大的强度。使用这类钓具的钓鱼者会尽可能用力地遛鱼，然而这种鱼还是经常能逃脱。

船用鼓式鱼轮
对于这种钓法来说，结实的新式鼓式鱼轮和纺车式鱼轮一样好用。一个有效的泄力系统也很有必要，它能协助你将这类强大的鱼弄得精疲力竭。

选择钓点

要钓大海鲢，佛罗里达群岛是完美的选择，大海鲢洄游过程中被发现在这里以大量的钓饵鱼为食。它们更乐意在低光照的时候进食，黎明或黄昏，或者在晚上。很多钓鱼者和向导在漆黑的条件下熟练地钓鱼。在其他时候，许多公路桥在水中投射出影子，也给大海鲢提供了掩护，或者说它们偏好更暗的光线。桥下水越深，你在白天时能钓到鱼的机会越大。锚好船将其固定好，以便潮水能带着浮钓（或无线的）饵料回到大海鲢停留的地方。

对大海鲢上钩的判断不容易出错，浮漂消失或者钓线突然绷紧时猛烈地拉出。由于这个原因，每个甲板上的人都要确切知道当鱼被钩住的那一刻要做什么，这是非常关键的，也是非常刺激的钓鱼过程。

1 在桥影处钓鱼，白天的时候大海鲢会在桥下水更深一些的地方觅食。它们会在桥影线边缘驻留。你经常能用找鱼器看到它们大大的形状。屡次短促地猛拉钓线然后停下钩住鱼嘴。在被钩住的那一刻大海鲢通常会跃起，这时它便可能成功地甩掉钓钩。如果钓钩仍然钩住不动，那就准备来一场了不起的搏鱼。

海水饵钓和路亚钓　　　157

2 **追逐大海鲢**。你的船长会起锚朝鱼游走的方向行进。快速将钓线收回鱼轮,用短线来搏鱼——当鱼急速游走时,这会让你有更多的控制力。当大海鲢跃出水面时"向鱼屈服",降低竿梢来松弛钓线,这会在鱼猛晃头的时候起到保护作用。

3 **抄大海鲢**最好是戴上手套抓住鱼硬硬的下唇,然后再取下钓钩。要非常小心地照顾大海鲢,几乎不要将其带出水面。大多数向导会弯下身子,抓住鱼,取下钓钩,等照完几张照片,然后将鱼放生。

关于钓钩使用及取下的小建议

大海鲢在摆脱钓钩方面声名狼藉。它们坚硬多骨的鱼嘴很难被钩住,而且它们摇晃头部的战术也能甩掉钓钩。如果指望每个钓钩能钓一条鱼,要用质量好的、用化学方法磨锋利的海水钓钩。当鱼咬饵的时候用J形钩,不断地重复拉钓线,同时用圆形钩能让鱼绷紧钓线。如果你拉圆形钩,能直接从鱼嘴中拉出钓钩。圆形钩相对来说容易被取下,而且不会有被吞下的风险,如果钓钩被吞,可能会对鱼造成伤害。

沉船海钓

在平凡的海底，沉船能充当鱼的安全栖息所。小鱼会藏身此处免受潮汐的击打，且用这一地点作为避难所，但也吸引了更大型的食肉鱼类来此处捕食。一些鱼类一直栖息在沉船里或者周围，其他的鱼类可能只是经过而已。

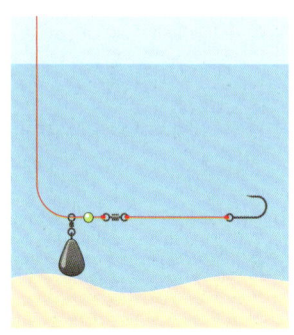

移动底钓钓组
在海底的沉船附近用大饵钓鱼的一个有效的方法就是使用简单的移动底钓钓组。

装配钓竿及钓组

你需要一根强有力的钓竿来支撑重铅坠，铅坠将路亚饵和鱼饵带到所需要的深度。沉船钓可能需要9~23千克（20~50磅）的船钓竿，搭配鼓式鱼轮。编织的主线通常是最好的选择。在涨大潮（朔望大潮）时，你可以让船漂移到沉船上方。在稍小一些的涨潮时期（上弦或下弦小潮），可以选择锚定在沉船上方。

大型鼓式鱼轮
选择能装载足够钓线的鼓式鱼轮努力将钓饵带至深海底部。

钓欧洲康吉鳗

强壮有力的欧洲康吉鳗在沉船里及周围生长繁育，它们是海钓者的目标。它们在海底努力觅食，钓它们的关键是要用新鲜、充满气味的诱饵。当它们开始集中注意力在诱饵上的时候，垂钓者的行动就紧张忙碌起来；一旦被钩住，它们将会尽力逃往有掩护的地方。你需要重复"摇柄绕线"动作（提竿然后放低钓竿时收线）。有时候欧洲康吉鳗会远离沉船觅食，于是经验丰富的船长可能会选择离沉船相当远的地方抛锚。

1 驾船驶近鱼藏身的钓点。 一个会使用最新的电子辅助工具的好船长能非常精准地驾船到最好的钓点。他通常很熟悉这个区域的水文情况，而且知道如何锚定船只，如何正确地让船漂移到沉船和暗礁上方。

2 使鱼饵沉入水中， 握住钓竿，等待中鱼。就钓那些轻轻咬饵的鱼而言，能够准确地感知到你钓饵的情况是非常关键的。当欧洲康吉鳗上钩时，不要过于热切地拉线；通常越大的康吉鳗咬饵越轻。为了确保鱼完全咬饵了，等一会儿，让鱼饵在鱼嘴展开，然后再转动手摇柄收线钩鱼。

海水饵钓和路亚钓

3 **抄鱼时与船长密切合作。** 当你努力抄鱼时，欧洲康吉鳗挂在钓钩上会猛烈旋转，所以要小心。

4 在你把欧洲康吉鳗带到甲板上时，**要注意它那强壮有力的尾巴。** 这些鱼通常会危险地剧烈摇摆，可能会造成真正的伤害。大多数被钓鱼者钓到的欧洲康吉鳗都能被成功送回海水中。很多鱼都是在船侧被取下钓钩的，而不用带到甲板上，但也可以抓住结实的鱼线拎起这巨大的鱼。为了避免受伤，做此事时要一直戴着手套。

使用科技辅助工具

成功的现代沉船钓是以对现代电子航行辅助工具的使用为中心的。事实上，大多数船钓都需要具备一些使用此类工具的知识。GPS（全球定位系统）部件显示了船的确切位置、速度和方向，对找到相对小一些的特征物体来说，例如沉船，这种工具的价值无可估量。

船钓鲨鱼

在大海中鲨鱼是效率极高的肉食鱼类,钓鲨鱼是极其让人兴奋的。它们是令人惊奇的、值得我们尊重和欣赏的生物。不幸的是,它们在全世界都处于巨大的商业压力之下,钓鱼者必须尽可能多地将钓到的鲨鱼放回海中。

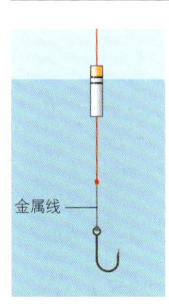

浮钓组
将诱饵悬挂在基础款浮漂下面。在各种深度设置诱饵,找出鲨鱼觅食的地方。

装配钓竿及钓组

当以大鲨鱼为目标时,要使用结实有力的钓竿和鱼轮。为了提供最大的杠杆力并在有限的空间内易于使用,船钓竿都得相当短。你需要一根最低承重等级为13.5千克(30磅)的钓竿。为了放长线要装大量钓线在鱼轮中。结实的金属线是必备的,另外,圆形钩能确保鱼被钩住而不会深入鱼嘴侧方。记住用圆形钩时不要拉拽,让鲨鱼朝收线反方向游走来放线定钩。考虑戴上托垫,在搏鱼中能起保护作用。

竞技比赛型船钓用鼓式鱼轮
竞技比赛型船钓用鼓式鱼轮提供了达到钓鲨鱼所需的力量。

吸引猎物

钓鲨鱼时,窍门在于将有吸引力气味的鱼饵投入水中来引诱鲨鱼游向你。你需要装配好船只作为食物的来源,这主要是为了让鲨鱼循着随潮水慢慢散开的气味路径,被吸引到船附近。这里有系在船上落入水中的碎肉饵(右图所示),还有船附近的浮漂下悬挂的鱼饵。通常成功中鱼的第一个迹象就是鱼鳍在水中上升,或者鲨鱼含着鱼饵急速游走,或是众多鱼轮中的一个突然开始运转。任何一种情况都会激起船上全体成员一定程度的慌乱,但每个人又会迅速进入完全的捕鱼模式。

用鱼饵诱鱼

作诱饵用的碎肉,又作"碎肉饵",通常由切碎的鱼、血、鱼油制成,有时也包括麸。它被放到网袋中,系在船侧,以便这些小的食物颗粒和油随退去的浪漂走。尽管有多种多样的碎肉饵"菜谱",但是所有的"菜谱"都能引起鲨鱼或者其他肉食鱼的猎食本能。

1 好好准备钓具。安静的时光通常被一条鲨鱼的游动打破,准备好的船只能帮助所有事情都按计划进行。为突如其来的活动要保持甲板干净无障碍物。船长可能需要追赶鱼,钓鱼者可能被鲨鱼拖拽得在船上四处移动。

海水饵钓和路亚钓　161

2 **团队合作**将鲨鱼带至船侧取下钓钩。当你抓住主线的时候要戴着手套，决不要将主线缠绕在手上紧握着。当你把主线绕在手上的时候，如果鲨鱼又一次游走，你的手会伤得很严重。

3 抄鲨鱼的时候要时刻**谨记安全**。一个人抓住鲨鱼尾巴，另一个人握着主线来控制它扭来扭去的鱼头。不要冒险尝试徒手取出钓钩。

4 **摘除钓钩时**不必将鲨鱼带上船。弯下身子伏在船侧，使用钳子摘除钓钩。如果钓钩很深，尽可能靠近其剪断金属线，钓钩很快就会锈掉，不会对鱼造成伤害。

垂直铁板路亚钓

很多钓鱼者将垂直铁板路亚钓看作使用路亚饵的有效钓法之一。这个方法被用来钓海水鱼类,例如裸狐鲣、黄尾鲕和大珍鲹,还有淡水鱼类,比如小嘴鲈鱼和玻璃梭鲈。

装配钓竿及钓组

铁板路亚钓竿必须要轻而结实才能在深水中持续晃动有时会很重的铁板路亚饵,然后提起又大又有力量的鱼。这些钓竿有2~2.4米(7~8英尺)长,并额定适用于铁板路亚钓线及铅坠。铁板路亚钓需要用到编织主线,它能减少水中的拉伸力和拖拽力,而且让你能控制路亚饵做出需要的动作。有高断拉力的钓线被用来钓强壮的鱼,但是要一直用单丝"摩擦"子线,才能抵抗磨损和尖利的鱼牙。

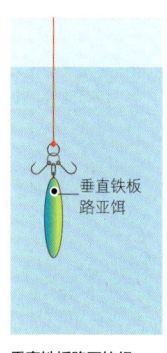

垂直铁板路亚钓组
用凯夫拉绳(Kevlar cord)和结实耐用的开口环将绑好的辅助钩装在铁板路亚饵上。

前刹鱼轮
结实的海钓纺车式鱼轮是垂直式铁板路亚钓的理想选择,但是一些钓鱼者更喜欢鼓式鱼轮。选择质量好的鱼轮——这种钓法在设备上要求严格。

现代技巧

铁板路亚钓是一种古老的钓鱼技巧,通过现代方法和材料及新技术被不断改进。轻便但强有力的钓竿能帮助钓鱼者钓到大鱼,而换作从前则需要重得多的钓具。电子找鱼器被用来定位鱼的位置,让你能够把铁板路亚饵放置在靠近它们的地方。随着长度变换颜色的特殊编织钓线能帮助你判断铁板路亚饵所处的确切深度。

一旦铁板路亚饵就位,你需要让它活灵活现地吸引鱼。操作铁板路亚饵有很多不同的方法,但是基本的技巧是提起钓竿来提升路亚饵,然后降低钓竿使得路亚饵颤动着回到下方。是否要同时收线取决于你在哪里钓鱼和你的目标鱼类。垂直式铁板路亚钓是很积极活跃的钓法——铁板路亚饵在有鱼的区域跳动越久,你成功的机会就越大。对于钓快速游动的肉食类鱼来说,铁板路亚钓很理想,这种方法也可以被用来在温暖或寒冷的水域钓多种其他鱼类。

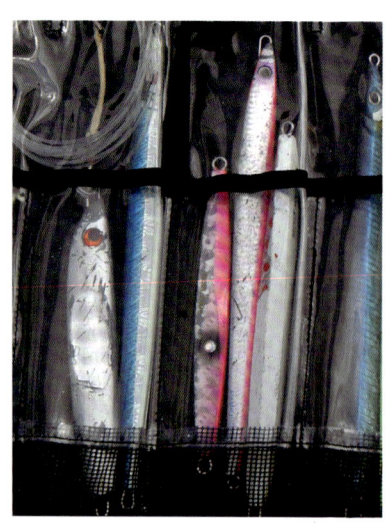

1. **选择**铁板路亚饵的尺寸及重量,要适合你钓鱼的水域。这些路亚饵,称作垂直铁板或者蝴蝶铁板,被存放在塑料夹里,这能将它们隔开也易于分辨。铁板路亚被设计得能快速下沉,当用合适的钓竿和鱼轮以正确的动作操作路亚饵时,它会像蝴蝶一样颤动。绑好的辅助钩也会起作用。

海水饵钓和路亚钓　　163

保持连接
编织的主线让你能与路亚饵保持直接的连接。为海钓设计的现代纺车式鱼轮非常结实有力而且能应对大鱼及困难的垂钓。

2 舒适地站着，把铁板路亚饵降到想要的深度。在你往上摇鱼轮的摇柄时提拉钓竿，在你往下摇鱼轮的摇柄时降下钓竿。往上提拉钓竿时，也可以不摇鱼轮。钓竿的动作不要太夸张。

3 在鱼轮上设置适合编织线强度的拉力值。这使你能用铁板路亚钓技巧捕到特别大的鱼。用钓竿和编织线的力量提竿上鱼，然后重复地送线收线致鱼疲累，最后收线回轮。确保自己稳定而舒适地站在船的甲板上。

4 为了保护你的腹股沟和胃下区域不被竿柄底部伤害，遛鱼时**使用钓竿柄托垫**。托垫能提供一个中心支点让你更有效地用力钓鱼。深海礁石处常有大量大而色彩鲜艳且能被垂直式铁板路亚饵吸引的鱼类。

拖钓大鱼

在深海搜寻这个星球上最大的鱼类是一项非常严肃认真的运动，需要专门的船只、船员和船长。最好的钓鱼运动是昂贵而耗时的，但是对于很多钓鱼者来说，拖钓奋力抵抗的金枪鱼和枪鱼和垂钓一样令人兴奋。

装配钓竿及钓组

需要配备专门的大推杆式钓力阀鱼轮和与之相配的钓竿。鱼轮必须装得下成百上千米的钓线，钓竿必须经得起快速游动的大鱼带来的巨大压力。甚至一条90千克（200磅）左右的小枪鱼在几秒钟之内就能占用180米（600英尺）的钓线。钓鱼用的船通常是为进行拖钓大鱼特别设计的，当拖钓耗时很长的时候能使你感到舒适。

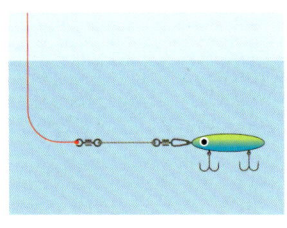

结实的钓组
拖钓路亚饵和鱼饵刚好要在水面或水面下。钓力值为136千克（300磅）或更大的单丝咬铅子线较为常见。

枪鱼路亚饵
典型的枪鱼路亚饵的头部使得它能以10节的航速掠过水面。钓钩位于路亚饵头部下方。

多个路亚饵拖钓

用一组路亚饵进行大鱼拖钓有多种颇受欢迎的模式。船员设置好钓线以免路亚饵缠结在一起，但是你钓鱼时要使各个路亚饵足够近，能够共同"关上所有的洞"——此布局下的大缺口可能会让受到吸引的鱼进入之后发现无饵可咬。

为了要在船只尾部外散播路亚饵，钓线要夹在舷外托架上。"刺针"路亚饵这个术语被用来描绘离船最远通常也最小的路亚饵。

钓竿被装进竿座中，船长将路亚饵放入那些有鱼游动的区域拖钓。钓鱼者坐在"搏鱼椅"上，这是装配好用来坐着遛大鱼的。拖钓大鱼通常是一个等待的游戏。

拖钓
在湛蓝的海水中拖钓大鱼时，中鱼的高能瞬间穿插在不活跃的时段中。

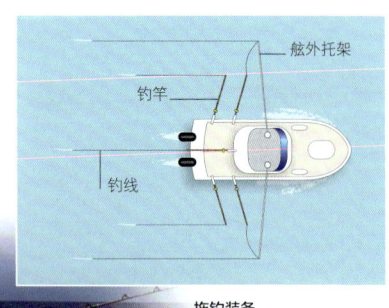

拖钓装备
钓竿的排列设计是为了在特定的速度用路亚钓目标鱼类。路亚饵被拖着以不变的速度穿梭在有鱼的区域。当鱼咬上其中一个路亚饵后，其他钓竿也迅速收线。

钓枪鱼

枪鱼大多数是在水下岛屿、小山丘和构造墙壁处被拖钓的,或是在海浪波动线、水面颜色变化处,通常都是离岸数英里的大陆架之外。和很多其他鱼种一样,枪鱼有些时间段会相对更加活跃,通常是和月运周期相关,这些时间段便是最适宜的钓鱼时间。

1 **当有稍小的鱼上钩时**,可以站起来搏鱼,且使用钓柄托垫(保护你的腹股沟免受柄端伤害),通常也会用到肩套带。鱼轮泄力值被设置在主线致断拉力的1/4,这能在鱼上施力,同时保护钓线。

2 **很多大鱼都必须**坐在钓鱼椅上垂钓,这些椅子通过让你坐着且夹住钓竿,能抵消一些拉力。中鱼时,船长和船员开大引擎油门,以此来帮助定钩,而且会操纵船只跟随游走的鱼。如果能使鱼离船足够近且有人能用戴着手套的手抓住子线,这就算钓上了鱼。做这件事的人必须确切地知道要做些什么。

找寻枪鱼

大多数钓大枪鱼的地方有驻地船队,高科技的钓大鱼的船只、经验丰富的船长和船员都是现成的。这些船长有他们最喜欢钓鱼的区域,但是通常要结合对枪鱼行为习惯的深刻认知和对现代电子找鱼设备的使用,才能找到枪鱼。枪鱼会追踪一群群诱饵鱼,偏好停留在深水之中,通常来说是离岸较远的地方。一旦进入这个区域内,拖钓的路亚饵能有效覆盖枪鱼所处的地形。这样一来船长们就知道如何小心固定船的位置,而不会惊吓到鱼。

3 在放生枪鱼之前**可能要给枪鱼贴上标签**。当船在行进的时候,一个船队成员将戴着手套握住枪鱼的喙,使得含氧水通过鱼鳃。当鱼重新恢复力量时再放生。

第七章 飞钓

　　飞钓温文尔雅的艺术性极为引人入胜。从最基本传统的在海水或淡水水域给鱼投飞蝇饵到飞钓学科更现代的方法，这些策略都将帮助你在各种绝妙的水域钓到各种鱼类。在河流、湖泊和海洋中抛投人造飞蝇饵可混合使用老式和新式方法，这种融合令人陶醉。

水库和湖泊飞钓

在船上安静的飞钓是很棒的钓鱼方法,而且经过一段时间这些技能都会变成你的第二天性。当你在大湖上或水库上带着装备乘船飞钓时,你最主要的考虑便是鱼可能在哪里觅食。

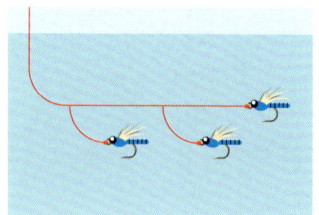

钓组
在水库和湖上钓鱼时,用一组飞蝇饵(通常2~3个)会比较有效。末端飞蝇饵离钓线最远,可能是重一些的飞蝇饵,能帮助其他钓饵下沉得稍微深一点。

装配钓竿及钓组

一根3米(10英尺)的5~7号飞钓竿和与之相配的鱼轮在开阔水域的大多数情况下都可以使用,比如在水库和湖上,包括用浮水线连接干蝇饵及用半浮线或沉水线连接若虫饵。大多数在船上钓鱼的飞钓者用大型顶部开口船式钓具袋来装下飞蝇饵盒、备用的鱼轮、钓线、飞蝇饵、子线盒及其他钓具。建议一直穿着救生衣,并且在一些地方这是强制的。

明亮的线
你会发现色彩斑斓的飞线更容易被看到。固定好长而透明的子线,避免惊吓到鱼。

使用船只

很多湖泊和水库都有可供租用的小敞舱船队来进行飞钓。通常来说保护条例只允许带12伏电池的电动马达,但是速度不重要,安静些的船才能使更多的鱼不受惊吓。很多钓鱼者为了舒适地度过在水上长长的一天,都喜欢携带可折叠的椅子。

将工具袋置于靠近你的位置,让在船上的行动降到最少。

以结伴的方式钓鱼时,经验最少的钓鱼者要坐在离惯用手有清晰的抛投距离的弧形范围内。如果惯用右手,他或她就需要坐到最靠前的位置,从船的左侧面向水上抛竿;如果是惯用左手,他或她就应该用相反方向。

装船
将钓竿小心存放于不会被踩到的地方,整齐地将工具放到袋子里或者盒子里。留出尽可能多的干净的空间来抛竿、遛鱼和抄鱼。

工具袋 · 桨及备用钓竿 · 折叠椅 · 电池 · 电动马达 · 抄鱼网 · 备用飞蝇饵

飞钓 169

找鱼

将干蝇饵和若虫饵呈现于水面下，那里的水上泛有轻微的涟漪，但鱼也可能在一片风平浪静的仅侧面有轻微涟漪的水域出现。在小船上，一次抛投一根钓竿，保持坐姿。抛投的人必须确保抛出钓线时安全地远离船上的钓鱼同伴。

1 **抛出带有飞蝇饵的长长的钓线**去覆盖大片水域，然后正好在船后钓鱼。从水中轻轻提起飞蝇饵以防鱼获紧随其后。

2 **操纵船只去探索**不同的有鱼的地点。在炎热无风的天气里或在水面有泡泡的人工供氧的区域附近寻找鱼。像堤壁、悬垂的树木及其他钓点也可能吸引到鱼。坐下遛鱼。

3 **用抄鱼网**把钓到的鱼带到船上。让钓竿高一点，拉着鱼到早已备好的网上，打开网来装鱼而非追着鱼将其网住。

小河飞钓

在小河上飞钓鳟鱼及茴鱼是钓鱼当中非常精巧的一种形式。翻涌着的水容易让钓鱼者瞌睡,但没人厌倦看到这些漂亮的鱼。钓这些鱼需要轻型的工具和灵敏的触觉。

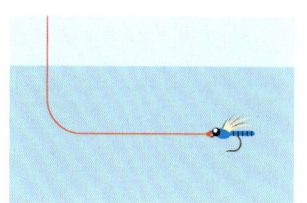

干蝇钓组
对于在水面觅食的鳟鱼和茴鱼来说,简单的干蝇钓组就很好用。但是,你也可以用湿蝇饵。至于什么方法是允许在你钓鱼的区域使用的,你一定要核查当地的规定。

装配钓竿及钓组

2.4 米(8 英尺)的 4 号或 5 号软调飞钓竿通常适合在这种类型的河上飞钓。钓竿应该要搭配装载了浮线的小型飞轮。在鳟鱼及茴鱼游到水面捕食昆虫时钓鱼是一种经典的钓这些鱼的方法,但是如果干蝇饵不起作用的话,要准备有一定重量的若虫饵(见 68 页,"淡水湿饵")来钓鱼。断拉力不超过 1.8 千克(4 磅)的锥形前导线在大多数情况下都够用。

小河飞轮
小而轻的飞轮极为适合在小河上钓鱼。这种绕线轮能装足够的钓线应对大多数情况。

以鳟鱼及茴鱼为目标

在一些特定的水域和钓点附近寻找这些鱼,不论是悬垂的树枝,或是凹蚀岸。靠近高速流动的水钓鱼就意味着鱼看到你的可能性更小。经典的逆流干蝇钩,正如这里描述的那样,能堪称完美地将飞蝇饵精妙地展现给那些自由上游的鱼。但是,作为简单干蝇钓组的替代品,你可以试试在干蝇钩下面配一个有重量的若虫饵——一种同时在水面及沿着或靠近水底钓鱼时有用的方法。尽管准确精密地抛投是河钓必要的技术,然而河流以何种方式影响你的飞蝇饵及钓线的控制能力也至关重要,这个技术被叫作"修正钓线"(见右图)。理想状况下干蝇饵应该在水中自然地运动;当你逆流抛投时,让飞蝇饵轻柔地顺着水流向下游漂浮。

1 在抛饵之后,当你的钓线落在水面之前开始变直的时候,竿梢随ս下降,然后精巧地翻转你的手臂和手腕。这被称作"修正钓线",不管是在抛投过程中,或是飞蝇线落在水中的时候,这都是一个通过增加飞钓线的松弛度让飞蝇饵漂浮得更远的方法。

2 如果你最初的选择不奏效，**准备好更换飞蝇饵**。在飞钓背心或夹克衫的口袋里放入装着选好的飞蝇饵的盒子，以便在河上的时候可以更换飞蝇饵。你移动得越少，鱼越少被惊吓。在河中蹚水时要一直小心脚别受伤。

3 **抄起鱼后**，将其放回水中。靠近水面握着鱼，然后将其轻轻地悄然送回水中。野生的褐鳟鱼是一种漂亮的鱼，虽然它们可能不是你要钓到的最大的鱼，但在小河中成功捕获它们是真正的荣幸。

检查幼虫

在河底周围搜寻这一特定的水域中你要钓的鱼会捕食的那些幼虫，这是极为有用的。它让你能将你的各类飞蝇饵及找到的天然鱼饵搭配在一起，同时可能会增加你钓到鱼的机会。很多抄鱼网上面附有更粗一些的网，可以蒙在抄鱼网开口上，用来在河底筛幼虫。

湖泊湿蝇饵钓

十分建议飞钓新手在小片静止水域中开始用湿蝇饵飞钓,大一些的湖泊和水库对于此运动的新手来说可能会令人畏缩。在储鱼量丰富的商业渔场钓鱼最简单。虹鳟是常见的钓鱼对象。

装配钓竿及钓组

7号飞钓竿和绕线轮非常适合这种类型的湿蝇饵钓。你应该带上两个鱼轮或者带一个可更换套筒的鱼轮,因为为了适应各种情况,你需要携带全浮钓线和半浮线或者沉水线。湿蝇饵应当囊括各种式样(见68~69页)。大型的飞蝇路亚饵可能吸引鳟鱼,但也得带上一些干蝇饵。

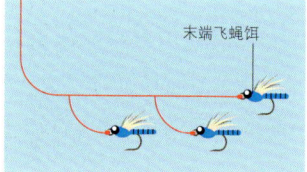

飞蝇饵钓组
用飞蝇饵钓鱼能让你用不同的方式来排兵布阵。试试将一个有重量的湿蝇饵用作末端飞蝇饵来帮助其他飞蝇饵沉得更深。

豆娘若虫饵(中度橄榄绿)
如果鳟鱼拒绝更大更明亮的仿生饵,那么中等型号橄榄绿的豆娘饵非常好用。它们要和半浮线或全浮飞钓线一起使用,具备多种回饵方式。

在静止水域钓鱼

考虑在哪抛投时,要找寻有鱼的地方,比如天然的湾区、流入湖泊的小溪和水域边缘的植被区域。留意那些正尽情享用孵化着的昆虫的鸟儿们,当幼虫朝水面飞去时,鱼可能也会在这些地方觅食。寻找那些从水面咬下飞蝇饵的鱼,或者当鱼巡游时水的运动。别忘了和当地钓鱼者及经营渔场的人聊聊,因为没什么能比当地人给的建议更好,包括在选择什么样式的飞蝇饵、鱼的运动及水的情况方面的建议。

1 使用过顶抛流畅地将飞蝇饵抛到水中。飞蝇饵钓组容易缠绕在一起,因此轻柔地进行抛投。先用既适合湿蝇饵又适合干蝇饵的全浮线;烈日当空,或者天气寒冷,换成半浮线或快沉线来带着湿蝇饵沉得更深一些。

2 **不断地抛投及回拽**，以此让飞蝇饵在水中的时间达到最多。当你取回钓线和钓饵时，让其呈"8"字形运动，这样能制造出额外的飞蝇动作。最后，考虑系上单个样式极为鲜艳耀眼的路亚饵，然后再抛投并快速回拽全浮线或半浮线。

3 一旦中鱼，**绷紧钓线**。保持钓竿弯曲到位，使用钓竿来操纵鱼游到早已备好的网上，直到鱼被抄起。不要用网追着鱼跑。如果你是一个人，一手伸出网，一手将鱼带入网上。

4 适当情况下，**在水中握住鱼**，在放生前让其重新恢复体力。一些渔场是"放拿型"的，你钓起来的鱼必须要快速而有效率地分发出去，然后带回家吃。渔场会记录被钓走的鱼的数量，然后频繁地重新补充库存。

捷克若虫饵钓

捷克若虫饵钓是一种极其有效的靠近河底用一组自带重量的飞蝇饵钓鱼的飞钓法。此钓法不需要长距离抛投，但是精妙地向鱼展示出飞蝇饵是一项需要花时间才能掌握的技巧。

装配钓竿及钓组

装备一根 3 米（10 英尺）的 5~7 号飞钓竿，它能在使用一组飞蝇饵时提供高度的控制力。搭配使用飞轮，装好浮水线。前导线不能超过 1.8 米（6 英尺）长。咬钩提示器可以帮助在合适的深度稳定住飞蝇饵，也可担当中鱼可视化探测器的角色。

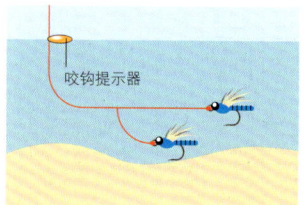

飞蝇饵钓组

末端的飞蝇饵是整组饵中最轻的，这样的设计就是为了要在水中轻微地向上升一些。系上一个或两个更重的若虫饵当作下坠饵。这些钓饵会在水底或靠近水底的地方跳动。

小型飞轮

对于捷克若虫饵钓来说，小型飞轮最好用，因为没有必要装载那么多的备线（backing）。

捷克若虫饵钓技巧

研究河流然后找出鱼在哪里。它们可能正在岩石和圆形巨石附近，或者在沙砾滩上觅食，因此要跋涉至你想要钓鱼的地方。进入到水中以便当飞蝇饵顺流而下时你能将飞蝇饵弹出较短的距离，这个距离是要保证对短飞钓线的控制所需的距离。

当你进行捷克若虫饵钓时，用短钓线来保持跟飞蝇饵直接的接触。从飞轮上送出一截钓线，继而进行简单的侧抛或者过顶逆流抛投来覆盖水流中你选中的区域。带有重量的飞蝇饵下沉速度快，所以钓线碰到水的时候要留心。水流会带着下沉的飞蝇饵顺流而下，穿过那些你认为有鱼的地方。水的运动会让飞蝇饵飘动且发挥作用，但是你需要保持钓竿高高举起，让飞钓线刚好触碰到水面。

上钩的反应有所不同，但准备好随时猛拉钓线或者提竿起鱼。尽管你的飞蝇饵可能被石头牵住，发出错误的中鱼信号，但要努力集中注意力，有任何看着像中鱼的情况立刻拉线，这是非常关键的。

1 挑出正确的飞蝇饵 来模拟黄鱼、鳟鱼或者茴鱼等鱼类（这些鱼类在水下可能会捕食的食物）。捷克若虫饵和库珀·约翰（Copper John）飞蝇饵都很好用。看一下石头底部以发现水里都有什么，以及鱼很可能觅食的是什么。

沙砾防护套（gravel guards）

一些河流足够温暖，钓鱼人能直接涉水垂钓（不穿及胸涉水裤）。然而，建议穿毛毡鞋底的靴子来保护你的脚以便有额外的抓力。同时推荐你在小腿及靴子顶部包裹上氯丁橡胶护具以防止石头和沙砾进入你的靴子。

2 用短线钓鱼，保持飞蝇饵靠近竿梢。当飞蝇饵顺流漂下时，保持和饵料的连接，然后提竿再次抛投或者甩出钓线，覆盖尽可能大的水域。慢慢地稳当地移动步子。

3 随时准备猛拉钩线 提钩起鱼。咬钩提示器可能会在水下突然消失，钓线也许要上去绷紧了，或者飞蝇饵可能突然停下。抄起鱼后，取下钓钩，小心地将其放生。用捷克若虫饵钓南非法尔河与奥兰治河水系岩石地带的黄鱼非常有效果。

目视法钓野生褐鳟

在清澈的河水中找到野生褐鳟，然后朝着它们抛投小飞蝇饵是最纯粹的飞钓形式之一。世界上的很多地区都有大的野生褐鳟，它们通常是小心谨慎、很难对付的，但是成功钓到它们得到的回报也是值得人们花费工夫的。

装配钓竿及钓组

一根2.7米（9英尺）的5号或6号飞钓竿搭配不反光的飞轮就很完美。选择暗色调不反光的全浮线，搭配相对应额定值的钓竿。透明的锥形前导线是必需的；也可能需要长达5米（16英尺）的钓线，避免惊吓到鱼。根据当地的条件调整钓组。配备一副好的偏光太阳镜很关键，一顶宽边帽或者暗色系的棒球帽也能派上用场。

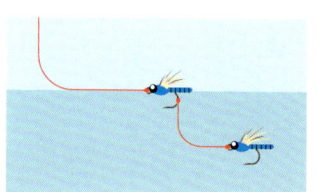

新西兰支线飞钩
尝试使用新西兰支线飞钩钓组。在这个钓组中支线飞钩（通常带若虫）被系在干蝇饵钩的弯钩上。用干蝇饵钓鱼不但更有效，而且它还为湿蝇饵担当了咬饵提示器的角色。

驼峰干蝇饵
这一经典干蝇饵的"驼峰"上的毛发为钓钩的移动增添了浮力，通常是在略微湍急的水流中使用。最常用到的驼峰飞蝇饵的型号是10~18号。

定位与准备

目视钓法需要秘密地进行，因为鱼类的视线很好，能看到所有靠近的钓鱼者。穿上暗色调的衣服，确保你的钓鱼设备没有反光的。

大量的鱼群会在相当浅的水里，但是需要练习才能发现它们。一定要戴着偏光太阳镜，努力集中注意力看"透"水体——通常在这么清澈的水中有一些你一开始看不到的鱼。可靠的抛投技巧要求尽可能避免错误的抛投，这样看到你的钓线移来移去的可能性较小。

在非常清澈的水中，不建议涉水钓鱼，因为会有惊吓到鱼的风险，因此尽量猫低身子，离水远一点，在河岸上轻轻地穿行。

1 一旦你发现了褐鳟，准备尽可能有效率地覆盖这片区域。从鱼轮上释放出所需的钓线，进行几次错误的抛投，然后安静而顺畅地在此区域上放下飞蝇饵，以便水流能将它往下拉到鱼所处的地方。当飞蝇饵置于水面时，如果有需要，不断修正钓线（见170页），目的在于让飞蝇饵自然地漂移。

2 大的野生褐鳟可能会极其警惕,经常需要真本事,甚至要将飞蝇饵刚好抛到它们上方,才能成功地钓起一条来。如果鱼确实从水面咬下干蝇饵,在拉线之前等一秒钟,让鱼真正完全咬住钓饵。这其实很难,因为一旦看到鱼上钩就会很兴奋。野生褐鳟力气很大,通常会向最近的障碍物逃去。努力搏鱼,但别绷断前导线,而且要调整好自身在钓鱼时施加的力量。

3 将褐鳟带到已等待好的网中,通过耗尽鱼的力气,自己能独立完成此项任务,或者在向导的帮助下完成。如果一手握竿,一手拿网,抄鱼这事就很有挑战性,但当成功地完成此项工作后会非常让人满足。

飞钓大西洋鲑鱼

钓鱼者在一些世界上河景极美的地方飞钓大西洋鲑鱼的历史长达数百年。在大河上,钓鱼者双手握飞钓竿优雅地抛投;然而在小河上更适合用小一些的单手钓竿。

装配钓竿及钓组

选择标准的8号单手飞钓竿及与之相配的鱼轮,或者挑8号或9号的双手竿。你可能需要操作起来比较轻便的钓竿,这取决于你在哪里钓鱼。通常会使用全浮线,以及锥形前导线。一些河流禁止使用自带重量的飞蝇饵,所以有时候你需要用到尖端带重量的钓线(配重前置飞线)。你可能会被要求使用无倒刺的钓钩。

钓鲑鱼的飞轮
你打算用来作双手抛投的鲑鱼飞钓轮必须要相当大以便能承载所需钓线的长度和粗细。单手飞钓竿的鱼轮更小一些。

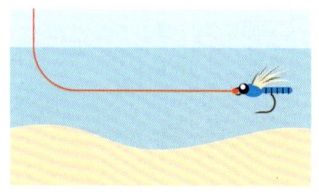

单蝇饵钓组
使用单个配重飞蝇饵来钓鲑鱼。一个较重的管状飞蝇饵经常被用到以便能尽可能快地下沉,但是通常高速的水流意味着飞蝇饵不能下沉得很深。

定位与准备

当鲑鱼进入河流朝着产卵地游去时会停止进食。没人知道它们是否会因为进食的本能袭击钓鱼者的飞蝇饵,看着飞蝇饵在面前一次次漂过,因为浅滩的争夺或者一些别的原因,烦扰不已。然而,飞钓鲑鱼没什么复杂的,你只需要知道鱼在哪里游,以及拥有抛投和回拽飞蝇饵的技能。争取到一个熟悉河流情况的好向导是值得的,因为鲑鱼喜欢待的地方是可预测的。鱼不会停留在水流最快的地方,但是会寻找天然的池塘或者涡流。

找好钓点后,你需要不断放出飞蝇饵,让它随着河道水流来钓鱼。一般来说,飞蝇饵会被抛投过溪流,或者稍微往下游抛投,在被回拽和再次抛投之前也能自然随着水流摆动。

1 仔细选择飞蝇饵。 很多钓鲑鱼的人和向导都有最喜欢的飞蝇饵,这些钓饵往往比较有效果。事实上一些人一直以来用同样的钓饵,也能够钓到很多鱼。善于思考的钓鱼者会在不断地抛投之后更换飞蝇饵,因为鲑鱼已经看到且在很多情况下可能拒绝这种飞蝇饵。理论上来说更换飞蝇饵可能促成中鱼。

飞钓　179

2 直接抛投钓线穿过这段河流，或者稍微往下游抛投，以此覆盖该水域。然后修正（调整）钓线，让水流晃动飞蝇饵使其到你想要钓鱼的水域。当飞蝇饵靠近河岸时让它停留一下，取回然后再次抛投。飞蝇饵在水中的时间越长，能钓到鲑鱼的机会越大。

3 如果钓线突然绷紧就拉钓线。搏鱼时为了让钓钩一直钩住鱼，要保持钓线紧绷。在如何抄起鲑鱼这方面，一定要听从向导的指引。

4 取下钓钩时一定要照顾好这漂亮的鱼。让它待在水中，使其横卧着帮助它平静下来。无倒刺的钓钩通常很容易摘除。很多有鲑鱼的河流实行"钓鱼后只能放生"政策。

欣赏鱼
大西洋鲑鱼是很特别的鱼，捕到一条大的能让人长久记在心里。鱼身上的颜色越暗表明这条鱼在河水中待过一阵。当它们第一次从大海来到河中，它们是明亮的镀铬银色，经常还会有海虱在身上。

飞钓硬头鳟

迁徙的虹鳟鱼被称为硬头鳟。这些漂亮的鱼是颇有名望的斗士,是飞钓最大的挑战之一。通常钓这类鱼的地方周围有你能想象到的最自然最雄伟壮丽的景色。

装配钓竿及钓组

长的双手竿和斯佩抛投技巧可以被用在有大硬头鳟的河流中。为了要抛投出重型的钓线及飞蝇饵,你需要一根能送出钓线并将其带过河流的长钓竿。尝试 3.9~4.2 米(13~14 英尺)的 9 号双手竿,搭配一个能装斯佩浮水线和大量备线的大飞轮。

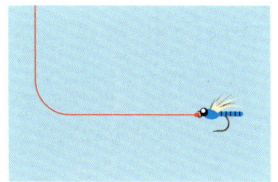

湿蝇饵钓组
锥形前导线被打环系在粗的全浮斯佩线末端。这个大飞蝇饵会下沉到水中,到达的深度是由水流的速度来决定的。

硬头鳟飞蝇饵
大多数硬头鳟飞蝇饵很大,且颜色艳丽。这个紫色带纤维的水蛭饵被设计来吸引掠食性鱼类,也能在阴暗浑浊的水中很好地凸显出来。大飞蝇饵很难抛投,所以要戴上太阳镜保护好你的眼睛。

去钓硬头鳟

大多数著名的有硬头鳟的河流位于加拿大的不列颠哥伦比亚省和美国的西海岸。这里一年之中有多种钓鱼比赛,但是大多数钓鱼者都选择在春天或者秋天来钓硬头鳟。当地人也在各种不同深度的水中钓鱼。飞钓硬头鳟和飞钓鲑鱼或者大海鳟相似。你抛投出飞蝇饵穿过河流,让粗的飞线带着飞蝇饵随着水流在周围晃动,然后拉向河岸。较大的不同在于至少一半捕到的硬头鳟是在"钓线悬摆"的时候被钓到的——这是当飞蝇饵摆动到靠近河岸,钓鱼者让它在那里停几秒钟好让水流移动飞蝇饵的时候。硬头鳟朝上游区域游去时,它寻找水流最小的地方而与之较量,往往都是靠近河岸的。寻找不那么深的持续流动的水流。一定要带上暖和多层的衣物来应对可能出现的、非常寒冷的情况,另外要带上质量好的透气的及胸涉水裤及防水夹克。

1. **悬着钓线钓鱼。** 当飞蝇饵在水流中摆动且摆回河岸时你自然的反应会是再次抛投。但其实在再次抛投之前要让竿梢下的飞蝇饵在水流中停至少10秒钟。

2 努力遛快速逃走的硬头鳟。 当鱼想逃走时就让它逃，但是钓竿要一直保持有一定的弯曲度，并且在鱼疲惫且停止逃跑时收回钓线。将双手竿顶住肚子以得到额外的支撑。

3 用网抄硬头鳟。 一直要有绷紧钓线连着鱼的意识，和向导一起将鱼带到已等待着的网中。飞钓者总会放生硬头鳟；事实上，很多河流都实行只用无倒刺钓钩，钓到鱼即放生的政策。

安全地涉水

涉水是钓鱼中一个不可缺少的部分，因此要学会安全地涉水。如果你跌倒的话绕在涉水裤周围的涉水带就会拉紧，以便降低水流进入腿部和脚部的速度。慢慢地蹚水——观察河水怎样流动，然后决定脚往哪里踩。对于水深的视觉感知可能会有误导性，因此要用涉水棍，或者你的钓竿来测量水深并在你跋涉时帮助保持稳定。永远不要蹚到你觉得安全的地点之外。

河钓虎鱼

最凶猛的淡水鱼之一——贪婪的虎鱼,多栖息在中非的赞比西河。它们带给爱冒险的飞钓者挑战。钓这种鱼最好的一些地方是在卡普里维地带,尤其是在洪水开始流淌至平原时。

装配钓竿及钓组

选择2.7米(9英尺)的9号飞钓竿,搭配尺寸相当的鱼轮。多段式海水飞钓竿就很好用,且易于携带。因为虎鱼被钩住后反抗激烈,因此鱼轮应当有很好的泄力系统。大多数飞钓虎鱼都是用现代快沉线进行,这种线帮助带飞蝇饵下沉到觅食的鱼所在的位置。出国钓鱼时带上备用的钓竿和鱼轮,以此应对可能出现的状况。

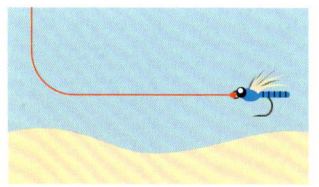

虎鱼钓组
在锋利而结实的1号钓钩上使用单个飞蝇饵。钓饵样式包括灰色或者黑色的克劳泽米诺饵、蓝色的惑鱼饵或者一个像小虎鱼的飞蝇饵。还要包含在飞蝇饵前面的一小段金属子线。

中型飞轮
你需要一个耐用的鱼轮,和用来钓鲑鱼的鱼轮一样,有一个顺滑的泄力系统会帮助你遛这奋力挣扎的鱼。

以虎鱼为目标

大型野生动物的威胁使得在温暖的赞比西河上从船上钓鱼更安全。靠近打旋的水流或者涡流锚船,那儿会是洪水流过平原进入河流的地方。直接顺流抛投飞蝇饵进入到洪流之中,等着快速下沉的飞钓线沉好,然后开始用缓慢但固定的节奏回拽飞蝇饵。如果你发现很多小鱼在附近游动,那么虎鱼就在不远处了。它们通常在早上挺早的时候冲向靠近水面的钓饵鱼,因此你一到达钓点就要装好钓组准备钓鱼。

1 抛投重型飞钓线及快速移动的飞蝇饵前**提醒其他钓鱼者**,这样的抛投组合可能会有潜在的危险。当你抛投时,其他人比较明智的做法是弯下身子。

定钩

　　虎鱼巨大的牙齿促使它形成了坚硬多骨的嘴巴,难以定钩。它咬钩凶猛残暴,而且几乎毫无预兆。因为你钓鱼时无法看到你的猎物,还在缓慢回拽飞蝇饵,因此你不能完全准备好来应对中鱼时的影响。当你感觉到鱼上钩时,努力将钓钩定于鱼嘴内,尽可能用力地反复送线拉线。送线拉线不用使用钓竿定钩,而要保持钓竿指向鱼,用你送线的手尽可能用力地来回拉线。

　　被钩住的虎鱼经常完全跃出水面。如果发生这样的情况,立即将钓竿往下指向鱼。为了使鱼迷失方向,变换钓竿牵引它的方向;如果鱼向一个方向逃走,就朝着相反的方向调转钓竿及钓线。强制虎鱼变换方向会使得抄或不抄这快速游动及猛烈反抗的鱼产生区别。

2 努力变换连着鱼的钓竿及钓线的方向,以此使鱼迷失方向。通过将两脚分开置于船内稳固的平台上来保持平衡。

3 捕到鱼的这一特殊时刻被拍照记录的同时,**小心地处理虎鱼**,既是为了鱼的安全,也是为了保护你的手指。然后轻柔地将这出色的掠食动物送回水中。

取下虎鱼嘴里的钓钩

　　处理有大而尖利牙齿的鱼时,采取安全防范措施。使用抓取工具(博加鱼夹是最广泛使用的)来抓紧鱼的下颚(这不会对它造成伤害),用钳子移除飞蝇饵。避免手指靠近虎鱼的牙齿。

飞钓鲤鱼

用飞钓渔具钓鲤鱼或许不是飞钓最纯粹的形式,但是它吸引了那些寻求新挑战的现代钓鱼者,而且极其有乐趣。鲤鱼经常在水面上或者刚好在水面下觅食,这使得它们成为使用飞钓工具钓鱼的完美目标。

装配钓竿及钓组

使用 7~9 号的飞钓竿,搭配装载可见浮水线和碳氟前导线的鱼轮。设法弄清你要钓的鲤鱼可能有多大,你便可以计划你需要什么样的渔具。如果可能要应对大鲤鱼,使用更加强而有力的渔具。飞钓鲤鱼通常是在多暗桩沉木的区域进行,很重要的是你能往从这些地方逃走的鱼上施加力量。

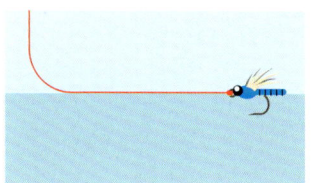

浮线钓组
你主要以在水面下觅食的鲤鱼为目标,因此浮线是必需的。如果飞蝇饵一会儿就下沉了,添加一些漂浮剂(通常是凝胶)来保持它处于水面。

博尼奥鲤鱼飞蝇
使用像面包或者狗食饼干一样的飞蝇饵。这小小的飞蝇饵看上去像狗饼干,会浮在水面,在那些已经添加进水中的真的饼干中间。目的是让鲤鱼安心地吃到它。

钓点及时机

不要以那些只有少数大鲤鱼的水域为目标。某些地方有各种大小的鲤鱼愿意游到水面觅食,在那些地方钓鱼要好得多。破晓及黄昏是寻找在水面觅食的鲤鱼最好的时机。比起照在水上的明亮阳光(这类光通常会驱使鱼到水底),有云层遮蔽及静止的环境更可能带来成功。

1 使用不包括后抛的**滚抛法**,以便在抛投空间有限的时候送出飞蝇饵。很多小的鲤鱼水域被大量的植被包围,造成抛投更难。滚抛法使得飞钓者能将飞蝇饵抛出相当远。

飞钓

使用飞蝇饵及钓饵

鲤鱼极其擅长在水面下觅食，它们的嘴巴非常适合吸入食物粒。知道了这一点，那么就值得花些时间往水里抛投面包屑及狗饼干，以观察它们的进食习惯。这个技巧对于飞钓者和饵钓及路亚钓鲤鱼的人一样有用。

在水面下觅食的鱼通常很警惕，所以要悄悄地秘密地秘密地接近，不要打破鱼的自然视域，穿相对暗一些的衣服（很多鲤鱼钓者穿迷彩服），将噪声降到最低。一旦你的目标鲤鱼开心地进食，并经常游到水面觅食，你就可以抛投飞蝇饵进入这些提供给它们的食物中，然后等待鱼上钩。

拉线和遛鱼

秘诀在于不要在你看到鲤鱼接近鱼饵的那一刻拉鱼线，而是要等待直到鱼非常明显地吞食了飞蝇饵。现在就可以拉线并开始遛鱼。要非常警惕，因为鲤鱼是非常了解周围环境的强有力的鱼，准备好进行艰苦的搏鱼。

2 遛鲤鱼需要技巧。被钩住的时候，大一些的鱼会决定去到河底暗桩沉木，因此保持钓竿弯曲钩住鱼是非常关键的。如果钓竿不怎么弯曲，那么给鱼施加的力量就不够。在手边准备好抄鱼网和鲤鱼床。

3 抄鲤鱼**最安全也最人道的方式**是用长柄的柔软抄鱼网。一定要用钓竿将鲤鱼带到抄鱼网中，而不是拿网追鱼。追鱼时挣脱钓钩或者钓线断裂，很多鲤鱼就这样跑掉了。

飞钓梭子鱼

在淡水鱼种类中梭子鱼很受欢迎。通常能用鱼饵及路亚饵钓到它们。在飞钓领域，越来越多的钓鱼者意识到这出色的捕食鱼类也极其喜欢吃飞蝇饵。梭子鱼给人们提供了世界级的飞钓挑战。

装配钓竿及钓组

因为梭子鱼飞蝇饵重，而且这个猎物会长得比较大，因此要使用9号的飞钓竿和飞轮。梭子鱼经常快速行动，2.7米（9英尺）长的海水飞钓竿就非常合适，这能帮助钓线和飞蝇饵穿越风浪。带上装载了全浮线和半浮线的鱼轮以备多种用途。携带专业的鱼钩摘除器取下鱼钩。

兔八哥梭子鱼飞蝇饵
大而色彩鲜明的梭子鱼飞蝇饵并不精细，容易察觉。兔八哥梭子鱼飞蝇饵安在2号或者3号的钩上是比较典型的。尝试不同的设计，直到你找到一个在你钓鱼的水域有效的飞蝇饵。

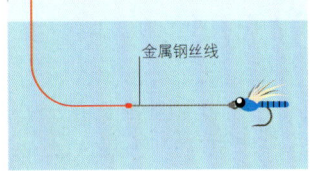

金属子线
使用细而柔韧，易于捆绑固定的金属子线，例如带有涂层的品种。飞蝇饵通常都在水面下，但是在温暖一些的水中，梭子鱼在水面经常发出"砰砰"的声响，会弄折飞蝇饵。

选择钓点

不是所有飞钓水域都有梭子鱼，那些有梭子鱼的地方也可能不允许钓鱼者钓它们。然而，随着梭子鱼逐渐变得受欢迎，如果它们出现，很多渔场都会鼓励钓鱼者来一趟。大梭子鱼是独居的，而且喜欢在遮蔽物中潜伏，然后猛扑向猎物，因此当你到达湖泊时，向当地的钓鱼者请教秘诀，寻找梭子鱼栖息地的特征。梭子鱼吃鱼，想想那些有鳟鱼的地方可能在哪。最好的开始钓鱼的地方是在人造钓点或者掩蔽物附近的水生植物丛，沉入水中的树木，或者水湾，但是不要忘记梭子鱼也会在开阔的水域觅食。

1 将船停在 梭子鱼可能会躲藏的某类遮蔽物附近。弄清楚风将如何作用于船，从而相应地设置钓船。这会让你能成功地覆盖这片水域。

抛投、拉钩线及遛鱼

用飞蝇饵覆盖尽可能多的水域是至关重要的,梭子鱼可能会在任何地方。它们敏锐的感官会使得它们警惕在水中的飞蝇饵,所以要用强有力又有效率的抛投来保持飞蝇饵尽可能长时间地起作用。基本的过顶抛就足够,但是如果你抛投过程中两次拽线,那就能通过增加钓线的速度来移动大飞蝇饵,使它们穿过空中。大飞蝇饵受空气阻力影响,所以你能在抛投过程中越快地送出飞蝇饵,它就会被抛得更远,也会更轻柔地落在水面。你可能会看到梭子鱼朝着飞蝇饵而来,然后突然拒绝钓饵离开。如果发生了这样的事情,重复抛投,多次回拽钓线来看看鱼是否感兴趣。当梭子鱼上钩时,几乎就像冲进砖壁一般。一切都突然停止,一刹那的时间鱼通常就快速游走。通常没有时间也没有必要猛拉钓线,因为一条饥饿的梭子鱼会轻松吞掉飞蝇饵。众所周知这些鱼在反抗中常常摆头,所以要一直保持紧绷的钓线钩住鱼。没有浮具的情况下不要进入水中,很多国家施行严格的政策。要求船上的飞钓者必须一直穿着浮力衣。

2 掌控鱼轮同时使用泄力系统是搏鱼时适应出线阻力的简单方法。用手向鱼轮施加力量,但是如果鱼突然开始逃跑,要快速松开手。技巧是有效的,但需要一些练习。

3 **使用大的软网**来抄梭子鱼。因为梭子鱼们通常在搏鱼后会精疲力竭,因此这些鱼需要精细的对待。在船的一侧或者在甲板上的鲤鱼垫上用长嘴钳取下钓钩。在水中握住梭子鱼,等待它恢复体力再让它游走。

湖泊飞钓

在大面积开阔水域中从船上钓鱼既需要驾船技术又需要寻鱼的能力。开阔的、暴露在风中的水域，比如苏格兰的湖泊，可以成为令人惊叹的钓鱼胜地。一种常见的技术，通常被称为"湖钓"，就是用一组飞蝇饵钓鱼。

装配钓竿及钓组

在船上飞钓的时候很少需要抛长线，因此标准的3米（10英尺）6号或7号竿及与之匹配的鱼轮就很合适。尽管鱼可能比较小，但是当在强风中抛重线的时候，稍微超强度的鱼竿会有所帮助。浮式鱼线比较常用，但是也要携带一个缠满中号线的鱼轮或者更多的备用鱼轮。

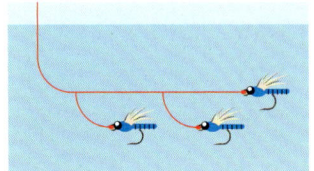

飞蝇饵钓组
在一条轻的、2~2.75千克（4~6磅）的前导线上一个有三个湿蝇饵的饵组。开始的时候可以用14号和12号，如果钓不到鱼可以频繁地更换飞蝇饵。配重的飞蝇饵可以使饵组更快、更深地下沉。

野兔耳若虫饵
这是一种用来系上以模仿不同若虫的款式。系上的时候可以配重或不配重，家兔皮毛（不是野兔）是常见的主体材料。12号是比较全能的湖钓尺寸。

湖钓技术

随时穿戴好救生衣或者浮具。漂流的时候让船的宽边迎风，钓鱼者顺风抛饵。通常会使用浮锚来降低漂流的速度，尤其是在强风中，但是如果你是和一位向导在一起，那么他可以用桨来使船以正确的角度和速度前进。野生褐色鳟鱼会靠近小船，因此不要抛饵太远。更重要的是，要根据天气情况回拽你的饵组。风小的时候需要慢一些回拽，通常拉力值为8。风大的时候需要快速回拽，使你能够总是与饵组保持连接。如果你们是两个人一起钓鱼，抛饵技术好的那位应该靠近引擎钓鱼，除非你们俩当中有一位是左撇子。

1 把你的装备整理好，放在不碍事的地方。飞钓鱼线需要不停地收回再抛出，容易挂到四处的物体。

2 抛饵的时候要量力而行。如果抛饵的时机不对，过于用力抛饵会使带着饵组的长前导线容易打结。和你船上的伙伴合作，轮换抛饵。时刻关注水面上鱼的活动，并相应地调整飞蝇饵。

飞钓

3 **时刻保持连接着**钓组。观察水面上你的鱼线作为鱼咬钩的信号。通常你会先感觉到鱼，但是风越大的时候，你越需要关注鱼线的动向。

4 通常**用网抄鱼**，操纵鱼到网中并把它拎起来。未受污染水中的野生褐鳟是一种非常美丽的生物。有些可能比较小，但是也有可能钓到非常大的。

飞钓北梭鱼

世界上热带地区许多近海岸水域包含大片大片的浅水区，它们的底部通常是硬沙、珊瑚、泥土和泰来藻。这些浅滩是北梭鱼的家，北梭鱼可以十分娴熟地在这样的水中觅食。

装配钓竿及钓组

在非常浅的水域中钓鱼需要浮式飞钓线和足够的回拽钓线来应对快速游动的鱼，以及长的锥形前导线。8号或9号的飞钓竿及与之匹配的鱼轮在浅滩就很好用。但最重要的是，确保鱼轮上的泄力系统能够应对上钩北梭鱼的爆发式逃窜。很少有鱼上钩后还能跑得这么快，这也使得北梭鱼成为飞钓爱好者的终极奖励。

克劳泽米诺饵
克劳泽米诺饵是常见的一种，有多种颜色，对北梭鱼非常有效。带配重的鱼饵眼睛使其仿佛倒立在水底游动。在饵盒里多带几种颜色的饵。

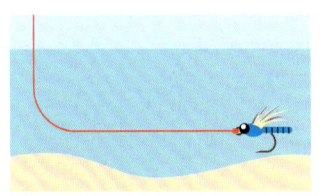

单个飞蝇饵钓组
北梭鱼要用加配重的单个飞蝇饵，饵要沿着底部轻柔地往回拉。北梭鱼在浅滩时会在水底觅食。

以北梭鱼为目标

毫无疑问有些钓鱼活动极具可观赏性且令人兴奋，浅海滩飞钓可以对你要钓的鱼一览无余。在非常浅的水域钓鱼需要一系列不同的技能，这对任何钓鱼爱好者都是一种考验。你的核心装备是一副好的偏光太阳镜，它可以帮助你消除海面的强光看到水中的情况。

北梭鱼是热带浅海水域常见的鱼种，它们很容易被惊动，这就需要采取细致的办法。慢慢地、安静地靠近它们，留意鱼群的动向和水表面的运动。北梭鱼通常使劲在水底觅食，当它们头部扎向水底来觅食时，它们的尾巴会划破水面，从而能被观察到。这种情况叫作"摆尾"，这是北梭鱼存在的绝对可靠的信号。

轻轻地、缓慢地涉水前进会使你进入抛饵的范围。通常，你会瞄准鱼的前方抛饵，但是小心不要因为你的鱼线抛至它们上方而惊动它们。北梭鱼是出了名的非常"实诚"的鱼。这意味着如果你在正确的地方抛对了饵，鱼通常会咬饵。

1 **与有经验的向导一起钓鱼**，来帮助你找到北梭鱼。你在浅滩钓鱼次数越多，你会越擅长找到鱼，但是一个好向导总会比你找到更多鱼，并且准确建议你在哪抛饵、怎样钓鱼。

飞钓

2 快速、准确的抛投可以避免惊动鱼。抛出一个紧实的圆环是不错的飞钓抛线方式。在这些地方,通常会有微风,因此你抛线越熟练,就越有可能成功把飞蝇饵抛到鱼能看到的地方。

3 当北梭鱼咬上飞蝇饵的时候,尽可能快地定钩。高高举起钓竿让鱼线远离珊瑚。北梭鱼上钩后会游得非常快。

4 抄鱼的时候,大多数飞钓爱好者会在鱼开始累的时候把鱼抓在手里。即使如此,它仍有可能再次游走,因此一定要抓紧鱼,让它平静下来,摘下钩,然后轻轻地把它放走。

飞钓遮目鱼

直到近几年,才有一些有前瞻性思维的钓鱼爱好者想出办法来,用飞蝇饵钓栖息在浅滩的大遮目鱼。这些温水海域的栖息者以强大的力量和速度著称,它们极度谨慎,钓鱼爱好者需要有高水平技巧才能捕获它们。

装配钓竿及钓组

钓遮目鱼你需要一套更结实的渔具(见190页)。同样类型的前导线和浮线也很好用,但是考虑一下使用有力的 2.7 米(9 英尺)飞钓竿(9 号甚至 10 号)及与之匹配的有顺滑泄力系统的鱼轮。确保有足够长的回拉线,因为这些鱼能够游得很远。

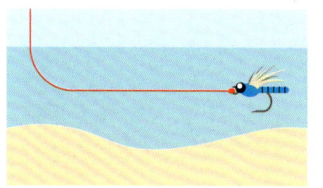

遮目鱼飞蝇饵钓组
使用浮式飞蝇线和长的氟碳前导线。遮目鱼飞蝇饵必须浮在水表面,像海藻一样。允许它随水流漂流,我们把这叫作"自由漂流飞蝇饵"。

阿诺遮目鱼梦(Arno's milky dream)
遮目鱼以藻类和浮游生物为食,这款模仿藻类(algae)的飞蝇饵是能够成功钓到它们的一种飞蝇饵。

抛投及回拽

在浅滩上寻找遮目鱼通常是整个钓鱼过程中最容易的部分。钓这种难以捉摸的鱼需要足够的耐心和一些运气。风和洋流要足够配合才能使很轻的飞蝇饵漂流而下到遮目鱼的位置,这种方式能使它们确信鱼饵和它们吃的食物是一样的。遮目鱼极度多疑,经常反复无视飞蝇饵。如果鱼饵没有刚刚浮在水表面下,准备好加上或减去一些材料来改变饵的浮力。

1 在遮目鱼群上方抛饵,让飞蝇饵"随波逐流"顺流漂向鱼群。一旦饵漂过鱼群,马上回撤并重新抛饵。

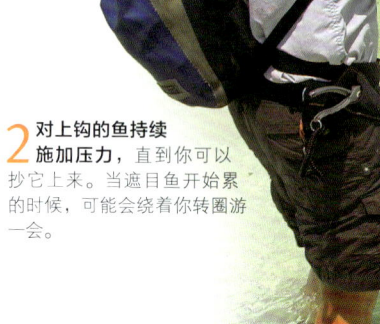

2 对上钩的鱼持续施加压力,直到你可以抄它上来。当遮目鱼开始累的时候,可能会绕着你转圈游一会。

飞钓

拉线、遛鱼和抄鱼

当遮目鱼决定咬饵时，尽可能快速地用迅猛提竿拉线法（让钓竿指向鱼的方向猛拉钓线）的方式回钩，然后稳住。这些鱼在上钩后会游得极快并且经常会反复跳动。尽管你只靠涉水就可以完成遛鱼和抄鱼，然而，如下文所述，有些钓鱼者有船等在附近。一旦鱼上钩，钓鱼者会尽可能快地上船来追赶，尽量避免鱼轮上所有的线都放走（放空）。无论你用哪种方式遛鱼，关键是尽可能快速把线缠回鱼轮来跟鱼斗争，同时通过钓竿不停变换线的方向，并且时刻小心鲨鱼。因为遮目鱼是浅滩中最难上钩的鱼之一，更别提抄鱼了，但是它们绝对值得钓鱼者付出努力。你的毅力会得到很好的回报。

3 在伙伴的帮助下**抄遮目鱼**。做好准备，即使是这个阶段，疲惫的遮目鱼也可能再次游起来。抄鱼的时候，抓住鱼尾并安全地握住它来摘钩放生。

飞钓创新者

飞钓遮目鱼通过阿诺·麦提（图右）——一位知名的南非飞钓向导对模仿藻类的飞蝇饵的改进而得到颠覆性发展。他在塞舌尔工作多年，研究了遮目鱼的进食习性，并设计出一款它们愿意咬钩的飞蝇饵，现在命名为"阿诺遮目鱼梦"。

飞钓珍鲹

在一些热带地域,可以在浅滩上钓珍鲹。当这些强大好斗的鱼游到浅水捕食时,它们会成为寻求刺激的飞钓爱好者的完美猎物。这是飞钓的一种极致形式。

装配钓竿及钓组

珍鲹是鱼中的"猛兽",所以要选择相应的渔具。选择强劲的 4 节 12 号飞钓竿(见 42~43 页),并且总是带着备用竿以防断裂。你会需要与之匹配的飞钓鱼轮,要缠上充足的备线和 12 号海钓浮线(见 54 页)。反复检查所有的线结,因为珍鲹的拉力真是出乎意料的大。

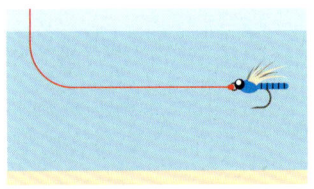

湿蝇饵钓组
用单个大飞蝇饵(6号或8号),例如,一种名叫"闪影"的海钓飞蝇饵,以及单股大约能承受54千克(120磅)拉力的前导线。

海水飞钓鱼轮
带上你能负担得起的质量最好的大号海水飞钓鱼轮,同时确保一定带上备用竿。

在开始钓鱼之前

飞钓珍鲹要像做好体力和技术上的准备一样来做好思想准备。做好和海中最具有攻击性的捕食者之一一较高下的准备。与大多数飞钓要求轻柔地抛线不同,钓这种鱼是要通过使劲让飞蝇饵击向水面来吸引它的注意力,然后用尽你的力气和猎物搏斗吧。要带上足够的饮用水以防脱水,像偏远的塞舌尔环礁这样的地方通常很热很干燥。很少有其他钓鱼体验会让你如此兴奋。

1 在你感到舒适的范围内**把大飞蝇饵向鱼抛去**,然后尽可能快地拉线。当戴着偏光太阳镜的时候,它们黑色的形状很容易被看到。

2. **用力与珍鲹搏斗**。你要像它们拉你一样用力遛鱼。你可以通过压低钓竿和通过鱼轮拉鱼来对游动的鱼施加强大的压力。所谓鱼轮拉鱼，就是让对着鱼的角度不那么尖锐，让鱼直接面对鱼轮上的拉力，而不仅是鱼竿弯曲的拉力。这种组合对于这些确实强有力的鱼非常有效。把鱼竿柄夹在身体上，让鱼从你鱼轮上拖出每一米线都费尽力气。

3. **戴上手套来安全地握住**珍鲹尾部锋利的"腕"。很多被捕获的鱼种都比不上这种神奇的热带珍鲹。一般要将珍鲹解下钩放生，因此要确保它们能再次振作起来，并对他们致以敬意。

浅滩船钓

在世界上许多浅滩海岸，钓鱼者都能成功地从小艇或浅滩平底船上施展飞钓，钓鱼活动在这些地方也非常壮观。吃水浅的快船使得在很多不同水域钓鱼成为可能，如果鱼不上钩，可以快速换到另一个地点。

装配钓竿及钓组

镰鳍鲳鲹、锯盖鱼和北梭鱼可以用8号飞钓竿，大一点的镰鳍鲳鲹可以用9号竿。如果要钓大海鲢则要用12号竿。除对于最有经验的钓鱼者外，它们都是极难驾驭的。浅滩钓鱼要用浮水线，钓镰鳍鲳鲹、锯盖鱼和大海鲢要用单蝇饵。

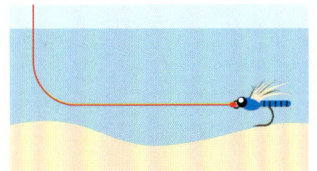

浅滩钓鱼装置
用单蝇饵。对于镰鳍鲳鲹，可以尝试加重的蟹式饵，把饵抛到鱼的前方，然后猛地往回拉。大海鲢会咬浅水面下的大飞蝇饵。

黄白相间克劳泽米诺饵
作为世界上用于钓海鱼的持久有效的一种飞蝇饵，克劳泽米诺饵能够模仿多种诱饵鱼。浅黄色及白色相间的版本对于大海鲢和锯盖鱼最有效。克劳泽米诺饵对镰鳍鲳鲹也有用，但是通常镰鳍鲳鲹更喜欢蟹式饵。

钓镰鳍鲳鲹

镰鳍鲳鲹是浅滩钓鱼中受欢迎的鱼种之一，用飞钓法钓到镰鳍鲳鲹非常有挑战性。面对飞蝇饵的时候它们可能非常挑剔，它们会拒绝所有类型的飞蝇饵，或者马上逃窜掉。然而，当有镰鳍鲳鲹兴致勃勃地上了钩，这位幸运的钓鱼爱好者将要陷入一场飞钓可能遇到的最壮观的搏鱼。

在浅滩上钓鱼

许多世界上好的浅滩钓鱼目的地会提供钓鱼的小艇,以及愿意不厌其烦地帮助你的经验丰富、精明能干的向导。尽管目标是尽快带你到钓鱼的水域,但浅滩船的船尾撑杆台也是独特优势。当你在船上靠近鱼的时候,向导会关掉并抬起引擎,站到撑杆台上。这种船上的向导通常会用一根长的、碳纤维的杆来安静地载你四处移动。向导站在高高的台子上,因此能够容易地观察到鱼,他们会简洁明了地给你一系列简单的指示。保持多余的钓线整齐地盘在鱼轮上,时刻准备着准确地把线抛出(记得向导站在你身后)。通常可以轻轻地靠近鱼,离鱼越近,抛线就越容易,尤其是有风的时候。很快,你就会学会瞄准鱼并择机抛线。

1 在去往浅滩的途中**将钓鱼装备收好**,因为船在这些浅水区域非常快。通常你的向导会开船穿过红树林和峡道的迷宫,在广阔的浅滩水系中鱼可能分布在不同的水域。

2 尽可能靠近向导所建议的地点抛线。你越迅速把飞蝇饵抛在鱼的面前,鱼上钩的机会就越大。鱼总是在不停游动,你可能仅有一次机会。双手投送法在这种情况下是非常有效的技巧。

飞钓欧洲鲈

欧洲鲈是北欧海域为数不多的可以成功用飞钓法捕获的鱼种之一。它们吃飞蝇饵、路亚饵及其他有同等吸引力的饵料。海鲈鱼一直以来都是广受欢迎的鱼种,无论在哪个方面都对钓鱼爱好者很有吸引力。

装配钓竿及钓组

海鲈鱼飞钓法最理想的装备是8号海水飞钓竿(见42~43页)。这款钓竿有一定程度的内在保护,以防海钓时被腐蚀。但是如果你已经拥有一套在水库钓鱼用的8号钓竿和鱼轮,也是可以的。记得要在钓鱼后用淡水彻底清洗干净钓具。全浮飞钓线通常是钓海鲈鱼的最好选择,因为当它们在浅水游动时,会靠近甚至贴在水面觅食。

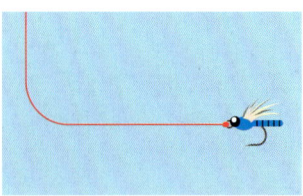

湿蝇饵钓组
下沉式(湿式)单蝇饵在海上飞钓时最有用。海鲈鱼也会被波爬飞蝇饵和折痕飞蝇饵吸引(见70~71页)。长锥形的前导线较为理想。

鲈鱼飞蝇饵
大多数鲈鱼飞蝇饵会模仿小的猎物,比如玉筋鱼。专家级的鲈鱼飞蝇饵会和海钓钩绑在一起。

随机应变

尽管飞钓海鲈鱼一点也不复杂,但是这与水库钓鱼非常不同。你在四周移动越多,覆盖的水域面积越大,成功的机会就越大。尽可能轻地移动,边走边找鱼。鲈鱼并不难钓,重点在于找到它们,这一点飞钓爱好者可以向海钓爱好者学习。通常和路亚钓爱好者一起钓很有帮助,你们可以帮助彼此发现鱼在哪,以及它们在哪个范围内觅食。开始钓鱼时,要保持开放的头脑,仔细考虑各种主要条件——风向、浪潮的频率和方向、光线的强度。寻找你在路亚钓海鲈鱼时也会尝试的区域(见142~143页)。飞钓者通常能抓到很多小的鲈鱼,然而真正的挑战是抓到大鱼。清晨和黄昏时通常被认为是捕获它们的最佳时机。

1 到你认为有鱼的地方,在正确的地方下钩,但也要注意安全,熟悉潮汐变化的时间。穿上及胸涉水裤,这样才能到更多地方。收线时用线盘来抓住松散的鱼线,以免缠在岩石上。学会双手投送法(见92~93页)会对在强风中抛飞钓线很有帮助。

 飞钓 199

在岩石上的安全

在岩石上钓鱼有一些难以预料的危险，不过稍加防范就可以十分安全。研究一下天气预报，了解天气预报所预示的情况。出发前确保告诉他人你要去哪，告诉他们你预期什么时候回来，并且一定按时返回。带上手机，并装在防水盒中。用毡底长靴来爬上岩石，注意海草总是很滑的。

2 遛完鲈鱼之后，趁你还在水里，握住鱼，然后取下钓钩把鱼放生。千万小心它多刺的背鳍和锋利的鳃板。当海鲈鱼想咬飞蝇饵的时候，它们会直接命中——不存在失误或者犹豫的情况。这使得它们非常容易被钓到，尽管你可能要费劲来找它们栖息的水域。你能钓到的海鲈鱼大多数偏小，尽管如此，它们仍是令人心满意足的大猎物。

3 尽可能多地把鱼放生，并且确认当地的大小限制。只有某些大小的海鲈鱼才能保留，通常对数量也有严格的限制。抓到鱼后再放生，看着它们有力地游走也是一件愉悦的事。北欧水域中很少有像海鲈鱼这样能吸引到如此多的爱好者和热情。

终极深水飞钓

近年来，飞钓线已经发展到允许将大而重的飞蝇饵放到水下深处来捕获那些经常游到较深水域的鱼。这种钓法无疑给那些爱冒险的飞钓爱好者开拓了新的领域。

装配钓竿及钓组

如果目标是极重的鱼，要用14号甚至15号的钓竿，但通常12号钓竿就可以胜任。选择一款足够大、足够有力量的鱼轮来满足这种钓法的需求。市面上有各种各样设计为可快速下沉的飞钓线。在购买之前，一定要考虑好你打算在哪钓，要把飞蝇饵沉到多深。好的飞钓线并不便宜，因此值得好好保养。每次钓完鱼后，把鱼线卸下并用清水冲洗，是一种不错的做法。选择一个能够匹配你要钓的鱼的大而重的飞蝇饵。

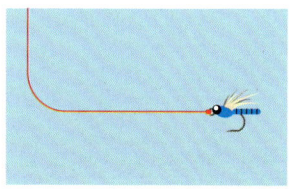

沉入深水的飞蝇钓组
单个较重的飞蝇饵位于短小而有力的前导线的末端。长前导线容易在下沉的过程中缠线。如果目标鱼种有非常大的牙齿的话，选用金属的咬线。

大鱼轮
在20米（65英尺）或者更深的水下钓大鱼会给飞钓鱼轮带来巨大的拉力，因此要选用你能负担得起的最好的鱼轮型号，大小要与钓竿匹配。鱼轮必须要有封闭的泄力系统以便在钓鱼过程中能够有效工作。

用沉入深水的钓线

现在已经研制出沉入深水的鱼线，它能够把飞蝇饵放到之前飞钓法无法企及的深度。在用饵料把枪鱼和旗鱼之类的鱼种引诱到船侧之后，你可以用这种技术来把它们当作目标。抛快速下沉的飞钓线和大而重的飞蝇饵无关乎任何技术，实际上使用钓鱼装备的时候通常没有什么固定的模式。要知道在风浪中船跑得越快，就越难让厚重的飞钓线沉得深，因为相对于编织线甚至单线，水中的拉力非常大。一旦成功，这种钓法将非常壮观。

1 你需要费一番工夫 让又大又重的飞蝇饵在你的目标鱼种那里显得栩栩如生。最好的技术是让自己靠在船舷边，找到舒服的位置，然后按照它的步调来放飞蝇饵。时刻准备好对上钩的鱼作出反应。

2 **飞钓竿可以以惊人的角度弯曲**。当数米深的水下有大鱼上钩时,这是意料之中的,这种钓竿正是被设计成这样来对抗这类大鱼。钓竿越弯,作用在鱼身上向上的拉力就越大。即使那样,你也可能失去你的这条丝毫不退让的大鱼。

3 **深水飞钓**通常会发现与你意料中非常不同的鱼种。这条蓝短尾笛鲷是鲷鱼家族中的一员,它们生活在从印度洋到东太平洋的岩石或暗礁之间。

鱼的种类

鱼的种类

你刚才捕获的那条鱼是什么？ 或者你看到的在你面前畅游的是什么鱼？它们正在吃什么食物？你能在什么别的地方找到它们？本章选取了部分在世界各地优秀的竞技"猎物"鱼种进行权威描述。

你能够用鱼竿和鱼线捕获多少种类的鱼，总是件令人震惊的事。一些鱼类是如此的罕见，只能成为极少数垂钓者手中的"竞技"鱼种。这一章节中提到的大部分鱼是常见的受欢迎的竞技钓鱼鱼种，不管它们在何处被发现。尽管一些鱼类可能因为其所处位置的原因，比起其他鱼种而言，更少被视为捕猎对象。不过请你放心，你可以花费十辈子的时间用来捕捉本书中提到的所有的鱼种。

花点时间研究鱼的进食和繁殖习惯，因为你对鱼的行为了解得越多，你就能更好地研究如何捕捉它们。鱼是如此容易预测，但有时却出人意料的不同，以至于当你钓不到鱼的时候，你可以原谅自己偶尔会因为钓鱼而大发雷霆。我们对太平洋鲑鱼了解很多。例如，它们何时溯流而上；何时产卵；它们在进入河流之前，何时在海中鱼身颜色变浅。不过，这种情况每年都会有差异和波动，因为大自然本身是不可预测的。尽你所能地了解你所想捕捉的鱼种，但同时要记住，你和其他所有垂钓者处在同一条学习的曲线上。虽然我们对许多鱼类已经有了大量的了解，但我们可以确切地知道，对于许多稀有或研究较少的鱼类，我们还有很多东西要去发现。

请注意一些鱼类的分布有多广泛，以及有多少鱼类可以用不同技术捕获。学会识别你钓到的鱼也是钓鱼的一个重要部分。识别关键鱼种的能力对于确保你在不违反当地法律的情况下捕捞或食用受限制的鱼类是至关重要的。能够识别鱼也能增加你的乐趣；当你捕捉到完全意想不到的鱼时，这是令人兴奋的。虽然你可以精确地以某些鱼种为目标，但你永远不会真正了解到它们需要你的何种鱼饵。

独特的功能
许多鱼的特征使它们能立即被辨认出来，例如这条厚嘴唇的灰色鲻鱼的嘴。

自然的荣耀
看到鱼在水中自如地游动，比如这条鳟鱼，是钓鱼的一大景观。了解鱼类只会增加你的乐趣。

第八章　淡水鱼

在世界各地，从湍急的溪流和宽阔的河流，到宁静的池塘和广阔的湖泊，都有大量不同种类的淡水鱼可供垂钓。在淡水中游弋的鱼种类繁多，它们不同的颜色、大小和栖息地及捕食习惯都让垂钓者着迷。一些淡水垂钓者会变得十分痴迷，以至于他们一生都在追寻一些鱼种。

Salmo trutta

褐鳟鱼
和海鳟鱼

重量： 可达50千克（110磅）
水域类型： 溪流、河流、湖泊及水库，沿海水域（海鳟）
分布： 全球温带地区
垂钓方式： 主要是飞钓法，但也可以用鱼饵和路亚饵钓鱼

褐鳟鱼（Salmo trutta，形态：fario），以及其海中洄游鱼种海鳟鱼（形态：trutta）是世界上重要的渔猎物种之一，分布在世界各地。该鱼种原产于欧洲和西亚，但数百年来，它已逐渐被引入许多其他温带地区。褐鳟身体呈褐色，身上有明显的红色和黑色斑点，但根据栖息地和基因特点不同也有很多种类。从最小的溪流到大湖泊和水库，在各种各样的水域中都能找到这种鱼。它主要以昆虫、幼虫和小鱼为食。有时，正如大多数鳟鱼垂钓者所发现的那样，这个物种对吃什么非常挑剔。

海鳟鱼

海鳟鱼是一种银蓝色的洄游褐鳟鱼，它早期生活在淡水中，但在1~5岁之间进入海洋。它最终会回到河流中产卵。这种鱼种喜爱生活在寒冷而湍急的水流中。阿根廷南部的河流以其大量的大型海鳟而闻名。在生活于河流中的阶段，海鳟鱼颜色逐渐变暗，但从未恢复到褐鳟鱼原来的颜色。与大西洋鲑鱼不同的是，海鳟鱼不需

在智利飞钓
智利清澈的河流和溪流，为褐鳟提供了理想的生活环境。在这些水域飞钓需要耐心和技巧。

淡水鱼

要洪水就能逆流而上进入产卵的河流。然而，涨水的河流确实会吸引大量这类鱼种。海鳟通常在夜间活动时最为自信，而最好的捕鱼方式是在白天结束时。有些垂钓者喜欢在天黑后钓海鳟鱼。

黑红斑点

褐鳟鱼

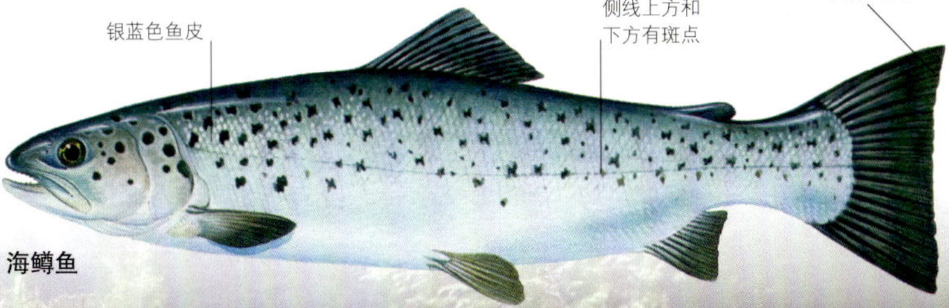

银蓝色鱼皮

侧线上方和下方有斑点

方形尾鳍

海鳟鱼

"食人魔"褐鳟鱼

大型的食肉褐鳟鱼被称为"大湖鳟鱼"，或者"食人鳟鱼"。它们曾经被认为是不同种类的鳟鱼，现在人们知道它们仅仅是褐鳟鱼。它们已经改变了以鱼类为主要食物的饮食习惯——有时甚至食用同类鱼种的小成员。大湖鳟鱼有钩形的下颚，而且比大多数褐鳟鱼生存时间长。

大湖鳟鱼

Oncorhynchus mykiss

虹鳟
和硬头鳟

重量：可达25千克（55磅）
水域类型：江河、湖泊，沿海水域（硬头鳟）
分布：全球温带水域
垂钓方式：飞钓，有时也用鱼饵钓和路亚钓

虹鳟鱼和它的海生形态（两种均为Oncorhynchus mykiss），都是基本的竞技钓鱼种，并已在全球温带水域被引进。该物种包括许多亚种，有坎卢普斯虹鳟、克恩河虹鳟和沙斯塔虹鳟。它们在湖泊和水库中成功大量地繁殖。但也有许多野生品种在河流中度过它们的一生，如果允许的话，它们会游回海里，最后回到河流中产卵。洄游到海里的虹鳟被称为"硬头鳟"。只要有机会，任何一种虹鳟鱼都可以像这样迁徙。

身体特性

虹鳟鱼种类繁多，鱼身有粉红色条纹沿侧线为区分。它们的侧身、背部、上鳍和尾巴上都有斑点。在北美，虹鳟可以重达25千克（55磅），但在欧洲，它们通常最重能达到11千克（24磅）左右。它们主要以昆虫及其幼虫为食，也可能捕食甲壳类动物、鱼卵和小鱼。野生虹鳟以上钩时能顽强抵抗而闻名。

硬头鳟

硬头鳟因其强烈的银色和令人印象深刻的战斗能力而闻名于飞钓者中。海生硬头鳟在河中生活时间越长，它的外观往往就越会恢复到一般的虹鳟的外观。

毫无疑问，世界上最著名的虹鳟垂钓

切喉鳟

这种虹鳟的近亲原产于北美西部。它主要可以通过下颚明显的红色"切喉"标记和身体上明显的黑点来识别。这个鱼种的全身颜色主要是深绿色和绿色。

切喉鳟

虹鳟 — 背部颜色较深；黑色斑点

硬头鳟 — 横向粉色条纹；银色鱼身

活动发生在加拿大西海岸的不列颠哥伦比亚省。在那里,对这种银光闪闪的好似镀铬的鱼类进行秋季垂钓活动已经成为传奇。硬头鳟幼鱼(2~3岁的鱼)生活在北美西海岸的太平洋水域,以从阿拉斯加到墨西哥的小鱼群为食。越来越多的新伊兰特附近海域也发现了硬头鳟。较大的鱼最能成功返回河流产卵。飞钓是最受欢迎的钓硬头鳟的方式,钓点主要在它们从海里回来产卵的地方。

硬头鳟和河流水质

对硬头鳟种群的观察是测量河流系统健康状况的一种有用方法。为了茁壮成长,硬头鳟需要冰冷而清澈的水,因此硬头鳟数量的波动常常预示着河水的问题,比如污染的加剧。这不仅从野生动物保护的角度来看很重要,而且对一个地区的繁荣也很重要。大量的硬头鳟为一个地区带来了更多的垂钓者,也为当地经济带来了更多的资金。

硬头鳟河
北加利福尼亚的河流以其硬头鳟而闻名。对于飞钓者来说,这些令人惊叹的地方可以提供无与伦比的体验。

Salvelinus namaycush

湖红点鲑

重量: 可达33千克（72磅）
水域类型: 湖、溪流
分布: 北美，也被引入到南美、亚洲、欧洲
垂钓方式: 路亚钓和飞钓

湖红点鲑长度可达1.5米（5英尺），有特别的叉形尾巴，没有与其他鲑鱼类似的深色斑点。它们常出现在湖里和溪里，游得很快，是凶猛的猎食者，主要以浮游生物和小型哺乳动物为食。成年的湖红点鲑会捕食幼小的湖红点鲑。它们5~6岁时产卵。雌鱼将鱼卵产在布满小石头的湖中，这使得鱼卵能够停留在湖底的缝隙中。飞钓和旋转钓是人们最喜欢的捕鱼方式，但是许多钓鱼者会在船后拖饵钓鱼。

绿色鱼身 — 叉形尾鳍 — 白点

Salvelinus malma

花羔红点鲑

重量: 可达18.5千克（41磅）
水域类型: 湖、河流，迁徙至大海
分布: 北美、北冰洋、太平洋的东北和西北部
垂钓方式: 路亚钓、饵钓、飞钓

花羔红点鲑是红点鲑家族的一员，它们可以长到1.3米（4¼英尺），它们身上的浅色斑点使它们与鲑鱼和大马哈鱼区别开来。成熟的花羔红点鲑会在身体底部带上明显的亮红色，它们的鳍是带白边的红黑色。随着成长，它们的下巴会不断延长。成熟的雌鱼颜色相同，但是没有那么亮。游向大海的花羔红点鲑更显银色，在

在阿拉斯加的迁徙行为

阿拉斯加北部的花羔红点鲑往往在河里过冬，但是阿拉斯加南部的花羔红点鲑在湖里过冬。大多认为它们是随机选择湖泊，它们顺河而上，直至找到湖泊。不论是雄鱼还是雌鱼都要回到河流中繁殖下一代，因为它们自己也是在河流中繁殖而来。

它们的侧腹上有橘红色的斑点，并有褐绿色的背鳍。花羔红点鲑秋天的时候在溪里产卵。鱼妈妈会用尾巴挖出通道存放鱼卵。小鱼在三四岁时的五六月游向大海。游徙的鱼在淡水中过冬，因此在河里和湖里会大量出现。

浅色斑点 — 深色，淡红色鱼鳍

Salvelinus alpinus

北极红点鲑

重量： 可达15千克（33磅）
水域类型： 干净、寒冷的湖泊和大河，有些游向大海
分布： 北美、北冰洋、斯堪的纳维亚半岛、格陵兰岛、北大西洋北部，偶见于英国北部
垂钓方式： 路亚钓、鱼饵钓、飞钓

净水鱼种
红点鲑需要未经污染并且氧气充足的水才能生存。这意味着最好的捕鱼活动是在北部未受污染的水域。

所有北极红点鲑都在它们深色的身体上有浅色的斑点。虽然与花羔红点鲑相同，但是北极红点鲑的头和吻部更短，尾巴的叉形更深。这类鱼可以长到1米（3¼英尺）长，它们的背部是黑褐色或橄榄色，侧部颜色变淡，鱼肚的颜色更浅。在繁殖期颜色变化很大，特别是雄鱼，它们的整个身体呈金色或橘色，鱼鳍下部会出现白边。通常认为这类鱼隔年在8—10月繁殖。

北极红点鲑是阿拉斯加科迪亚克岛湖区非常常见的钓鱼猎物。它们在5—7月也大量集中在阿拉斯加布里斯托尔湾的大湖北极中，以游向入海的小鲑鱼为食。

黑褐色或橄榄色的背部　　　　　　　浅色斑点

非繁殖期的雌鱼或雄鱼

　　　　　　　　　　　　深深分叉的尾巴

繁殖期的雄鱼　　　　　　　　　红色的胸鳍

Salmo salar

大西洋鲑鱼

重量: 可达47千克（104磅）
水域类型: 寒冷、水流急的河流
分布: 北大西洋、波罗的海、北冰洋，也被引入到澳大拉西亚和阿根廷
垂钓方式: 飞钓

大西洋鲑鱼是很重要的供垂钓的鱼，尤其对于飞钓者来说是非常珍贵的。这些鱼能长到很大，且善于游动，速度与耐力都非常突出。

在大西洋鲑鱼繁殖前，它们会在冰冷的海洋水中生活多年，但是一旦想繁殖了，它们又回到繁殖它们的河流中。很多成年大西洋鲑鱼在繁殖后死亡，但是也有些活下来并回到大海中的。小的大西洋鲑鱼在两岁后游到大海中。

大西洋鲑鱼存量面对越来越大的商业压力。鲑鱼养殖业正在扩展，以满足对这种鱼的巨大需求。然而，竞技钓大西洋鲑鱼的绝妙去处还是存在的，例如俄罗斯北部的科拉半岛、加拿大东部的某些地方和挪威鲑鱼河系统中的某些地方。这些物种也被引入到澳大利亚、新西兰和阿根廷。

人们用了多种垂钓方法，但是飞钓是最流行的。大西洋鲑鱼在它们回归到繁殖地的途中不进食，因此垂钓者要引诱它们接受飞蝇饵。

侧线上的斑纹

白色的下部

跳跃中的鲑鱼
为繁殖而回归出生河流的大西洋鲑鱼要逆流而游。它们常常跳跃过布满石头的瀑布或者其他障碍物回到目的地。

淡水鱼

Micropterus salmoides

大口黑鲈

重量： 可达10千克（22¼磅）
水域类型： 湖、池塘、河流和小溪
分布： 从加拿大到墨西哥北部的北美区
垂钓方式： 鱼饵钓、路亚钓、飞钓

大口黑鲈
大口黑鲈喜欢安静而清澈的水域。在那里，它们可以在小鱼和其他隐藏在芦苇和河流植被中的生物中寻找猎物。

作为黑鲈鱼中的一员，大口黑鲈非常活跃，有时嗜食同类。它们的上颚伸长到它们的眼睛，也因此得名。这类鱼主要捕食小鱼、青蛙和小龙虾，但在繁殖期不进食。随着水温上升，它们的新陈代谢也加快，猎食的最佳温度为 10~27 摄氏度，猎食高峰为 20~27 摄氏度。与其他的黑鲈鱼相同，大口黑鲈最佳的住所为干净的水中，水堤上青草茂密，或者有大面积的苇地。最大的大口黑鲈存于佛罗里达州的河流中。在美国，围绕这些超级受欢迎的鱼有很大的产业，有专业的巡回联赛，奖金也非常丰厚。

其他黑鲈鱼

小口黑鲈的特点是下颚没有延伸到眼睛，以嗜好打架闻名。斑鲈鱼因侧腹和鱼肚有深色斑点，鱼鳃盖上有深色斑点而得名。它的嘴没有延伸至眼睛。主要出现在密西西比和俄亥俄流域。

带脊的第一个背鳍　　　　　　　　　　软鳍条的第二个背鳍

Pomoxis nigromaculatus

黑莓鲈

重量: 可达2.75千克(6磅)
水域类型: 池塘、河流和湖
分布: 北美
垂钓方式: 轻巧钓具、鱼饵钓、路亚钓、飞钓

黑莓鲈与它的近亲白莓鲈在美国许多地方都很流行。它既是钓鱼运动的目标,也是一种食物。黑莓鲈个头往往比白莓鲈大,但也不算特别大。

这些鱼与黑鲈鱼家族是亲属关系,并与黑鲈鱼出现在相同的水域,如池塘、河流和湖泊。黑莓鲈比白莓鲈对水的干净程度要求更高。莓鲈常常浅游于草床中、泥土或沙子上,以昆虫幼虫和甲壳动物为食。大的莓鲈也会吃小鱼。

垂钓莓鲈的最佳时间是春天水暖的时候。这些鱼在水温约11摄氏度时繁殖,但是只有在繁殖前,水温达到9~10摄氏度的时候,它们才游到浅水中,并大量进食。它们常出现在小湾中、石头边或沉树中。通常情况下用小钓组来捕获。

凹型轮廓

前突的下颚

宽大的尾巴

Tinca tinca

丁鲹

重量: 可达7.5千克(16½磅)
水域类型: 缓流或平静的池塘,河流或湖泊
分布: 欧洲和亚洲
垂钓方式: 主要用饵钓,通常用浮钓或底钓

丁鲹是欧洲很受欢迎的垂钓猎物,上钩后还会顽强地挣扎。它们生存于较为暖和的池塘和湖泊中,也可生存于缓流或平静的河流下游。它们于拂晓时在芦苇地等茂密的植被边缘进食。人们都知道冬天丁鲹停留在泥土中不进食。

丁鲹在浅水中繁殖,它们的幼鱼在孵化后会附在植物上好几天。它们长得慢,小小的鱼鳞外面覆盖着厚厚一层保护性的黏液。雄丁鲹比雌丁鲹有更长的腹鳍。传统上,垂钓者认为拂晓是一天中捕捉丁鲹的最佳时间。

小触须

小鱼鳞

淡水鱼

Barbus barbus

鲃鱼（Barbel）

重量： 可达12千克（26½磅）
水域类型： 中速到快速流动的河流
分布： 欧洲（爱尔兰和苏格兰除外）和亚洲
垂钓方式： 采用浮钓或底钓，尤其会用水下撒饵器；也采用飞钓

鲃鱼的触须
这类鱼极具特色的触须使得它们能够捕食生存于水底的无脊椎动物。它们能够从河床的表面获取这些无脊椎动物，或者从底部挖。

鲃鱼，也称"青鱼"，被许多淡水垂钓者看作是经典的河鱼。鲃鱼是强有力和会努力反抗的鱼，它们有经典的光滑的触须，可以够到水底部的食物，然后用多肉的嘴唇吃甲壳动物、软体动物和昆虫幼虫。鲃鱼通常可以用肉眼捕捉，因为它们偏好于急流而干净的水域。

在欧洲一些地方，不同的鲃鱼亚种被广泛垂钓。有时可以用干蝇饵来找到它们。鲃鱼因它们下翻的嘴巴上的四根触须而得名，这些触须给它们增添额外的味觉和触觉能力。

鲃鱼在 5—6 月繁殖，它们常常往上游迁徙，产生小小的黄色鱼卵，通常落在浅水中带沙的底部。这些鱼卵两周左右孵化。小鲃鱼呈淡绿色，与白杨鱼类似。但是白杨鱼有两根触须而不是 4 根。

4根触须 — 成年鲃鱼 — 褐色

橄榄绿 — 幼年鲃鱼

 鱼的种类

Cyprinus carpio

鲤鱼

重量： 可达37千克（81磅）
水域类型： 大型慢流或者静止的水域，如天然湖和人工湖；喜好软或者带泥的湖底
分布： 欧洲和亚洲，也被引入北美和澳大拉西亚
垂钓方式： 采用鱼饵钓（浮钓、无漂钓或底钓）；也采用飞钓，用假蝇饵

鲤鱼或大鲤鱼是欧洲非常流行的垂钓鱼种。在世界上其他地方也不断流行起来，主要的原因是其个头大。在温暖、食

抓到然后放生
在保护水域中垂钓到的大鲤鱼通常会被很小心地释放回水中，为其他垂钓者提供机会。它们一生中可能被捕捉然后放生好几次。

长身躯

无鳞头

触须

浅水鲤鱼
极其善于游泳，接近水面进食，经常出现在离河岸很近的植被中。

物多的水域，鲤鱼长得很快，每年很容易增长1千克（2磅）。

鲤鱼身躯很长。头部没有鱼鳞，但是其他部位均有鱼鳞。它们的食物来源多样，包括植物、昆虫、蠕虫和甲壳动物。它们通过类似真空吸尘器的工作原理吸入食物。只有在温度达到18摄氏度左右才能繁殖，在欧洲要到五六月。它们寿命长，可以活到40多岁。

鲤鱼是在几百年育种选择的基础上演变而来的。大体上有3种鲤鱼：普通鲤鱼、镜鲤、革鲤。鲫鱼是另一物种，受到淡水垂钓者的青睐。它们对生存环境要求不高，可以生活在池塘、湖泊。干旱季节或冬天也可以生活在泥土穴中。

鲤鱼种类

普通的鲤鱼源于野生鲤鱼。中世纪时代作为食物从亚洲引入到欧洲。野生鲤鱼现在只在少数水域出现，它们的身体更长，重量不超过7千克（15磅）。镜鲤是现代鲤鱼中的一种，浑身长满了很大但形状不规则的鱼鳞。镜鲤的种类很多。下图线性类型的镜鲤在侧线上有明显的一列鱼鳞。

镜鲤

野生鲤鱼

鱼的种类

Rutilus rutilus
拟鲤

重量： 可达1.8千克（4磅）
水域类型： 水流慢或者静止的水域
分布： 欧洲和亚洲
垂钓方式： 采用鱼饵钓，主要是浮钓或底钓

拟鲤是欧洲最流行的垂钓鱼种之一。这种类别的鱼嘴巴上翻，就好像红眼鱼（右页）。这使得它们有时可以从水面获取食物。它们生活在流速慢的河流、运河和植被茂密的静水中。它们因能在泥土和劣质水中大量生存而闻名，它们也能在微咸的近海岸环境中生存，在繁殖时会从大海逆流而上到河中。它们以昆虫、甲壳动物、软体动物和植物为食。成年的拟鲤更喜植物。

拟鲤不喜欢光线强的地方，在阴雨天更容易捕捉。它们从晚春到夏天在植被中繁殖。它们通常与鳊鱼和红眼鱼杂交。拟鲤繁殖很快，一旦引入某个水域可能成为祸害。这些害羞的鱼可以用多种鱼饵垂钓方式获取。

红色虹膜

成双的腹鳍

深红或粉色的鳍

Abramis brama
欧鳊

重量： 可达6千克（13¼磅）
水域类型： 水流慢或者静止的水域
分布： 从欧洲到中亚
垂钓方式： 采用鱼饵钓，浮钓或底钓

欧鳊是在淡水中经常被垂钓上来的鳊鱼类，也被称作是铜色鳊鱼。它们出现在静止或水流慢的水域中，主要是湖泊、河流和池塘，通常以鱼群方式出现。欧洲许多地方因能捕捉到欧鳊鱼群而出名。欧鳊往往捕食昆虫和小甲壳动物，但是大欧鳊吃小鱼。它们不太难捕捉，许多垂钓者都十分向往。拟鲤在拟鲤与鳊鱼共同繁殖的鱼群中经常出现。爱尔兰香农河系统中突出的欧鳊往往身上有斑纹，比其他地方的欧鳊个头大。

无鳞头

深窄的躯体

长臀鳍（anal fin）

淡水鱼  221

Squalius cephalus

圆鳍雅罗鱼

重量： 可达8千克（17¾磅）
水域类型： 河流、湖泊
分布： 欧洲和亚洲
垂钓方式： 采用鱼饵钓、浮钓或底钓，也可以用飞蝇钓

这种淡水鱼有坚固的身体、圆形的鳍。它们出现在河流中，有时出现在湖泊中。圆鳍雅罗鱼喜好中等流速到急流的干净水域，也可以在微咸的波罗的海东部出现。虽然小圆鳍雅罗鱼集成鱼群，但是成年圆鳍雅罗鱼喜欢独处。繁殖期出现在4—6月的隐蔽水域。

成年圆鳍雅罗鱼很强大，属于机会主义捕食者，经常吃的东西包括青蛙、蚯蚓、小鱼、甲壳动物、昆虫和从垂入水中的树上掉下来的浆果。多种鱼饵对它们都适用，尤其是面包特别有效。

• 强壮的身体
• 有力的鱼鳍

Scardinius erythrophthalmus

红眼鱼

重量： 可达2千克（4½磅）
水域类型： 水流慢或者静止的水域
分布： 欧洲和亚洲
垂钓方式： 采用鱼饵钓，主要是浮钓或底钓

乍一看，红眼鱼特别像拟鲤（左页），但是两者有两个主要区别：红眼鱼的背鳍比拟鲤的背鳍靠后，拟鲤有红色的虹膜，红眼鱼的虹膜是黄色到橙色的。它们主要出现在相对平静的水域中，如运河、池塘、沼泽地。它们喜欢植被茂密的离河岸近的区域。比起拟鲤，红眼鱼更靠近水面捕食，但是两种鱼的食性相同——主要包括小甲壳动物、水生植物和昆虫幼虫。红眼鱼繁殖期在晚春到仲夏（5月和6月）。

作为淡水垂钓者最喜好的猎物之一，红眼鱼被广泛地引入到欧洲和亚洲。它对小的、天然的鱼饵有良好的反应，如面包、蛆，能够"在水面"就成功地被钓到。水面钓是一种鱼漂下没有重量或者重量很小的钓鱼技术，这种钓法使得鱼饵在水面自然地下落。

• 靠后的背鳍
• 黄橙色的虹膜

Thymallus thymallus

茴鱼

重量： 可达6.7千克（14¾磅）
水域类型： 河流，偶见于湖泊
分布： 北美的北部、欧洲北部
垂钓方式： 鱼饵钓、路亚钓、飞钓

茴鱼个头不是特别大。最大的长度为60厘米，但是拥有非常显眼的大背鳍。它们很合群，经常形成鱼群，喜欢生活在氧气充足的流动水域中。它们常出现于河中，在北美会出现在湖中。它们容易受到水污染影响，会在干净的水域大量繁殖，特别是河流的上游，底部带有石子或沙子。它们主要食用多种昆虫、蛹、蚯蚓和甲壳动物。

茴鱼的繁殖期在春天和初夏，选取的地点通常是底部有石子的浅水区。北美的茴鱼会游到小溪中繁殖。小路亚饵、旋转饵或鱼饵是常用于垂钓茴鱼的饵料。飞钓技术也有很好的效果。

小茴鱼

在大量茴鱼聚集的水域中，每条鱼所能获得的食物数量有限。体型较小，体重不超过有记录的最大值一半的个体也非常常见。巨大的背鳍提供给茴鱼额外的杠杆力，用来对抗垂钓者。这也使得茴鱼成为一种流行的垂钓目标。

显眼的背鳍

显眼的背鳍
茴鱼大型的背鳍在交配期变得更加多彩。在繁殖期，雄茴鱼用它裹住雌茴鱼。

淡水鱼

伪装的猎人
白斑狗鱼身上的条纹和斑点为这种贪婪的食肉鱼类提供了很好的伪装。它锋利的牙齿能对付相当大的猎物。

Esox lucius

白斑狗鱼

重量： 可达35千克（77磅）
水域类型： 安静的湖泊、池塘和河流，偶见于微咸的水域
分布： 北美、欧洲、中业
垂钓方式： 鱼饵钓、路亚钓、飞钓

白斑狗鱼是极其娴熟的流线型捕食者。它的身体构造适合产生爆发力，能快速前进。长而平的吻部、极其锋利的牙齿和复杂的下巴都使得它能够捕食较大的鱼，甚至是小型水生动物。它们喜欢独处，是非常娴熟和咄咄逼人的捕食者，通常躲在水草后面。它们还嗜食同类，袭击同类小鱼。它们生活在干净的湖泊、池塘和河流中，被看作是统领某片水域的鱼。

在一些海岸线，白斑狗鱼进入微咸的水域捕食海鱼。

人们通常认为，最大的白斑狗鱼应该在苏格兰和爱尔兰较大的海湾。被钓到的样本大多数比有记载的最大的白斑狗鱼小得多。4.5~9千克是常见的在海岸线能捕捉到的白斑狗鱼。白斑狗鱼通常可以用路亚饵或鱼饵垂钓。一些大的白斑狗鱼也有用飞蝇钓具钓取的。它们有锋利的牙齿，因此需要用到子线。它的近亲，在北美的大梭鱼也是一种流行的垂钓猎物。大梭鱼会比白斑狗鱼长得更大。

突出的低下颚

Silurus glanis

六须鲶鱼

重量： 可达306千克（675磅）
水域类型： 多草的深湖、慢速河流、微咸水域（brackish water）
分布： 欧洲和亚洲
垂钓方式： 鱼饵钓

虽然六须鲶鱼最初仅仅存在于欧洲的东部和中部，但是现在也被引入到更广的区域，包括欧洲西部和亚洲。它是世界上最大的淡水鱼之一，被看作是最刺激的钓鱼运动目标。西班牙的埃布罗河是捕捉六须鲶鱼最著名的地点。

六须鲶鱼没有鱼鳞，有既宽又钝的头和嘴边的6根明显的触须。它是非常凶猛的猎食者，以当地水域的鱼、小哺乳动物，甚至水禽为食，在晚间尤其活跃。

垂钓它的一种方式是找帮手拉着太大而不能抛出的鱼饵，坐船从河岸到河中。然后用浅色的线固定鱼饵。要征服这么大的鱼需要用很强大的鱼竿、鱼轮和鱼线。世界上其他类别的鲶鱼也常被捕捉，特别是在美国，最流行的鲶鱼为蓝鲶鱼和斑点叉尾鮰。

贪婪的胃口
雄六须鲶鱼看起来就惊人，它们有很长的触须和很宽的嘴，以哺乳动物和小鱼为食。

Sander lucioperca

梭鲈

重量： 可达20千克（44磅）
水域类型： 深湖、运河和河流
分布： 欧洲东部、中部和北部，亚洲西部
垂钓方式： 鱼饵钓、路亚钓、飞钓

梭鲈最初存在于多瑙河和其他欧洲北部和中部水域，但是作为一种竞技钓鱼运动猎物被大力地引入到其他地方。它是非常凶猛的猎食者，以小鱼为食。在有些区域被看作是当地淡水鱼存量大量减少的罪魁祸首。梭鲈喜好湖泊、运河和河流的深水区。冬天时待在沟渠的深水区域。春天到来时，逆水而上去繁殖。繁殖后会在水塘里待上两周然后又分散而去。

梭鲈的眼珠后有反射物质，可以让它在光线不足的情况下猎食。它们在夜晚尤其活跃。它们的小型亲属——玻璃梭鲈，是北美最大的鲈鱼，也受到垂钓者的青睐。

无脊鱼鳃盖　　大牙齿　　纤细的身体

Perca fluviatilis

河鲈

重量： 可达4.75千克（10½磅）
水域类型： 暖和、水流慢的河流、湖泊和池塘
分布： 欧洲和亚洲
垂钓方式： 饵钓、路亚钓、飞钓

河鲈生存于河流、湖泊和池塘中，但是避开湍流和特别寒冷的水域。有些地区的微咸水域也是它们的栖息所。它们的特点是在身体上有5~9条横贯的黑带，黄褐色的胸鳍及红色的腹鳍和臀鳍。河鲈也是一种掠食动物，它们吃多种无脊椎动物和小鱼。它们的繁殖期在春天。鱼卵不会被其他鱼食用，也就加大了它们存活的概率。

小河鲈成群猎食，它们会追逐猎物到河流和湖泊的边缘。大一点的河鲈主要在早晨与晚间进食，特别是在天完全黑之前的几个小时。

河鲈垂钓者要想钓到河鲈要对它们的习性有充分的了解，但是更加重要的是，水域中必须有充足的它们喜欢的猎物。要想钓到巨大的河鲈就要选择水中或近水地带有障碍物的位置，如有垂入水中的树枝或沉树。

绿黄色　　黄褐色　　贯穿身体的黑带

 鱼的种类

Lates niloticus

尼罗河鲈

重量： 可达200千克（440磅）
水域类型： 湖泊和大河，有时在微咸水域
分布： 非洲的北部、中部和东部
垂钓方式： 主要是鱼饵钓、路亚钓，也有飞钓

尼罗河鲈存在于非洲的湖泊和各种河流系统，包括尼罗河。它是一种非常流行的垂钓猎物。它们可能长到很大，长达1.9米，善于存活在不同深度的水域中。它们是凶猛的掠食者，主要靠吃小鱼为生。幼年的尖吻鲈也吃甲壳动物和其他多种昆虫。

它们在多种湖中被捕捞，包括埃及的纳赛尔湖、非洲中部的维多利亚湖（白尼罗河源头）和乌干达的默奇森瀑布。可以用多种技术捕获它们。路亚饵和鱼饵对大多数尼罗河鲈有效，但是许多垂钓者认为用飞蝇钓具，如大飞蝇饵和有力的渔具能够捕捉到大尼罗河鲈。例如在纳赛尔湖，特别是在罗非鱼到浅水区繁殖而引来尼罗河鲈猎食的时期。

深灰蓝色

圆形的尾鳍

湍流的鲈鱼水域
尼罗河鲈在默奇森瀑布的湍流中能长到巨大。在这些水域中钓鱼需要非常稳的脚跟和强大的渔具。

淡水鱼

Tor putitora

金吉罗

重量： 可达54千克（119磅）
水域类型： 湖泊和湍流水域
分布： 亚洲，特别是印度次大陆
垂钓方式： 鱼饵钓、路亚钓、飞钓

特别有力的金吉罗是鲤科中拥有显眼的大鱼鳞的一员。印度北部的金吉罗身体细长，而印度南部金吉罗的代表却有很深的躯体，身长可达2.75米。

金吉罗喜好湍流水域，并喜好水底有石头。它们是杂食动物，食用鱼、昆虫幼虫、浮游动物和植物。年长的金吉罗顺流而上，在石子和石头上交配，然后回到水域下游，或回到湖里，或与河流相通的池塘。

浑身铠甲的鱼
金吉罗在包括急流在内的水域条件下茁壮成长，但在这种条件下，小鱼根本无法生存。垂钓者需要准备好迎接来自强大对手的挑战。

它们是非常经典的垂钓淡水鱼。垂钓者要冒着印度南部的热浪，在诸如高韦里河的大河系统中钓鱼，险象环生。在这里，金吉罗在湍流与多石的区域捕食，它们会很用力地袭击路亚饵和鱼饵，以至于使路亚饵或饵鱼脱落。用路亚饵或饵鱼垂钓效果良好，但是在条件满足的情况下，也可以用强大的渔具采用飞钓法。

大鱼鳞　　　　　　　　　　　尖尖的背鳍

显眼的触须

Hydrocynus vittatus

虎鱼

重量： 可达28千克（62磅）
水域类型： 温暖的河流与湖泊
分布： 非洲
垂钓方式： 鱼饵钓、路亚钓、飞钓

虎鱼是凶猛的淡水掠食动物，出现在非洲南部和中部的某些温暖的河流系统中，尤其常现身于赞比西河。由于它们凶猛的食欲和猛烈的挣扎能力，它们受到垂钓者青睐。当地的渔民也因为生存而针对虎鱼进行一些商业捕捞。

虎鱼身长可达一米，它们突出的前齿使得它们很容易被辨识出来。它们喜欢住在温暖而又多氧的水域，特别是大河和湖里，那里有无数的小鱼作为猎物（虎鱼基本上以小鱼为食）。它们通常与个头相差无几的虎鱼形成鱼群，只有个头很大的虎鱼才独处。旋转钓和鱼饵钓是捕捉虎鱼的惯用办法，但是最近，特别是在赞比西河飞钓也流行起来。虎鱼的嘴很硬，骨头多，不能很安全地让它们上钩。它们被钩住时经常会跳个不停。

巨型虎鱼

巨型虎鱼主要生活在刚果河流域。它们能长到45千克，很难对付。垂钓这样的鱼需要很大的鱼钩和大量的金属子线。然而，由于刚果民主共和国国内的冲突，最近几年实际上旅行垂钓者基本不可能钓到这么大的掠食鱼。

锋利的牙齿

红尾鳍

突显的轮廓
很少有鱼能像虎鱼那样容易被辨识，因为它们有锋利而突出的牙齿，大而具有掠食性的眼睛。

淡水鱼  229

Labeobarbus aeneus

小口非洲长背鲃

重量： 可达7.75千克（17磅）
水域类型： 水流急的河流
分布： 非洲，特别是南非的法尔河和奥兰治河系统
垂钓方式： 鱼饵钓、飞钓

小口非洲长背鲃背部呈绿色，腹部和嘴附近及尾鳍为金黄色。它们的身长可达50厘米。它们居住在法尔河和奥兰治河系统，喜欢水流急、干净并且底部充满石头和沙子的水域。小口非洲长背鲃常以鱼群出现，鱼群中的鱼可达30条。

贴地溯游能力

小口非洲长背鲃贪婪地进食，不断地游动，在湍流的大石块区穿梭。它们善于将昆虫幼体吸吮出来。它们的嘴唇在演变过程中使得它们够得着大石块底部的食物，它们会搬动或翻动小石头来寻找幼虫和蛹。从浮游动物到小型鱼，无一不是小口非洲长背鲃的食物。它们通常从湍流的下游觅食，逐步逆流而上。小口非洲长背鲃在春天和夏天繁殖，逆流而上寻找合适的小石头作为交配床。

许多垂钓者用鱼饵钓小口非洲长背鲃，但是近年在南非越来越多的人采用飞钓。用捷克若饵钓（见174~175页）很有效，但是钓这些鱼也可以用干蝇饵。

涉水钓小口非洲长背鲃
飞钓者在涉入水中后，抛竿撒饵可以覆盖大面积。对于小口非洲长背鲃喜欢的多石头底部要特别小心，因为经常会站不稳脚跟。

大口非洲长背鲃

大口非洲长背鲃仅出现在南非。它们是一种有很大鱼鳞的淡水鱼。虽然少见，但是钓到的大口非洲长背鲃最重达23千克。它们比常见的金黄色小口非洲长背鲃看起来更显银色。大口非洲长背鲃是绝对的掠食者，很会挣扎。虽然是鲃鱼的近亲，它们的饮食行为更接近鳟鱼和茴鱼。垂钓方式因此也更接近。

橄榄绿的背部
单一的背鳍
黄色鱼肚

Oncorhynchus tshawytscha

大鳞大马哈鱼

重量： 可达61千克（134磅）
水域类型： 河流、湖泊、海洋
分布： 北冰洋、北太平洋及其源流河域
垂钓方式： 拖钓（近海及入海口区域）、路亚钓和飞钓（河流）

大鳞大马哈鱼是一种极其珍贵的垂钓鱼种，也被称作马哈鱼王。它们是最大的太平洋马哈鱼。它们是力量很大，很难对付的鱼。与其他马哈鱼一样，它们幼年时期生活在淡水中。大鳞大马哈鱼在仅仅3个月大的时候就能迁徙到海中，但是通常情况下它们会在生长河域生活一到三年，然后游向海洋，在那里进食、成长。这些大马哈鱼在海中可以游很远的距离，然后它们回到它们生长的水域，繁殖一次，然后死亡。海洋中的成年大鳞大马哈鱼头部和背部呈深蓝到蓝黑色，腹部呈银色。随着它们往内陆方向迁徙，交配期颜色出现变化，带上淡淡的褐黑色和紫色。

迁徙中的大马哈鱼群
在阿拉斯加河流冰冷的水中常常会有大量的大鳞大马哈鱼群出现。这些鱼正前往它们的繁殖场所，它们很容易被大型哺乳动物（如熊）捕获。

离岸拖钓

在所有的太平洋大马哈鱼中，大鳞大马哈鱼是能被成功捕获者之一。它们在海洋中进食，返回河流繁殖时就被捕获了。垂钓者采用拖钓的方式在离岸区或入海口钓正在洄游的它们。有大鱼群出现时可以钓到大量的大鳞大马哈鱼。与几乎所有的大马哈鱼相同，它们在进入河流系统时不进食，因此河域垂钓者需要在它们不太进食的情况下引诱它们接受路亚饵或飞蝇饵。

大鳞大马哈鱼的类别

有两类大鳞大马哈鱼：溪流类，常出现在大河流系统的源头；海洋类，常出现在海岸的溪流和河流中。溪流类长时间待在淡水中，海洋类在淡水中仅待一年然后游向海洋。在海洋生活阶段，海洋类大鳞大马哈鱼常常在海岸水域。

头部的深绿蓝色　　　　　笔直的侧线　　　　　深色的斑点

淡水鱼

Oncorhynchus kisutch
银大马哈鱼

重量： 可达15千克（33磅）
水域类型： 河流、湖泊、海洋
分布： 北太平洋及其源流河域
垂钓方式： 用路亚饵拖钓（近海区域）；旋转钓和飞钓（河流）

对于垂钓者来说，银大马哈鱼是一种特别重要的猎物。在大海中，银大马哈鱼呈深金属蓝绿色，在背部有小小的黑色斑点，腹部介乎银色到白色。在繁殖期它们会游向内陆，头部和背部变成亮绿色，侧面呈红色，腹部呈深色。

幼年的银大马哈鱼在它们的出生地待上一到两年，然后在夜间游向大海或湖泊。在这些地方，它们以浮游动物、甲壳动物、小鱼和水母为食。有些一直待在淡水湖泊中，但是即便性成熟了也不能繁殖。与所有的太平洋大马哈鱼相同，银大马哈鱼回到它们的出生地交配，在繁殖后死亡。在河流中，银大马哈鱼往往不与更加咄咄逼人的马哈鱼，如马苏大马哈鱼和大鳞大马哈鱼（左页）交好。

备受珍视的垂钓鱼种

银大马哈鱼是出了名的棘手猎物，虽然它们的个头比大鳞大马哈鱼小，但是它们却是备受珍视的鱼种。在内陆，它们通过旋转钓和飞钓捕获。飞钓垂钓者特别选择水流慢的水域来捕捉这类鱼。在大海中，垂钓者采用拖钓。

下颚白色的牙龈线

尾鳍上部的深色斑点

钓银大马哈鱼
垂钓者在不列颠哥伦比亚道格拉斯海峡的吉尔托依大河上，进行船钓。银大马哈鱼自此向太平洋方向游去。

第九章　海鱼

　　几乎每片海洋的每个角落都有鱼。正是在某片海域钓到某种鱼的概率有大有小，才使得了解该海域中游着的鱼变得引人入胜。随着你慢慢开始了解你追逐的鱼及它们不同的习性，你所学到的东西也要不断地修正和调整。世界上最大最凶猛的竞技钓鱼项目出现在海洋中。这里拥有令人兴奋不已的奇妙环境。

Gadus morhua

大西洋鳕鱼

重量： 可达96千克（212磅）
水域类型： 温带和寒带的水域，从海岸线地带到大陆架
分布： 北大西洋
垂钓方式： 路亚钓、鱼饵钓

由于几个世纪以来的巨大渔业压力，在英国、格陵兰和纽芬兰的大西洋鳕鱼存量几乎为零。只有非常严格的保护措施才能确保这种鱼存活。但是，在挪威和冰岛这些国家还有可能从船上和岸上钓到大鳕鱼。

鳕鱼身长可达2米。它们的背部颜色由褐色到绿色或灰色，腹部颜色由苍白到白色或银色。

分布广泛，掠食凶猛

大西洋鳕鱼有很多栖息所，包括入海口、近海流域、沉船、暗礁、深水峡湾，一直到大陆架边缘。它们最有可能在海水汹涌的时候进入近海区域。大西洋鳕鱼掠食凶猛，从海草到无脊椎动物到小鱼，甚至包括它们同类的幼小群体都是它们的食物。它们在海底结成鱼群。它们通常可以用鱼饵或路亚饵（如夹具等）在海底或者水中间被捕获。也可以用大飞蝇饵在离海床近的地方捕获它们。

白色侧线

单触须

方尾鳍

成群结队的大西洋鳕鱼
大西洋鳕鱼是竞技钓鱼或餐桌上受欢迎的鱼。虽然它们的个头可以长到很大，但是它们会来到近海区域，垂钓者可以从海滩、岩石或船上钓到。

海鱼

Molva molva

魣鳕

重量: 可达45千克（99磅）
水域类型: 深海，近海，温暖的水域，底部多石海域
分布: 北大西洋、地中海
垂钓方式: 路亚钓、鱼饵钓

作为鳕鱼家族中的一员，魣鳕的个头可以长到非常大。这种类别的鱼背部是红褐色的，腹部是白色的，侧部是大理石花纹的。魣鳕下巴有很长的触须，第一个背鳍的后部有比较明显的黑点。第二个背鳍和腹鳍比较长。它们的食物包括鱼、甲壳动物和其他寄生于水底的无脊椎动物。魣鳕经常会食用为海鳗准备的鱼饵，和为绿鳕和黑鳕准备的鱼饵。它们经常会大量出现在深水的船骸和礁石中，但是有时也会出现在水较深的海岸边。

捕捉魣鳕

魣鳕对漂浮在水底的鱼饵有很好的反应，通常情况下能在接近海床的地方捕获。它们也会被垂钓者运用带饵鱼的诱饵和不带饵鱼的路亚饵成功捕获。截至目前捕获的魣鳕是通过鱼竿和鱼线钓到的，地点通常在挪威海岸线的深水中。时间在晚冬或早春。

粗大的尾鳍

下巴的触须

Pollachius virens

黑鳕

重量: 可达32千克（70磅）
水域类型: 温带和寒带的水域，深水域，底部多石海域和海岸
分布: 北大西洋和北冰洋
垂钓方式: 路亚钓、飞钓

黑鳕在世界上某些地方经常被误认为是绿鳕。要将黑鳕与它的亲戚绿鳕区分开来，需要确认黑鳕的下颚是不突出的，整体上呈银色，有非常明显的白色的侧线，侧线上没有弯曲。黑鳕会结成很大的鱼群，主要以小鱼和甲壳类动物为食。

最大的黑鳕出现在礁石和船骸上。在水很深、潮水汹涌的水域，大黑鳕会靠近海岸。黑鳕比绿鳕难钓，它们在上钩后会急速下潜到底部。路亚饵往往是钓黑鳕的最有效方式，但是由于它们比绿鳕更喜欢接近水面，处于恰当深度的大飞蝇饵也能用于成功地钓到这类鳕鱼。

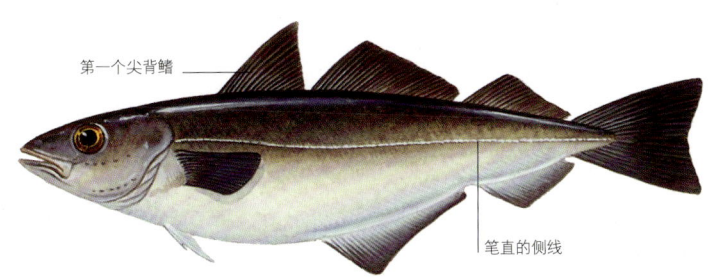

第一个尖背鳍

笔直的侧线

Pollachius pollachius

绿鳕

重量：可达18千克（39½磅）
水域类型：海岸水域
分布：大西洋的东北部
垂钓方式：路亚钓、鱼饵钓、飞钓，从海岸或船上钓

由于鳕鱼的存量急剧下降，绿鳕的商业价值在不断地增长。它们的主要特征有突出的下颚、深色的上部身体（通常为青褐色），以及有明显弯曲的侧线。

绿鳕出现在从海岸线到深水区的水域。但是它们经常居住在凹凸不平或断裂的地域。出现在沙子多的海底的绿鳕通常比较小。一般来说，大的绿鳕会在深水船骸上被钓到，特别是英格兰的西南部海域。但是许多欧洲的海岸线也有很多绿鳕。它们通常以小鱼为食，有时也吃甲壳动物。在相同的水域出现的其他物种包括在深水区的黑线鳕和牙鳕。牙鳕是鳕鱼家族的一员，它们在冬天的时候从海岸可以捕获，但是它们在一年中的其他时间喜欢在深水区。

钓绿鳕

垂钓者可以在海岸上捕获绿鳕。它们在上钩后会用力地急速潜水。钓绿鳕可以用路亚饵钓，但是它们有时会在水底把路亚饵取掉。当水不深时，飞钓也是非常有效的方式。

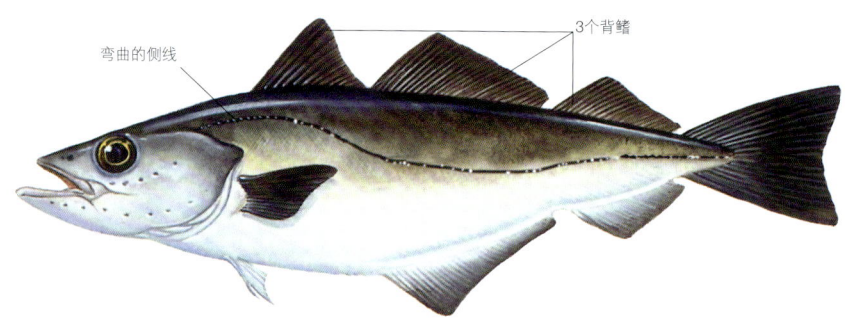

弯曲的侧线

3个背鳍

钓绿鳕
岩石密布的海岸线，是喜欢冒险的海钓者钓到又大又有力的绿鳕的理想之地。

海鱼  237

聚集的欧洲鲈
年轻的欧洲鲈在浅海水和河口形成大型鱼群，通常在很浅的水域中觅食。

Dicentrarchus labrax

欧洲鲈

重量： 可达12千克（26½磅）
水域类型： 海岸水域，入海口
分布： 大西洋的东北部和东部
垂钓方式： 鱼饵钓、路亚钓、飞钓

在欧洲北部的很多地方，欧洲鲈是非常重要的竞技钓鱼的对象。它们可以在离岸不远的海岸上借助船或直接从岸上捕获。由于它们可以被人们食用，它们处于巨大的商业压力之下。

由于有尖状的背鳍、灰蓝色的背部、银色的侧部和白色的肚子，欧洲鲈很容易被辨识。它们在幼年期往往形成很大的鱼群（小

欧洲鲈通常被称作"群鲈"）。它们可以生活在海岸水域，也可以生活在大约100米的深水中。在夏天的时候，它们游向入海口、小溪，偶尔也游向河流系统。欧洲鲈可以在石头上、水草上、泥土上和沙子上的浅水中进食，因此垂钓者通常在岸上钓它们。在更冷的天气里，它们会游向更远的海域。可能由于近年海水的温度在上升，它们迁徙的范围向更北的区域扩展。它们在春天或初夏繁殖。

欧洲鲈是咄咄逼人的掠食者，它们主要以虾和浮游动物为食，有时也吃其他鱼类。许多种类的路亚饵和鱼饵对它们都适用。它们也可以用飞蝇饵钓取。

鱼鳃盖上的脊柱　　　尖状背鳍　　　宽阔的尾巴

Conger conger

欧洲康吉鳗

重量: 可达110千克（242磅）
水域类型: 浅或深的海岸水域，起伏不平的地域、礁石和船骸上
分布: 大西洋的东北部和中东部、地中海
垂钓方式: 底钓（悬浮饵）

欧洲康吉鳗的身长可达3米。它们总体看起来很纤细。它们没有鱼鳞，呈深灰色，腹部白色，有连续不断的垂直的鱼鳍。它们生活在不同深度的水域，从离岸很近的最浅的水域到500米深的水域都是它们的栖息所。它们以水底的鱼和甲壳类动物为食。

大一点的欧洲康吉鳗通常在深水域被捕获，通常出现在礁石、船骸和起伏不平的地域，但是它们也可以从岸上被捕获。大欧洲康吉鳗通常在夜晚被捕获，但是白天也可以在深水域捕获它们。一些极大的欧洲康吉鳗在英格兰的南海岸中的深水船骸中被捕获。在这些区域可租船专门用于钓欧洲康吉鳗。大的欧洲康吉鳗通常是雌性。

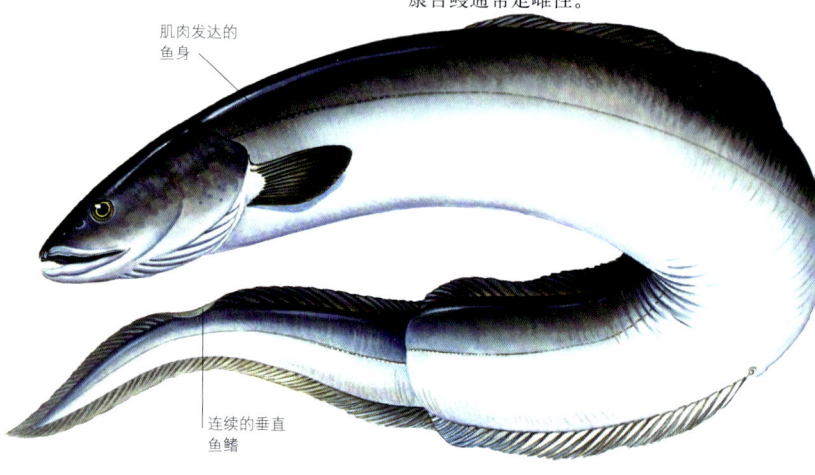

肌肉发达的鱼身

连续的垂直鱼鳍

Labrus bergylta

贝氏隆头鱼

重量: 可达4.5千克（10磅）
水域类型: 浅的海岸水域
分布: 大西洋的东北部和中东部
垂钓方式: 路亚钓、鱼饵钓，在水底或深水浮钓

贝氏隆头鱼身体很硬，身长可达60厘米，躯体深，头大。小嘴突出，嘴唇厚而多肉，巨大的背鳍在背部延伸。颜色从橄榄色、褐色、深绿色到红色不等，通常还带明显的白色斑点。这些鱼经常出现在多石的水域，水深少于20米，因此备受海岸垂钓者的青睐。它们通常以浮游动物和甲壳类动物为食，用非常有力的前齿嚼这些食物。

圆形尾鳍

残酷地形
高韦里河里岩石众多,有些河段水流很急,在这里跟印度魮的一番恶斗一定十分难忘。

伊盖拉潟湖

非洲西部，加蓬

赤道穿过加蓬，因此这个国家全年高温，湿度也高。这个国家人口稀疏，靠近大西洋的海岸线长而荒凉，很少受到人类活动的破坏，可以在海边钓鱼。

生态游

钓鱼者们只是最近才发现，原来非洲西部也是个休闲钓鱼的好地方。近年来，加蓬在其境内很多片区域都设立了国家公园。这个国家南部的伊盖拉潟湖位于小卢安果国家公园内。这个湖系中生活着各种各样的鱼，其中就有被认为是世界上体积最大的巴西笛鲷，以及大海鲢、非洲大马鲅、几内亚梭子鱼，还有各种鲹鱼、鳐鱼和鲨鱼。人们要么在潟湖掩藏着的鞣酸水域中钓巴西笛鲷，要么在潟湖口和附近的沙滩上钓大海鲢、马鲅鱼、梭子鱼和鲹鱼。

这里大概是世界上唯一一个在河马从林中出来的时候能看到它们身子露在水面上的地方。游客们也可能见到树林里的大象、水牛、林羚、红河猪甚至金钱豹。如果幸运的话，在加蓬的一些国家公园内部还可以见到黑猩猩和大猩猩。

钓鱼技巧多样

在伊盖拉湖里钓鱼一般会采用路亚饵和诱饵，但是喜欢飞钓的朋友如果冒点险，可能会有大收获。在这些地方钓鱼，水是完全没有受到人类活动影响的，当地居民很少捕鱼，不会影响鱼的数量。

在海浪中
加蓬沿岸温暖的海水吸引钓鱼者们走进水中，但同时也要小心留意鲨鱼。

关键信息

气候：热带气候。全年平均气温在27摄氏度（81华氏度）左右。湿季在10月—次年5月。

钓鱼时间：钓所有鱼类的高峰期在10月—次年3月。

主要鱼类：大海鲢、巴西笛鲷、马鲅鱼、长鳍鲹、马鲹、几内亚梭子鱼

热门地点：潟湖口是最适合钓大型食肉鱼类的地方。在红树林边缘钓鱼也是挺有意思的。

提示：带上治疗疟疾的药物。游客必须有黄热病免疫证明。

安哥拉南部沿岸

非洲西南部，安哥拉

安哥拉不是一个理想的旅游目的地，但是这里的海岸线大部分都没有受到人类活动的破坏，有一定冒险精神的人可以在这里获得绝妙的海水钓鱼体验。对于喜欢纯天然的海岸线，希望远离人群，对大型鱼类有偏好的人来说，安哥拉绝对是个不错的选择。

多样的海岸线

安哥拉首都罗安达附近的海岸线多种多样，这座城市附近的土地上植被丰富，稍微往南一点的库内内河（位于纳米比亚和安哥拉的边界）附近是荒凉的沙滩。本格拉附近的寒流影响了安哥拉南部渔业，那里物种丰富，比如短尾真鲨、白姑鱼、巴西笛鲷和大型波线鰺。非洲西部离岸海域以拥有世界上极大的大海鲢著称，罗安达南部宽扎河河口也是钓大海鲢的胜地，此外那里还有非洲大马鲅、巴西笛鲷和大型鰺鱼及其他鳉鱼。在河口附近的海滩，从岸边也可以钓到大型海鲢。

有些枪鱼、金枪鱼还有大型鲯鳅会被从宽扎河河口漂出的植被吸引，罗安达的大型船只非常适合到海上钓它们。但是要注意，在安哥拉没什么旅游设施，不过有一些旅店，可供钓鱼者们休息。

关键信息

气候：热带气候，但是南方非常像沙漠。温度很少高于27摄氏度（81华氏度），从6月到9月天气干燥，也比较冷。

钓鱼时间：钓大海鲢和波线鰺的最佳时间是夏季。

主要鱼类：大海鲢、波线鰺、白姑鱼、巴西笛鲷。

热门地点：库内内河河口可以钓大白姑鱼，宽扎河河口可以钓大海鲢，纳米贝南部海岸可以钓波线鰺。

提示：备好预防疟疾的药物，以及具有保护作用的热带钓鱼专用衣物。

捕获沙鲨
沙鲨也叫吉他鱼或铲鲨。在安哥拉沿岸海域，这种鱼数量众多，它们会到近海处捕食。

沙滩钓鱼
安哥拉海岸的海域较少受到人类活动的破坏，因此可能会有意料之外的收获。在安哥拉钓鱼通常需要些精良的装备，因为很有可能钓到大型鱼类。

"鱼儿来了又去……那些在溪流上度过的午后才是永恒的记忆。"

——E. 唐纳尔·托马斯

骷髅海岸

非洲西南部，纳米比亚

纳米比亚大西洋沿岸还保留着自然的原貌，这里经常刮风，是世界上海岸钓鱼体验极好的地方之一。在这里的海滩上钓鲨鱼尤其美妙。如果游客们来得巧，还能钓到白姑鱼和长头石颌鲷。

荒凉海滩
要到达这里的海滩只能乘坐四轮的越野车。这里的海滩偏远荒凉，却为人们提供了美妙的钓鱼体验。

本格拉寒流

人们把纳米比亚这部分海岸线称之为"骷髅海岸"，这主要是因为沿着海岸线散落着不少船骸。纳米比亚内陆的布希曼人将这具有荒凉之美的海岸称作"上帝怒火中创造的土地"。沿着海岸线的本格拉寒流带来了很多大西洋鱼类，为前来游玩的钓鱼者及当地人提供了美妙的钓鱼体验。

滩钓鲨鱼

这里的海水虽然冷但是营养物质丰富，生活着很多短尾真鲨，从海岸上投鱼饵也能够得到。这个地方之所以能吸引到这么多前来游玩的钓鱼者，原因之一是在海岸边经常能钓到大型鲨鱼。这里的导游也很能干，他们会把你带到荒凉的沙滩上钓鲨鱼或者其他鱼类。

每当有非常受欢迎的可食用鱼类出现的时候，比如白姑鱼，你在沙滩上就能看到很多当地的渔民。他们捕捞这些鱼是为了把它们送上餐桌而不是为了娱乐。一般前来游玩的钓鱼者会更关心钓鲨鱼的事情。

关键信息

气候： 海岸上很少下雨，但是温度会有变化，而且幅度比较大，在7~35摄氏度（45~95华氏度）。

钓鱼时间： 10月—次年3月是最佳的钓鱼时间。

主要鱼类： 短尾真鲨、白姑鱼、长头石颌鲷、细须雅鲨和大鳍皱唇鲨。

热门地点： 从鲸湾港到斯瓦科普蒙德以北160千米（100英里）的地方。

提示： 注意防晒，即使有云也有可能严重晒伤。滩钓时带上轻便的外套。

法尔与奥兰治河系

非洲南部,南非

南非为前来游玩的钓鱼者们提供了极佳的钓鱼环境,人们既可以钓到海鱼也可以钓到淡水鱼。最著名的淡水鱼可能就是法尔与奥兰治河系中的小口非洲长背鲃和大口非洲长背鲃了。

飞钓非洲长背鲃

在法尔河温暖的河水中钓鱼和在上游用若虫饵在非洲美丽的天空下钓鱼都可以成为来南非游玩一番的理由。在这里的水域中,小口非洲长背鲃和大口非洲长背鲃是人们主要的垂钓对象。它们虽然不好对付,但飞钓的确是应付它们的好方法。非洲长背鲃只有在法尔与奥兰治河系中才找得到,但是南非却有着成百上千千米的河流可以钓鱼,这些水域不仅鱼量丰富,也很容易到达。许多由于水坝形成的湖中可以钓得到鳟鱼。钓到4.5千克(10磅)的

在石头遍布的浅滩行走
法尔河底部铺满了岩石,为非洲长背鲃提供了完美的栖息地。对于捕鱼者而言,蹚水可以很方便地到达这些水域。

鳟鱼不是什么稀奇的事儿,偶尔也能钓到6千克(14磅)的。大多数鱼都是用浮线、仿真的若虫饵还有干蝇饵钓到的。

从飞钓到探险笼潜

除鱼之外,南非还有很多东西值得一看,比如野生动物园,还有很多海洋活动(比如在干斯拜附近笼潜看大白鲨)。

关键信息

气候: 夏季气温在20~32摄氏度(68~90华氏度),冬季在10~25摄氏度(50~77华氏度)。

钓鱼时间: 无论是大口非洲长背鲃还是小口非洲长背鲃,夏天(9月—次年4月)都是钓鱼的好时节。

主要鱼类: 小口非洲长背鲃和大口非洲长背鲃。

热门地点: 所有河流都能提供良好的钓鱼体验,尤其是斯坦德顿附近的法尔河。向当地人寻求钓鱼地点的建议。

提示: 带上适合在热带钓鱼时穿的衣服,注意防晒。带上毛毡底的防水靴和沙砾防护套。

巴扎鲁托群岛

非洲东部，莫桑比克

巴扎鲁托群岛位于莫桑比克陆地海岸24千米（15英里）远的地方。该群岛于1971年成为国家公园，野生动物种类一直很丰富，其中包括种类繁多的海水鱼。

鱼类繁多

巴扎鲁托群岛周围的水十分清澈，为钓各种各样的海鱼提供了绝佳的环境。在环岛稍深的水域中，你绝对能体验到和立翅旗鱼、蓝枪鱼、金枪鱼及旗鱼恶斗的滋味。近海水域中你也可以从船上钓大耳马鲛、大珍鲹、鲷鱼及若干种鲨鱼、鲯鳅和刺鲅。有些地方也很适合饵钓和飞钓。有些飞钓向导眼光比较长远，已经掌握了在该岛的暗礁中钓鱼的技术。

在巴扎鲁托岛的海岸上钓鱼的感觉也很不错。把路亚饵抛到礁石以外的地方钓到大型鲹鱼是有可能的。利用诱饵也可能钓到大型深水北梭鱼。在该岛北端的沙咀上也能钓到鲨鱼、鳐鱼，甚至是大耳马鲛。

游客登岛

对于游客来说，巴扎鲁托岛是个真正的热带岛屿天堂。岛上有一些小旅馆能够满足大多数人的预算需求，但是别奢求这里变成价格低廉、游客众多的旅游胜地。游客通常会从陆地上的维兰库卢什乘飞机或者船过来。这个岛上到处都可以潜水，很多小旅馆也提供相应的设备。幸运的话，游客们还能看到座头鲸、海豚、鲸鱼、蝠鲼和儒艮（一种稀有的海洋哺乳动物），这些海洋生物都是这片水域的。

关键信息

气候：沿海平均气温27摄氏度（81华氏度）。雨季从10月到次年3月。

钓鱼时间：10—12月最适合钓立翅旗鱼。6—9月最适合钓旗鱼。全年都可以在海岸边钓鱼。

主要鱼类：枪鱼（黑色和蓝色）、旗鱼、刺鲅、鲷鱼类鱼种、鲨鱼、金枪鱼和鲯鳅。

热门地点：巴扎鲁托群岛西侧的岩礁能钓到大耳马鲛。

提示：带上预防疟疾的药物和热带钓鱼的衣物，注意防晒。偏光太阳镜也很必要。

在日落时垂钓
热带地区日落时分总是很适合钓鱼。这个时候人们往往能钓到大型鱼类，因为它们在周围觅食。

卡普里维地带

非洲中部，纳米比亚

卡普里维地带位于纳米比亚，与赞比亚、博茨瓦纳和津巴布韦接壤。该地区的河流中生活着虎鱼，这种鱼以凶恶著称。人们习惯用路亚饵钓虎鱼，但是现在用飞钓的也越来越多。

乔贝河与赞比西河交汇地

乔贝河流经卡普里维地带，最终汇入赞比西河中。这里河水营养丰富，吸引了众多小型鱼类，虎鱼便可以充分利用这一点满足自己的胃口。虎鱼主要在6、7月天气较冷的时候出现，这时候当地河水水位也是最高的。接下来天气稍微暖和的时候，钓鱼者们通常会继续向赞比西河进发。向导们会根据自己对当地情况的了解，推断出每天哪里鱼量最大。

乘坐轻便的快艇便可以到达钓鱼的最佳地点。通常情况下，前来游玩的钓鱼者们还能看到聚集在河岸上多种多样的野生动物，有大象、河马、鳄鱼、长颈鹿，还有各种各样的羚羊、水牛，甚至狮子。

岸边船钓
在这些水域，请个向导指导一下是个不错的选择。许多大型动物都在河岸上漫步，钓鱼的时候还可以看看这奇妙的景象。

关键信息

气候：5—10月初白天平均气温26摄氏度（79华氏度）左右，但是早上和晚上异常的冷。

捕鱼时间：6月和7月。

主要鱼类：虎鱼。还有一种当地的拟鲤，用飞钓也很有趣。

热门地点：岸边河水泛滥过后的地方。听听当地导游的建议。

提示：带上防疟疾的药物，注意防晒；带些暖和的外套。时刻提防鳄鱼和河马，它们可能很危险。

虎鱼利齿
虎鱼是非洲外貌最恐怖的淡水鱼之一。它们牙齿锋利，嘴部骨骼结构较多，因此用鱼钩钓起它们十分艰难。

默奇森瀑布

非洲东部，乌干达

壮观的默奇森瀑布位于艾伯特湖上方。在这里，维多利亚尼罗河的水从一个狭窄的间隙喷涌而出，从122米（400英尺）高的地方飞流直下。世界上体型最大的淡水鱼之一——尼罗河鲈鱼，就在默奇森瀑布下方生活着。

生活在纯天然水域中的大型鱼

大多数前来游玩的钓鱼者要么住在默奇森瀑布顶端（也称为卡巴雷加瀑布），要么住在默奇森国家公园（乌干达最大的国家公园）的小旅馆里。要想到达钓鱼的最佳地点，得先走一段路，这段路有些险峻，然后到达瀑布下方河流的边缘地带。尼罗河鲈鱼是如此可敬，以至于花这么大工夫在野外的水边钓鱼是完全值得的。尼罗河鲈鱼比较贪吃，因此长大后体型较大。人们曾钓到的最大的尼罗河鲈鱼重达90千克（200磅）。钓鱼者一般都会在河岸上钓鱼，但是租艘船也是可以的。河水汹涌的时候，需要一些坚固的设备才能搞定它们，但是大多数钓鱼者都会用大一点的路亚饵。飞钓也是可行的。有一点需要提醒：一定要随时注意水上的变化，因为这个地方有很多大型鳄鱼和河马。

大瀑布下钓鱼
只有最具冒险精神的钓鱼者们才敢站在这壮观的瀑布下钓鱼，但是回报也一定不小。

关键信息

气候： 温度在21~30摄氏度（70~86华氏度）。12月中旬一次年2月中旬是干季，6—7月也是。

钓鱼时间： 全年都可以钓到大型的尼罗河鲈鱼。但是1—4月、7—8月才是最好的钓鱼时间。

主要鱼类： 尼罗河鲈鱼。

热门地点： 恶魔之炉（The Devil's Cauldron），瀑布下方的池塘。在池塘里钓鱼的时候，脚步要稳，还要胆子大。

提示： 你需要吃点预防疟疾的药物。质量好点的步行鞋也是有必要的，走下坡路的时候需要用到，这样在石头上或者水边的草上走路脚步也会稳一些。多带一根鱼竿和一套钓鱼装备，以防鱼竿折断或者器材丢失。

肯尼亚沿岸

非洲东部,肯尼亚

肯尼亚有着长长的印度洋海岸线,因而也拥有部分非洲极佳的观光旅游沙滩。在肯尼亚沿海地区,无论是钓枪鱼、旗鱼、剑鱼、金枪鱼等大型鱼类,还是珍鲹、大耳马鲛、刺鲅等小型鱼类,都已有很长一段历史了。

利用飞钓捕捉旗鱼

在肯尼亚大多数钓鱼活动都是在船上进行的。通常都是在离岸海域钓大型迁徙鱼类,好比枪鱼和金枪鱼。但是渐渐地,利用飞钓在印度洋海域钓大型旗鱼也为人们熟知。在深水暗礁处也是有可能钓到珍鲹和琥珀鱼的。

在肯尼亚,对大型鱼类的垂钓通常从7月中旬开始,但是当时海水可能不太稳定。8月中旬钓鱼活动达到高潮,海水也相对平静。此外,主要的迁徙鱼类也从当地水域经过。9月和10月奔巴海峡的金枪鱼数量最多。

不钓鱼的时候,当地有很多动物园,游客们也可以逛一逛,比如著名的马赛马拉国家野生动物保护区、安博塞利国家公园。游客们还可以欣赏到乞力马扎罗山壮丽的景色。

在瓦塔穆钓鱼

远古时代的珊瑚礁已经侵入了海中陡峭的岩层,不少大型鱼类的垂钓都在这里进行。

关键信息

气候: 沿海地区湿度很高。平均温度为28摄氏度(82华氏度),很少跌至21摄氏度(70华氏度)以下。12月—次年3月温度最高,在32摄氏度(90华氏度)左右。

钓鱼时间: 全年都可以钓鱼,但是11月—次年3月海水稍微温暖平静一点的时候比较好。

主要鱼类: 枪鱼、旗鱼、剑鱼、珍鲹、刺鲅、黄鳍金枪鱼、鲯鳅。

热门地点: 瓦塔穆。曼达湾因为非常适合利用飞钓捕捉旗鱼也越来越有名。

提示: 带上预防疟疾的药物非常重要。咨询一下是否有必要带上预防其他疾病的药物。适合热带钓鱼的衣物也要带上,注意防晒。

塞舌尔群岛

印度洋，非洲东部

塞舌尔群岛位于热带，是世界最佳旅游目的地之一。该群岛位于距离肯尼亚东部海岸 1600 千米（1000 英里）的印度洋中。塞舌尔群岛风光旖旎，温暖的海水中生活着各种各样的鱼类。

偏远的环礁岛

前往塞舌尔群岛的游客中很少有人能意识到，距离休闲酒店、沙滩和小旅馆很远的地方有印度洋受人类活动破坏较少的水域。主要的几个岛屿西南方几百英里处有荒无人烟的环礁岛，那里可以为人们提供世界上最棒的钓鱼体验，尤其是海水飞钓。要想到达这些偏远的环礁岛，人们通常从主岛马埃岛乘坐私人包机，然后降落在阿方斯环礁岛或者法夸尔环礁岛的飞机跑道上。到达阿方斯或者法夸尔之后，人们登上"母船"，开往主要的钓鱼地点：科斯莫莱多环礁、阿斯托夫岛和普罗维登斯。在钓鱼期间，"母船"就是大家晚上要回来的地方。每天早上人们会乘坐小船到浅滩。在这些环礁岛上也没有任何基础设施，因此一切事情都要在母船上进行。仔细选择一家专业的旅游公司也很重要，确保他们能提供一些钓鱼必备的服务和设施（比如向导和住宿）。

浅滩及深水鱼

几乎没有受到人类活动影响的海域往往非常适合钓鱼。在塞舌尔偏远的环礁岛上，可以在天然的沙滩、珊瑚和泰莱藻上进行浅滩钓鱼活动，钓鱼的时候凭肉眼就能看到大珍鲹、北梭鱼、遮目鱼、炮弹鱼

广阔浅滩

环礁岛有很多偏远的浅滩，那里大珍鲹、北梭鱼、遮目鱼数量众多，这一点非常有名。不过很多地方都没有人来钓鱼。

关键信息

气候： 全年平均气温在30摄氏度（86华氏度）左右。

钓鱼时间： 11月—次年4月初。

主要鱼类： 大珍鲹、北梭鱼、遮目鱼、炮弹鱼、旗鱼、金枪鱼、刺鲅和蓝鳍鲹。

热门地点： 科斯莫莱多环礁岛和阿斯托夫岛周围的水域以大珍鲹数量众多著称。

提示： 带上高倍的太阳镜及适合热带钓鱼时穿的衣物。需要特别注意的是，你需要专门的浅滩靴，以防在珊瑚和岩石上行走的时候摔倒受伤。

和其他鱼类，比如大型的鹦哥鱼和拿破仑隆头鱼。这些环礁岛周围的水域中也生活着很多其他海洋鱼类，比如旗鱼、金枪鱼和刺鲅。

虽然一般认为科斯莫莱多环礁是世界上通过目视钓法就能钓到大量大珍鲹的主要地点，但是每年来这个地方钓鱼的人并不多。阿斯托夫岛和普罗维登斯的垂钓者也很少。

美丽的北梭鱼
这种美丽的热带鱼有些体型较大，它们在浅滩上觅食，给有冒险精神的钓鱼者提供了世界上最棒的海水飞钓体验。

绿海龟是塞舌尔群岛周围众多海洋生物之一。在阿斯托夫环礁岛上看到大海龟的概率也很大。在这些水域钓鱼的时候，要小心周围潜行捕食的鲨鱼，它们可能会突然出现在浅水区中。这可是真正的在野外钓鱼。

北领地

澳大利亚

澳大利亚广阔的北领地以钓鱼胜地闻名。那里海岸线大部分比较平缓,还有大片的红树林沼泽,这些都为澳大利亚最著名也最受欢迎的鱼之一——澳大利亚肺鱼提供了极佳的生存环境。

水边日落
温暖的时候,天气晴朗,黄昏时分最适合钓鱼。这时候也可以生起火来,把你钓上来的鱼做成美味佳肴。

环境管理

达尔文围以优质的澳大利亚肺鱼垂钓体验著称。最著名的钓鱼地点有附近的卡卡都国家公园、玛丽河、戴利河和荫凉营地。这些地方得到了妥善管理,保护政策也严格执行,因此全年都可以进行竞技钓鱼活动。钓鱼者们有时候还能钓到"冠军肺鱼",也就是体重超过18千克(40磅)的澳大利亚肺鱼。大多时候人们都乘着船拖着路亚饵钓鱼,但是很多钓鱼者觉得最好玩的方式是直接把饵料扔进水里的障碍物附近或者障碍物里面(比如沉在水中的树),这样还能体验一把跟澳大利亚肺鱼较劲时胳膊被拽到一边的感觉。其他鱼类,比如大珍鲹和枪鱼,也生活在这里。北领地还有一个专业的导游网络,导游数量众多,很多地方都有,他们能帮助游客找到最佳的钓鱼地点。想体验刺激的游客可以去更偏远的地方,比如一些离岸岛屿。

其他看点

在这片水域中还生活着咸水鳄鱼。这里的森林、水潭及潟湖中生活着各种各样的鸟类。卡卡杜国家公园里还有一处重要的文化遗址。

关键信息

气候:典型的热带气候。降水集中在11月一次年4月。5—10月是旱季。气温在24~32摄氏度(75~90华氏度)。

钓鱼时间:3—6月最适合钓澳大利亚肺鱼。

主要鱼类:澳大利亚肺鱼;还有很多深水鱼类,包括大耳马鲛、金枪鱼和大珍鲹。

热门地点:戴利河和玛丽河水系。

提示:带上适合热带钓鱼时穿的衣物。注意防晒。

凯恩斯

澳大利亚，昆士兰

长久以来，在很多人眼里，澳大利亚昆士兰沿岸的凯恩斯周边一直是世界上钓大型鱼类的中心之一。每年那里的大立翅旗鱼可能是世界上质量最好的，游经那里的立翅旗鱼数量也可能是最稳定的。

大立翅旗鱼

每年的9月初，大型的雌性立翅旗鱼都会来到凯恩斯附近的大堡礁产卵。这些美丽的鱼吸引了众多钓鱼者。1996年，有人在尤斯顿礁附近钓到一条重达480千克（1064磅）的枪鱼，从那以后，凯恩斯的枪鱼渔业便闻名世界了。从此，世界大型鱼类的地图上便多了凯恩斯这个地方。人们来这里的目的就是钓454千克（1000磅）以上的立翅旗鱼，这样的鱼被称为"超级枪鱼"。

用轻型装备钓鱼

尽管人们一般把凯恩斯当作大型鱼类的垂钓地，但是这里鱼类众多，用轻型装备同样可以钓到很多鱼。大量太平洋鱼类常常会经过凯恩斯附近的水域，有金枪鱼、刺鲅、鲯鳅、旗鱼和西班牙马鲛鱼。当地有很多包船，可以在上面进行拖钓和饵钓。昆士兰北部广阔的热带气候地带正迅速成为最热门的飞钓地点，这里有大珍鲹、澳大利亚肺鱼、枪鱼及各种金枪鱼。凯恩斯北部的约克角半岛，是最适合进行飞钓的地点之一。

> **关键信息**
>
> **气候**：热带。11月—次年5月是雨季。11月—次年3月温度会超过30摄氏度（86华氏度）。6、7月相对较冷。
>
> **钓鱼时间**：9—12月末是最适合钓立翅旗鱼的。
>
> **主要鱼类**：立翅旗鱼和蓝枪鱼、澳大利亚肺鱼、狐鲣、大珍鲹、旗鱼、黄鳍金枪鱼、刺鲅。
>
> **热门地点**：凯恩斯全年都可以船钓。约克角适合飞钓，也适合用轻型装备钓鱼。
>
> **提示**：别忘了带上热带钓鱼必备的衣物。注意防晒。带上偏光太阳镜。

枪鱼跃出水面
钓大型鱼类的时候，最令人兴奋的场景之一就是上钩的枪鱼跃出水面想要挣脱鱼钩的时候。

塔斯马尼亚岛

澳大利亚

塔斯马尼亚岛位于澳大利亚大陆南240千米（150英里）的地方。这座多山的岛屿上有大河、溪流和湖泊共计3000多处，以优质的鳟鱼垂钓体验著称。沿岸也可以钓海鱼，体验也不错。

内陆和沿海钓鱼

褐鳟在19世纪的时候被引入塔斯马尼亚岛，它们在这里的生存稳定下来之后，北美的虹鳟鱼也被引进来了。上述两种鳟鱼，加上少量溪红点鲑和有限的大西洋鲑鱼，是吸引人们来到塔斯马尼亚岛的主要原因。塔斯马尼亚岛风景壮丽多样，

钓鳟鱼

塔斯马尼亚岛风光旖旎，生活着鳟鱼的河流景色动人，而且这里气候温和，这一切都使得在这里钓鱼成为一种享受。

在这样的环境中钓鳟鱼已经越来越受到澳大利亚内陆及世界其他地区飞钓捕鱼者的喜爱。

在塔斯马尼亚岛上，你能见到鳟鱼在极浅的水中交尾，就好像北梭鱼在热带浅滩上交尾一样。该岛上有很多著名的湖泊，比如阿瑟湖、格雷特湖，还有很多著名的河流，比如曲流河、圣帕特里克河和野马溪。不过，在大家不太熟悉的地方也能钓到优质鳟鱼。很多大型私人渔船在沿海水

关键信息

气候： 极端温度很少出现。西海岸最为潮湿，东部干燥一些，气候也更温和。全年都有可能下雨。夏天平均气温为21摄氏度（70华氏度），冬季平均气温为12摄氏度（54华氏度）。

钓鱼时间： 8月—次年4月适合钓鳟鱼。全年都适合钓海鱼。

主要鱼类： 褐鳟和虹鳟，枪鱼、金枪鱼、鲨鱼和澳大利亚鲑鱼。

热门地点： 阿瑟湖是最受欢迎的鳟鱼垂钓地。塔斯马尼亚北部有很多河流中鳟鱼数量众多。圣海伦是钓大型鱼类的中心之一。

提示： 多带几件衣服。在河里钓鱼时穿上可透气的防水服很有必要。

澳大拉西亚

域钓枪鱼、鲨鱼和金枪鱼。圣海伦是个钓枪鱼的好地方。塔斯曼半岛离岸处的玛丽亚岛最适合钓金枪鱼。还有许多其他鱼类，比如澳大利亚鲑鱼、鲔、黄尾鲕、笛鲷等也能在离岸处捉到。

野生动物的天堂

塔斯马尼亚岛很少受到人类活动的影响，人口稀少，有19个国家公园。就钓鱼而言，最著名的有本洛蒙德山、威廉山、塔斯曼山和萨维奇河。这些地方的景致各具特色，也有自己独特的生态系统。很少有地方能够有这么丰富的物种，并且能让人全年都可以钓鱼。

塔斯马尼亚岛东南部的广阔区域，此外还有麦夸里岛，都属于世界遗产。每年有大量海鸟返回岛屿繁殖，那里还有大量的海洋动物，比如海象和海豹，这些都说明该地区鱼类储量丰富。

在塔斯马尼亚群岛的湖中钓鱼
塔斯马尼亚很多湖都没有受到人类活动的破坏，能为你提供世界级的鳟鱼垂钓体验，也十分有利于观察鱼群。

新西兰

太平洋西南部

新西兰的岛屿景色十分美丽，有很多钓鱼的机会。大型褐鳟、虹鳟和鲑鱼经常出现在这里的河流与湖泊中。站在广阔而多样的海岸边，可以钓到各种各样的鱼。

北岛

北岛是钓虹鳟的主要地点，那里有很多颇受欢迎的钓鱼地点，比如陶波湖和著名的罗托鲁阿湖。每年5—9月，大虹鳟会游到汤加里罗河产卵，吸引了很多

陶波湖
在新西兰的北岛上，人们可以获得极佳的钓鱼体验，比如中央平原上的陶波湖。

钓鱼者。北岛上还有一些著名的褐鳟垂钓地点，尤其是在靠近陶波湖的中部平原上。

夏天的时候，在该岛北部的海边钓条纹枪鱼和在世界其他地方一样是种享受。在这片水域曾创下很多世界纪录。从2月到5月底，大量条纹枪鱼聚集在一起，它们以被洋流上涌带来的鱼儿为食。这些被洋流带来的鱼儿聚集在普伦蒂湾和三王岛周围。被钓到的蓝色枪鱼数量也越来越多。

新西兰还有一种著名的海鱼，叫"黄尾鲕"（当地人称之为"kingie"）。世界上已知的体型最大的黄尾鲕就是在这片水域被钓到的。普伦蒂湾、三王岛、怀特岛和兰弗利岸周围尤其多。

南岛

美丽的南岛以优质的褐鳟垂钓体验著称。大多数河流和湖泊中都生活着众多大型鱼类。而如果想体验飞钓，得深入偏僻的地区，在清澈的水中寻找鱼儿。在整个南岛上你都能钓到鳟鱼，但是最好的地方在西边：南地、奥塔哥及峡湾区。11月—次年3月期间拉凯阿河、怀马卡里里河、胡鲁努伊河与怀奥河中会有鲑鱼。

新西兰以优美的风景和舒缓的生活节奏闻名。它的户外活动文化氛围浓厚，吸引了很多游人，新西兰可以为他们提供很多户外活动的机会。

关键信息

气候： 新西兰北部为亚热带气候，南部为温带气候。夏天温度在20~30摄氏度（68~86华氏度），冬天气温在10~15摄氏度（50~59华氏度）。

钓鱼时间： 夏天适合钓鳟鱼，2—5月适合钓枪鱼。其他鱼类全年都可以钓。

主要鱼类： 褐鳟和虹鳟，条纹枪鱼、立翅旗鱼和蓝枪鱼，黄尾鲕。

热门地点： 陶波湖适合钓虹鳟，南岛有褐鳟。普伦蒂湾可以钓各种海洋鱼类。

提示： 多带几件衣服，以防温度变化。

钓鳟鱼

新西兰的水清澈见底,风景宜人,是飞钓的主要地点。这里的宁静是无与伦比的,许多鱼成年后体型巨大。

夏威夷

太平洋

太平洋中部的火山岛可以为人们提供多种类型的优质钓鱼体验。主要岛屿有8个,许多面积稍小的岛屿分布在该州从西到东2400千米(1500英里)的海上。

大型鱼类

夏威夷州很多岛都有专门的船只,全年在海上钓各种大型海水鱼类,比如蓝枪鱼、立翅旗鱼和条纹枪鱼,还有各种金枪鱼(鲣鱼和黄鳍金枪鱼)、旗鱼、刺鲅和剑鱼(也被称为"鱀鳅鱼"或"海豚鱼")。此外还有很多大鲨鱼以及许多喜欢在水底觅食的鱼类,比如鲷鱼和石斑鱼。

很多时候为了钓到大型鱼类,得用船把鱼饵放到水底,然后用船拖着。很多岛屿近岸处水很深,而背风面由于有山的遮挡,水面最为平静。

体重超过454千克(1000磅)的枪鱼被称为"超级枪鱼",很多人在夏威夷尝试钓"超级枪鱼",而且成功了,这在世界上十分有名。该岛还举办很多大型鱼类锦标赛,比如世界杯、拉奈岛大赛、拉海纳镇大奖赛,此外还有夏威夷国际枪旗鱼大赛,这个比赛在科纳岛上已经举办超过50年了,比赛是按照国际钓鱼运动协会的规定和要求举办的。

岸边钓鱼
从布满岩石的岸边和礁石上进行饵钓,巨浪涌过使人心情舒畅,在这里能钓到鲹鱼和鲷鱼。

岸边钓鱼

在夏威夷岛屿的海岸上可以钓大型大珍鲹，这在世界上很少见。当地人把这种鱼称作"竹荚鱼"，利用长而有力的船抛竿、倍增鱼轮和重一些的线及铅坠，把活饵放在深水岩石缝隙中，就能钓到很多大珍鲹。在夏威夷，越来越多的人也开始钓小型鱼类，比如美丽的蓝鳍鲹和梭子鱼，这些鱼用轻型装备就能从礁石和多沙的海峡中钓到。用飞钓的方式钓北梭鱼也越来越流行了。

钓鱼比赛
夏威夷国际枪鱼大赛中，一艘巨型钓鱼渔船离开科纳港，并经过一排内岛船队。

高级冲浪

除钓鱼之外，在夏威夷还能享受到世界上最棒的冲浪体验。瓦胡岛的筒状巨浪处和怀梅阿的海浪十分传奇。

关键信息

气候：夏威夷全年气候温暖，温度在20~28摄氏度（68~82华氏度）之间。12月一次年3月是雨季。

钓鱼时间：全年都可以钓到枪鱼，但是7、8月是钓大型蓝枪鱼的主要时期。许多其他鱼类全年都可以钓到。

主要鱼类：枪鱼、金枪鱼、大珍鲹（竹荚鱼）、蓝鳍鲹、梭鱼类、鲷鱼、刺鲅、剑鱼、鲨鱼和琥珀鱼。

热门地点：大多数岛屿都可以钓到大型鱼类。瓦胡岛东南海岸以大珍鲹著称。

提示：带上热带钓鱼时需要的衣物，注意防晒。优质大型船需要提前预订，所以一定要计划好。

词汇表

Adipose fin 脂鳍： 背鳍和尾鳍之间的小鳍。

AFTMA/AFTM： 美国渔具制造者协会，也被称为 AFTM。AFTM 编码指的是将飞钓竿和钓鱼线对应起来的编码。AFTM 编码是世界通用的指标，它以 9.1 米（30 英尺）的钓鱼线重量为基础。生产商会将飞钓竿和与之合适的钓鱼线匹配起来，这样钓鱼竿才能更有效地将钓鱼线投掷出去。人们通常认为鱼轮能够与某些 AFTM 编码匹配起来。

Algae 藻类： 没有根的简单植物，是很多鱼类和小型海洋生物的食物来源。

Anadromous 溯河产卵的鱼类： 指在淡水中出生，迁徙至咸水中，最后回到淡水中繁殖的鱼类。

Anal fin 臀鳍： 肛门后的鳍。

Back-cast 后抛： 抛投时鱼竿和鱼线都在抛鱼竿的人身后。

Backing 备线： 鱼轮（多用于飞钓轮）上的细线，通常用来增加线轴的直径。

Bag limit 捕捞量限制： 从某一特定水域带走的鱼不得超过一定数量或重量。

Bait 鱼饵： 放在鱼钩上用来钓取鱼类的诱饵（活饵或死饵），既包括天然的也包括人工加工过的。

Bait clip 饵夹： 在抛竿时确保鱼饵不从钩上掉下来的夹子。

Baitfish 饵鱼： 用作鱼饵的鱼。

Bale arm 线挡： 纺车式鱼轮的一部分，将鱼线引导至线轴上。

Barbel 鲃鱼/鱼的触须：（1）指一种鱼；（2）指鱼类唇边的触须。

Blood knot 血结： 将鱼线与鱼钩、飞蝇饵或路亚饵固定与连接的最常用打结方式。

Bluewater 深海： 开阔海域的深水地带。

Brackish water 微咸水： 微咸的水，如河流淡水流入海水中的水域。

Braid 编织线： 直径小、延展度低的钓鱼线，由几股人造纤维编织在一起。

Breaking strain 断拉力： 拉断一条线所需的重量，通常以千克或磅来表示。

Butt pad 竿垫： 在与鱼搏斗时，通常在腹股沟或下腹部位戴一个支住钓竿底的保护垫。

Caddis fly 石蚕飞蝇饵： 重要的水生昆虫，飞钓者使用的拟饵。

Cast 抛竿： 将路亚饵、鱼饵或者人工模拟制造的飞蝇饵用鱼竿和鱼线抛至水中。

Casting arc 抛竿幅度： 是抛掷飞钓竿过程中行进的弧线。飞钓指导者通常用模拟时钟的角度来描述抛掷时圆弧的各个部分。

Caudal fin 尾鳍： 鱼尾上的鳍。

Chum 碎肉饵： 将切碎的鱼和其他的诱鱼饵，如鱼油，在海上船钓时抛入水中诱鱼。也被称为"红宝石末"。

Clutch 离合器： 鱼轮上的拖拽系统。

Coarse fish 非竞技性鱼： 其他淡水鱼，与被归类为"竞技大类"的鱼，如鳟鱼、红点鲑、茴鱼和鲑鱼不同。

Dapping 点钓： 飞钓技术，指把飞蝇饵轻放在水表面，通常在辽阔的静水中。

Dead bait 死饵： 任何用于钓鱼的死鱼或生物。

Dead drift 自由漂流技术： 使飞钓钩自由漂浮在水中，与水流等速漂流。

Dorsal fin 背鳍： 鱼背上的鳍，位于脂鳍前端。

Double-haul 双手投送法： 一种用于提高抛线速度的飞钓技术。

Downrigger 深水拖钓设备： 一种固定于船

词汇表

上的装置,它用缆绳和重铅坠拖拽鱼饵和路亚饵于一定水深,用于消除对钓线上铅坠的需要。

Drag 拖拽: 在鱼轮的线轴内部施加压力,使它更难转动,让鱼在中钩时想逃脱就更为艰难。

Drogue 浮锚: 一种拖在船后用来降低速度的装置,一般是帆布制作的,呈圆锥状。

Drop off 陡降: 从浅水到深水的突然下降。

Dry fly 干蝇饵: 垂钓时浮在水面上的任何一种飞蝇饵。

Ebb tide 落潮: 退潮或落潮。

Eddy(back eddy)涡流(反向涡流): 一种水流或流向,向主要水流流向相反的方向运动。

Fixed-spool reel 纺车式鱼轮: 一种包含非旋转线轴的钓鱼鱼轮。

Flasher board 闪光板: 一种绑在鱼饵或路亚饵前的反光或彩色的光板,作为额外的视觉吸引。

Flats 浅滩: 钓鱼者涉足的浅水水域,通常为内海咸水区。

Floating fly line 全浮型飞钓主线: 用可漂浮在水面上的材料制成的飞线。

Flood tide 涨潮: 潮水涨起或升起。

Forward cast 前抛: 抛线时鱼线在垂钓者面前被抛掷的一部分。

Fry 幼鱼: 一种处于发育早期的鱼,尤其指鲑鱼或鳟鱼。

Game fish 竞技鱼类: 有时也被称为运动鱼类,任何受竞技钓鱼法规管制的淡水及海水鱼类。

Gills 鳃: 鱼类的血管器官,用于水上呼吸。

Gravel guard 沙砾防护套: 包在脚踝上的单独的氯丁橡胶套,或者是夹在涉水靴上的一部分,以防止碎石进入靴子。

Grilse 洄游产卵的鲑鱼: 从大海洄游到河流中的第一次产卵的年幼大西洋鲑鱼。

Gully 沟渠: 由水流形成的(通常是小的)水道。

Hooklength 钩长: 与鱼钩连接在一起的那条线,通常称之为"前导线"。钩长和鱼钩一起构成子线。

IGFA 国际钓鱼协会: 该组织总部设在佛罗里达州(美国),为渔具制定标准,并保存所收录鱼类的清单。

Indicator 指示标: 垂钓者可以直观地用以检测鱼咬钩迹象的方法,通常是用浮标或漂浮小物体固定在飞钓线末端。

Jig 铁板路亚饵: 一个用来诱鱼的可猛烈跳动的路亚饵(或钓组)。

Kelt(产卵后的)鲑鱼: 近期产籽的鲑鱼或硬头鳟。也正因此,这个时期的鱼状态不佳。

Lateral line 侧线: 在许多鱼身上发现的可见线,由一系列感觉孔组成。

Leader 前导线: 主线与鱼钩、路亚饵或飞蝇饵之间的连线长度。

Ledger 底钓: 用鱼饵在水底钓鱼。

Lever drag 手刹车: 一种鱼轮上的泄力系统,通过调节鱼轮上的手刹装置泄力。

Lie 栖息处: 通常指水中安静的地方,鱼会在那里躲藏、休息或进食。

Livebait 活饵: 通常指有生命的鱼饵。

Loading/compressing the rod 加载/压缩鱼竿: 抛掷时使鱼竿形成弯曲状,为抛竿创造动力。

Loop 圆环: 在前抛或后抛飞钓线时,展开的飞钓线内形成的形状称之为"圆环"。

Lure 路亚饵/假饵: 系在钓线末端的用来诱鱼的人造物体。

Mainline 主线: 鱼轮上的主要钓线。

Mending 修正： 一种当飞钓线落在水面后产生更少拖拽力的方法。

Migrate 迁移/溯游/洄游： 从一个区域迁移到另一个区域。在钓鱼业中，指的是鱼类从一个区域到另一个区域的大型季节性运动，通常是为寻找食物或繁殖。

Monofilament 单丝线： 由一股尼龙长丝制成的钓鱼线。

Multiplier reel 鼓式鱼轮： 一个配有旋转轴的鱼轮，拉起时能使杠杆力倍增。

Neap tide 小潮： 高、低水位之间落差最小的浪潮，在上弦月和下弦月出现的期间发生。

Nymph 若虫/仙女饵： 许多昆虫的不成熟阶段，通常被模拟成飞蝇饵。

Outrigger 舷外托架： 从船上延展出的钓竿，能让几条鱼线同时垂钓而不会发生缠绕。

Pan-fish 食用鱼/小鱼： 属太阳鱼科。也用于描述特指在美国的任何可食用的小型淡水鱼。

Pectoral fins 胸鳍： 鱼身上的前鳍，通常位于鳃的两侧。

Pelagic 浮游鱼类： 涉及公海和广阔的海洋，浮游鱼类是那些大部分时间生活在开阔海洋上部的鱼类。

Playing 遛鱼： 与上钩的鱼斡旋，得以让鱼在疲惫后被捕获卸钩。

Plug 栓型路亚饵： 通常被设计成用来抛掷的一种路亚饵。

Point fly 点飞： 在距离主飞线最远的一组飞蝇饵中的最后一个飞蝇饵。

Popper 波爬路亚饵： 一种表面凹陷的水面诱饵，当从水面拉回时，会发出"啪啪"声。

Presentation 显饵： 抛掷飞蝇饵于水上或水中的方式，并尽可能以最自然的方式呈现鱼饵给鱼。

Reel seat 轮座： 将一个鱼轮固定在钓竿上的配件。

Retrieve 回竿/回饵： 在抛饵后，将飞蝇饵、路亚饵或饵料拉回到垂钓者处，用手（用于飞钓）或用鱼轮的手柄（用于路亚和饵钓）。

Rig 钓组： 末端装置或终端钓具，其部件组装在一起并连接在鱼线上。

Rise 浮起： 鱼冲开水面来捕食昆虫的行为。

Run 跑鱼/河水流动：（1）快速游动来远钓鱼者的已中钩鱼。（2）河流的快速流动。

Running line 细鱼线： 飞线的纤细部分，在飞线前端之后。

Sandbank 沙洲/沙滩： 通常指被淹没的海岸或海边高地的沙地，但在退潮时可以显露出来。

Scales 鳞片： 覆盖在鱼皮上的保护层。

Setting the hook 设钩： 确保鱼钩固定于鱼嘴。也称为"撞钩/中钩"。

Sight-casting/sight-fishing 目视钓鱼法： 垂钓或者抛竿于你可见的鱼类。

Sinking fly line 下沉飞线： 一种由能完全沉入水下的材料制成的飞线。

Sink-tip 下沉提示： 一条漂浮飞线，末端有一个下沉部分，长度各不相同。

Slack tide 憩流： 退潮和涨潮之间的短暂时期，当水流处于近乎停止流动的状态。

Smolt 幼鲑： 初次由河入海的小鲑鱼。在这个阶段，鱼身具备成年鲑鱼的银色外表。

Snag 障碍物/设置障碍：（1）会挂住路亚饵、鱼钩和铅坠的礁石或多礁的水底。（2）在水下障碍物（如岩石或倒下的树）上安装钩、路亚饵或铅坠。

Spawn 卵/产卵：（1）鱼产的卵。（2）鱼产卵或产卵的行为。

Spin 旋转： 用旋转路亚饵或者一般路亚饵

钓鱼。

Spinner 旋转饵：一种钓鱼的路亚饵，通常在回竿时旋转。这个术语也更广泛地用来指各种各样的路亚饵。

Spool 线轴：鱼轮缠线的那一部分。

Sport fish 竞技鱼：钓鱼者所钓的对象。

Sport fishing 钓鱼运动 / 竞技钓鱼：为了娱乐与竞技，用任何方法来追逐和钓取鱼类的活动。

Spring tide 大潮：高水位和低水位之间落差最大的潮汐，发生在新月和满月时。

Strike/striking 撞击 / 撞钩 / 中钩：当鱼咬钩时，把鱼竿向后拉以固定鱼钩。

Stripping/strip retrieve 回线：用手把飞线收回。

Stripping basket 飞钓线收纳包 / 收线篮：围在垂钓者腰部的穿孔"篮"，储存收回鱼线时多余的飞线，将其收回缠绕在鱼轮上。

Swim 垂钓区：江河、湖泊等垂钓者钓鱼的地方。

Swim bladder 鱼鳔：使鱼能控制浮力的内部器官。

Tag/tag end 线头 / 线端标记：在打结后被剪短的线头部分。

Take 咬饵：鱼咬饵料或击中路亚饵的动作。

Taper 变径线段：朝向鱼钩方向，直径逐渐减小的飞线部分。

Tapered leader 变径导线：从粗到细逐渐变细的前导线，较细一端系在飞蝇饵或路亚饵上。

Terminal tackle 终端钓具：又称"末端装置"，如钩、路亚饵、铅坠和转环，连接到鱼线末端。

Tide 潮汐：月球和太阳引力引起的海洋表面的规律性变化。

Tippet 提线：前导线较细的末端，系着飞蝇饵。

Trace 子线：钓组的一部分，由连接在一起的鱼线和鱼钩组成。

Troll 拖钓：在移动的船后面拉动路亚饵或鱼饵钓鱼。

Vent 排泄口：鱼的肛门。

Waders 涉水服 / 防水服：到臀部或胸部的连体防水长裤，通常包括靴子，是垂钓时的穿着。

Weight-forward（WF）fly line 重量前置的（WF）飞线：大部分重量在鱼线正前方的飞线，因此更容易被抛掷。

Wet fly 湿蝇饵：任何用于在水面下钓鱼的飞蝇饵。

Wet wading 湿涉：不穿防水服涉水，通常在热带水域，穿合适的鞋子。

Wind knot 风结：抛竿时可能出现在导线或主线上的一种结，通常见于编织线或飞线中，这会使鱼线力量减弱。

致谢

作者致谢

谨以此书献给我身边的四个女孩：妻子艾拉，她是我认识的最善良的人；两个女儿，伊莎贝尔和莫莉；当然还有我那无比忠诚的牧羊犬，杰西。没有她们也就没有这本书。我真诚地感谢她们始终支持着我。艾拉，谢谢你，你让我成为一名父亲，这给我带来的快乐是我之前无法想象的。此外，还要感谢我的父母和两个兄弟。

下面也是我要感谢的：尼克·哈特，他非常善于指导人们进行飞钓；格雷厄姆·希尔；詹姆斯·沃布里克·史密斯；皮特·迈克劳德（来自现有最好的飞钓旅游公司 Aardvark McLeod）；格哈德·劳布金尔和 FlyGastawy 的向导们（他们是业内最好的）；德尔·汤普森；克里斯·沃伦；肖恩·芬顿；Hardy & Greys 公司的朋友们；约翰·贝利和斯蒂夫·麦奎尔（这两位钓鱼者在爱尔兰帮了我不少忙）；爱尔兰旅游局；普利茅斯所有我认识并尊重的钓鱼者们；罗德尼·古德施；我曾合作过的诸位杂志编辑；所有喜欢收看我电视节目的观众；世界各地我曾遇到并拍照记录下的钓鱼者；麦尔斯·埃塞克斯；卡托·贝克福德；克里斯蒂安·凯斯基塔罗；艾迪·里德；戴夫·博克斯；阿拉斯泰尔·布鲁；艾德·特鲁特尔；里基·雅各布；所有为我摄影提供帮助的器材公司和为这本书提供照片的摄影师。同样也感谢那些我没有提及但是曾帮助过我的人，非常抱歉没能将你们的名字列在这里。

如果没有 Schermuly Design 的休、凯西、斯蒂夫等人的帮助，这本书同样不可能完成。除此之外还有 DK 的理查德和斯蒂芬妮，也向你们致以真诚的谢意。

出版单位致谢

Dorling Kindersley 和 Schermuly Design 公司向以下为这本书提供帮助的人们致谢：贝基·亚历山大、约翰·贝利、尼克·海鲁尔、西蒙·皮特斯和海伦·舍尔穆利。我们也要感谢所有慷慨提供渔具照片的生产商们：Delkim, Drennan, The Friendly Fisherman, Gardner Tackle, Hardy Greys, Korda, Masterline, Rok-Max, Sportfish 和 Veals。

致谢

图片版权

本出版公司想要向以下公司表示感谢，感谢他们对我们复制其图片的许可：

(Picture Key: a = above; b = below/bottom; c = centre; f = far; l = left; r = right; t = top)

Alamy Images: Arco Images 217t; blickwinkel 305ca; Feargus Cooney 306ca; Reinhard Dirscherl 215t; Javier Etcheverry 297b; David Fleetham 240t; David Gowans 300cra; Jeff Greenberg 27tr, 29tr; D. Hurst 338-339b; Images&Stories 207fbr, 230tr; Jeff Morgan tourism and leisure 218tr; David Kleyn 208-209b; Detail Nottingham 81fcrb; M. Timothy O'Keefe 258t; M.Timothy O'Keefe 295ca; f1 online 313cr; Photo Network 19cr, 24fbl; Wolfgang Polzer 206c, 223t, 224b; Dave Porter 211b; Robert Harding Picture Library Ltd 19tr, 20br; CuboImages srl 312b; Stephen Frink Collection 233fbr, 233ftr, 265b, 267fbr; Scottish Viewpoint 301c; Chris Wilson 317b; Andrew Woodley 339t; Ardea: Pat Morris 237t; John Bailey: 316ca; William E. Blair (The Best Of Kamchatka, www.thebestofkamchatka.com): 315b; Dean Butler 165cl, 332ca, 333b; Corbis: Blaine Harrington 111 290ca; Arno Balzarini 311b; Bettmann 18-19c, 19br, 23br; Chinch Gryniewicz 329ca; Kit Kittle 289ca; Karl Weatherly 24br; Roger Wood 21t; Peter Gathercole: 188br, 189br, 189t; Getty Images: Jack Hanrahan 287ca; Henry Gilbey: 1t, 2-3c, 4c, 5c, 6-7c, 9fbr, 10b, 10-11tc, 12-13b, 13tc, 14-15c, 26-27c, 27/br, 27cr, 28b, 29b, 30b, 31t, 32-33bg, 33tr, 34-35c, 35tr, 331t, 32bl, 37c, 38b, 39tc, 39tr, 44ca, 60bl, 60cra, 61bl, 61cl, 61br, 63tr, 64t, 67b, 67cb, 75b, 75cla, 78-79c, 81t, 84-85c, 87br, 87clb, 87cr, 87crb, 87tr, 88bl, 88ca, 88cl, 89b, 89cl, 89tr, 90bl, 90br, 90ca, 91b, 91cl, 91cr, 91tr, 92bl, 92br, 92ca, 93bc, 93bl, 93br, 93t, 94bl, 94br, 94ca, 95b, 95clb, 95cra, 95t, 96ca, 97b, 97crb, 98cra, 99tr, 102bl, 103br, 103cr, 106c, 107c, 109cr, 118br, 119bl, 119cl, 119r, 120-121c, 122b, 123bl, 123br, 123tl, 123tr, 127tr, 130br, 130ca, 131b, 131ca, 132c, 133br, 133cr, 133tr, 134-135b, 135crb, 135tl, 135tr, 136br, 137b, 137cra, 137tl, 138b, 139bl, 139br, 139c, 139tl, 140b, 140ca, 141br, 141tl, 141tr, 142-143c, 143br, 143cr, 143tl, 143tr, 144-145b, 145br, 145cr, 145t, 150br, 151br, 151cr, 151t, 152b, 153bl, 153c, 153tr, 154bl, 155br, 155ca, 156bl, 157clb, 157t, 158bl, 158cr, 159cl, 159tr, 160bl, 160cr, 161bl, 161br, 161t, 166c, 167br, 167cr, 167tr, 168b, 168cra, 169bl, 169br, 169t, 170-171b, 171t, 171tl, 171tr, 172b, 173br, 173c, 173tr, 174br, 174-175t, 175bl, 175cra, 177br, 178bl, 179clb, 179cr, 179crb, 179t, 180br, 180ca, 181bl, 181br, 181t, 182-183b, 183br, 183cl, 183cr, 184bl, 184-185br, 185cr, 186b, 186ca, 187br, 187c, 188bl, 190br, 191clb, 191crb, 191t, 192bl, 192ca, 192-193br, 193br, 193cla, 194b, 195b, 195t, 198bl, 199br, 199t, 200bl, 200ca, 201br, 201t, 202-203c, 205ca, 207fcr, 222b, 226b, 227t, 228b, 229tr, 231b, 233fcr, 236b, 248tr, 255t, 256t, 266t, 270t, 274t, 280-281c, 283ca, 284-285b, 285tr, 291b, 292c, 292-293b, 293tr, 296b, 298-299b, 299tr, 302ca, 303b, 303cl, 304b, 304crb, 307b, 313bl, 320b, 324ca, 325bc, 326b, 327br, 327t, 328r, 330-331b, 308cl, 309b, 318br, 319c, 321fbr, 321fclb, 322-323c; Brad Harris: 176br, 177t, 334-335b, 335tr, 337c; Nick Helleur: 310br, 310cla; David Johnson: 124bl, 124crb, 124-125bc, 125br, 125cl, 125t; Lax-A Club: 314ca; David Lewis: 146br, 147br, 147cl, 147t, 162br, 163ca, 163t, 164crb, 165br, 165t; Masterline International: 46br; Cathy Meeus: 117bl; Brian O'Keefe: Brian O'Keefe 85bl, 99b, 196cb, 196-197b, 197tr, 204c, 213t, 262-263c, 286b, 288b, 290bl, 294b; OSF: Photolibrary 207ftr; photolibrary.com 214b, 234b, 250br, 252tr, 269tr, 276t, 277crb, 278t, 279b; Sea Pics: Mark Conlin 232-233c, 273t; Alistair McGlashan 268b; Doug Olander 272b; Sea Pics 244t, 275b; Shimano UK Ltd: 8cla, 24cra, 45br, 46bc, 46bl, 46cl, 46fcl, 47c, 47cl, 47cr, 110cra, 122cra, 126ca, 134ca, 138ca, 146ca, 148cra, 150cra, 156cra, 158cra, 160cra, 162cra; Richard Stewart: 218-219b; Still Pictures: Ed Reschke 254b; Winchester Cathedral: 22br; Ole Wisler: Ole Wisler 148bl, 148-149b, 149tl, 149tr, 163bl, 163br

Jacket images: Front: Corbis: Karl Weatherly t. Back: Corbis: Roy Morsch t; Dale C. Spartas cra; Getty Images: Stone/Darryl Torckler c

All other images © Dorling Kindersley
For further information see: www.dkimages.com

Maps on pages 276–305 and 308–336 are Mountain High Maps ® copyright © 1993 Digital Wisdom, Inc.

Every effort has been made to trace the copyright holders. The publisher apologizes for any unintentional omissions and would be pleased in such cases to place an acknowledgment in future editions of this book.

All other images © Dorling Kindersley
For further information see: www.dkimages.com

DK 精品图书

极具收藏价值的精品图书
畅销全球的实用宝典

详尽的实操资料　权威的专业知识
优良的制作品质　精美的视觉享受

带您尽情享受世界文化之旅

户外生存指南系列

目击者文化指南系列丛书

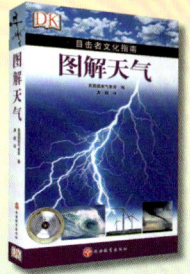  

Sciaenops ocellatus

红鼓鱼

重量： 可达45千克（100磅）
水域类型： 海岸水域和入海口
分布： 大西洋中西部
垂钓方式： 路亚钓、鱼饵钓和飞钓，从船上或从岸上钓

红鼓鱼又称红鱼、眼斑拟石首鱼或者石首鱼（见下文）是美国南部重要的竞技钓鱼类别。红鼓鱼身长可达1.5米，但是大多数成年红鼓鱼长不到这么长。它们整体上呈红色，在尾巴的根部常常会出现一个或更多的深色斑点。

红鼓鱼经常出现在海岸水域或入海口，通常在带沙子和泥土的底部。它们喜欢在冲浪带进食，主要以浮游动物、甲壳类动物和小鱼为食。当红鼓鱼游到海面的浅水和干净水域时，可直接用肉眼看着钓红鼓鱼，这种钓鱼方式是极好的运动。在浅水中，要悄悄地靠近红鼓鱼，因为红鼓鱼很容易受惊。

尖状的第一个背鳍

尾巴根部的深色斑点

Pogonias cromis

黑鼓鱼

重量： 可达50千克（110磅）
水域类型： 海岸水域和入海口
分布： 大西洋西部，从新斯科舍到阿根廷，包括加勒比海
垂钓方式： 从岸上、码头或船上用鱼饵钓

黑鼓鱼是一种很宽，看起来呈块状的鱼，有很高的背部，在下颚上有很多明显的触须，用于闻或感受猎物。年长的黑鼓鱼底部呈白色，但是整体的颜色从浅灰色到铜色不等。侧腹上的4~5根深色垂直条纹随着年龄增长而消失。

黑鼓鱼和红鼓鱼（见上文）通常都被称作石首鱼，原因在于它们能够通过空气囊袋发出呱呱声。黑鼓鱼更擅长发声。由于这些声音存在，垂钓者有时可以听到游过的鱼群。得克萨斯州是钓大黑鼓鱼最好的去处，特别是在二月和三月，这时它们会集中起来繁殖。

宽大的深色斑纹

钝形尾鳍

下巴触须

鱼的种类

Makaira nigricans

大西洋蓝枪鱼

重量： 可达820千克（1810磅）
水域类型： 温暖的深水域
分布： 大西洋、印度洋、太平洋
垂钓方式： 路亚饵和鱼饵拖钓

深水伪装
据说在海水颜色为蓝色的地方发现了数量很多的大西洋蓝枪鱼，这可能是因为它提供了最好的伪装。钓鱼的人喜欢在水清澈的时候钓它们。

大西洋蓝枪鱼的身长可以达到令人惊奇的5米。与立翅旗鱼相同，体型较大的大西洋蓝枪鱼嘴的侧切面整体轮廓呈圆形，它们有两个背鳍。更重要的是，大西洋蓝枪鱼巨大的第一个背鳍与其躯体深度相去不远。令人惊奇的、类似刀片的胸鳍可以从身体两侧向下弯曲。它们的腹部呈深深的蓝黑色，渐变到腹部的银色。两侧有大约15组浅蓝色的斑条。

大西洋蓝枪鱼出现在太平洋、印度洋和大西洋，它们比较喜欢深水域。它们是独处动物，以小鱼为食，主要是金枪鱼类的小鱼。它们还吃鱿鱼和甲壳动物。它们用有力的嘴来猛砍它们的猎物。钓大西洋蓝枪鱼一般是从拖钓大鱼专用的船上用路亚饵和鱼饵拖钓。当上钩时，它们会持续跳动，会长达几个小时地窜动。没有一个垂钓者会忘记与大西洋蓝枪鱼的搏斗。它们的力量、耐力和强大的跳跃力都给人留下深刻的印象。

枪鱼"剑"

枪鱼用它们的嘴（或剑）来捕捉或抓取猎物。它们的嘴是锋利的长钉，上面有很多小锯齿状物，能在水中削猎物鱼。枪鱼的嘴也用来刺穿和打昏它们的猎物。当钓到枪鱼时，从安全角度上来说，很重要的是当枪鱼还在船边时，钓住鱼嘴的那个人要戴上手套。

深蓝色的第一个背鳍　　　　淡蓝条纹

白鱼鳍

海鱼

`Tetrapturus albidus`

白色四鳍旗鱼

重量： 可达82千克（180磅）
水域类型： 温暖的水域
分布： 大西洋、加勒比海、地中海
垂钓方式： 路亚饵和鱼饵拖钓，飞钓

白色四鳍旗鱼比其他类别的枪鱼要小得多。它们的身长可达3米。它们身体上部的颜色从深蓝色到深褐色不等，在下肚皮上的颜色变浅为银白色。在背鳍上有非常明显的斑点。第一个背鳍、腹鳍和臀鳍的末端都是圆形的。

有时，它们的侧面有不太明显、白色的条纹。白色四鳍旗鱼出现在离岸的大西洋、墨西哥湾、加勒比海和地中海的一些地区。它们是迁徙鱼类，随着季节转换，水温升高的时候它们会游向海拔更高的水域。它们以开放水域的小鱼和鱿鱼为食。从拖钓大鱼专用的船上采用拖钓方式是捕捉白色四鳍旗鱼的常见方法，但它们也是轻渔具垂钓者的绝妙猎物。在被吸引到离船很近的地方，能够用路亚饵、鱼饵鱼和飞蝇饵有效地钓到白色四鳍旗鱼。它们往往集结在饵鱼附近的钓点，如礁石和峡谷是很有可能捕捉到白色四鳍旗鱼的地方。

背鳍上的深水斑点　　白色斑纹
银白色鱼腹

`Scyliorhinus stellaris`

斑点猫鲨

重量： 可达12千克（26磅）
水域类型： 温暖的海岸水域
分布： 大西洋东北部
垂钓方式： 底部垂钓（底饵）

斑点猫鲨是猫鲨的一种，它们的身长可达1.7米。它们的整体颜色多样，身体上部的颜色呈浅褐色，带有深色斑点，偶见一些白色斑点。斑点猫鲨有两个背鳍，比较靠后。臀部明显的襟翼形成两个颚叶。小斑点猫鲨经常会被误认为是狗鲨，但是狗鲨的臀部襟翼只形成一个叶。这是区别这两种鱼的最好方式。斑点猫鲨以小鱼、浮游动物和甲壳动物为食。它们在秋天交配，雌性斑点猫鲨会孕育鱼卵长达8个月之久。幼小的斑点猫鲨是成年斑点猫鲨的完美复制品。

斑点猫鲨主要在英国和爱尔兰水域被捕捉。它们出现在多石和断裂地带，在很浅的水中，它们身体的颜色与环境融为一体。它们的挣扎能力不强，但是斑点猫鲨是非常流行的岸边钓鱼猎物。大斑点猫鲨也可以在船上被钓到。

不同大小的深色斑点　　背鳍出现在非常靠后的位置
大胸鳍

Hippoglossus hippoglossus

大西洋庸鲽

重量: 可达320千克（705磅）
水域类型: 很深的冰冷水域
分布: 北大西洋
垂钓方式: 从船上采用鱼饵和路亚饵钓

作为海鱼中最大的一种，大西洋庸鲽有很大的嘴和微微岔开的尾鳍。它们身体的背部颜色呈绿褐色到深褐色。腹部呈白色到灰色。眼睛在身体右边的上部。侧线在很大的腹鳍上弯曲。大西洋庸鲽以其他鱼和甲壳类动物为食。由于过度捕捞，在某些地方它们已经成为稀有动物了。

竞技比赛垂钓大西洋庸鲽

垂钓者们主要在深水区船钓大西洋庸鲽。它们是通过鱼饵和大的路亚饵被捕获的。这些诱饵有时是固定的，有时是漂浮的，有时也用到慢速拖钓。在极少的情况下，也有可能在岸上钓到大西洋庸鲽。大西洋庸鲽善于挣扎，在着陆时需要非常小心地对待，以防对垂钓者和鱼造成伤害。

深褐色

无脊椎鱼鳍

Pseudopleuronectes americanus

美洲拟鲽

重量: 可达3.8千克（8¼磅）
水域类型: 柔软和中度坚硬的岸边水域中底部
分布: 从加拿大的拉布拉多到美国佐治亚的大西洋西部
垂钓方式: 鱼饵钓和路亚饵钓

在北美东部海岸的岸边水域，美洲拟鲽是垂钓者中非常流行的钓鱼目标。它们出现在潮水浅滩到最深120米的深水域中。美洲拟鲽通常呈褐色，身上带有深色斑点。一个与其相似的鱼种，即欧川鲽，出现在从西欧到黑海的海岸和微咸水域，也经常出现在入海口。它们也受到垂钓者的青睐。但是一般比美洲拟鲽小，大的重量为3.25千克（7磅）。

深色斑点

侧线在腹鳍上弯曲

海鱼

欧洲鲽

`Pleuronectes platessa`

重量： 可达7千克（15½磅）
水域类型： 浅水
分布： 大西洋东北部、地中海
垂钓方式： 鱼饵钓

欧洲鲽鱼已经被过度捕捞。但是在某些区域还是可以被钓到。它们是右侧比目鱼（眼睛在右上角）。背部的颜色为褐色并带亮橙色的斑点。腹部为白色。

欧洲鲽鱼生存水域的底部比较复杂，从干净的沙底到蚌类海床均可。它们会长时间地静止不动。它们在夜间活跃于浅水中，但是白天会把自己深埋在沙子中。它们喜欢的水深从10米到50米，在这里它们以蚯蚓和薄壳的浮游动物为食。垂钓者通常通过用鱼饵在底部垂钓的方式钓欧洲鲽鱼。

橙色斑点 — 延伸到眼部的背鳍

大菱鲆

`Psetta maxima`

重量： 可达25千克（55磅）
水域类型： 岸边浅水域和微咸水域
分布： 从大西洋东北部到北极圈、地中海
垂钓方式： 鱼饵钓

大菱鲆是几乎圆形的比目鱼，因其可食而备受珍视。它们的上部和下部均无鱼鳞。颜色为沙子褐。全身和鱼鳍上带有从褐色到黑色的斑点。但是大菱鲆可以改变它们的颜色来与它们的环境匹配，它们因善于隐藏而名声在外。它们的腹部为白色。

大菱鲆生活在多沙、多石或混合的海床上，在微咸水域也非常常见。它们以同样生活在水底的鱼、甲壳类动物和双壳类动物（有壳的水生动物，如蛤蜊和贻贝）为食。虽然大菱鲆有时可以从岸上捕捉，如沙丘上，但是大多数从船上在较浅的水域钓得。它们经常在水底被钓到，用的是多种鱼饵，如饵鱼或者鱿鱼。

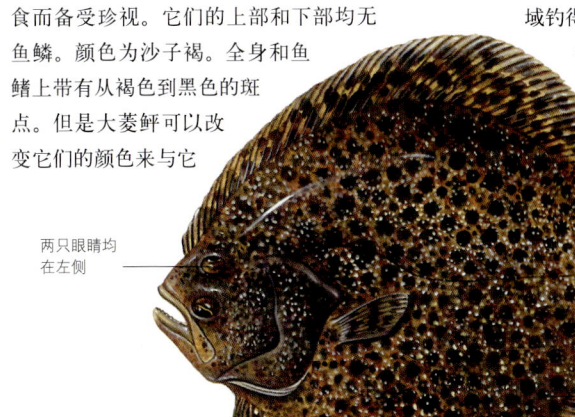

两只眼睛均在左侧

掩饰用的斑点

圆形鱼身

Morone saxatilis

条纹鲈

重量: 可达57千克(125½磅)
水域类型: 海岸水域、淡水水域和微咸水域
分布: 大西洋西部
垂钓方式: 鱼饵钓、路亚钓、飞钓

条纹鲈鱼群
条纹鲈主要为海鱼,但是一批条纹鲈被陆地包围在北美的淡水湖中。集结成鱼群,它们优雅的队伍成为清澈的水中的一道绚丽的风景。

在北美,条纹鲈是非常重要的海水竞技钓鱼对象。它们的背部是绿灰色的,渐变到浅白色腹部,身上有6~9条深色的水平条纹。年长的条纹鲈以鱼和甲壳类动物为食。它们在繁殖期前停止进食。这些大鱼春天时候游向淡水区来繁殖。从路易斯安那到佛罗里达有很多不同的淡水和微咸水条纹鲈。条纹鲈数量曾经因商业捕捞活动一度降低到危险警戒线。但是它们作为海水竞技钓鱼对象的价值得到官方认可。之后,扎实的保护项目被实施,成功地挽救了条纹鲈。到目前为止,这种难以捕捉的鱼的数量已经恢复到了可持续发展水平。

当这些鱼自由游动时,它们会经常到离岸很近的水域。可以从船上和岸上采用多种垂钓方式钓到条纹鲈。它们对路亚钓和鱼饵钓的反应均良好。当距离在投掷范围内时,飞钓也可能取得很好的效果。

六到九条条纹

白色的腹部

海鱼 245

Chelon labrosus

厚唇鲻鱼

重量: 可达4.5千克(10磅)
水域类型: 海岸水域、入海口、海港和河流
分布: 大西洋东北部和东部、地中海、黑海
垂钓方式: 鱼饵钓

厚唇鲻鱼比其他种类的鲻鱼身体要更大。在所有类别的鲻鱼中,厚唇鲻鱼被最多人视作竞技钓鱼对象。它们的身长可达75厘米,身体通常呈暗灰色。它们拥有特别大的嘴唇,主要以小型的无脊椎动物和带泥或柔软的海底泥土中的海洋微型有机物为食。那些水底留下了它们进食时嘴唇刮下的痕迹。

厚唇鲻鱼出了名地小心翼翼且会逃跑,它们常常出现在不同的水域中,包括入海口、河流、码头、海港、游船码头和开放的海岸地区。

在英国和欧洲的某些地方,这种类别的鱼是绝妙的、可以用轻渔具钓到的鱼。它们很难上钩也很会挣扎,能给钓鱼者很好的运动乐趣。它们经常被描述成欧洲北梭鱼。

灰色身体

大嘴唇

Spondyliosoma cantharus

黑鲷

重量: 可达1.25千克(2¾磅)
水域类型: 水深中等、多石的海岸水域
分布: 大西洋东部、地中海、黑海
垂钓方式: 鱼饵钓

黑鲷的头顶和身体从深蓝色到黑色,并在侧腹交汇成银灰色。在侧腹上有许多深色的水平线。黑鲷通常出现在多石、多草和起伏不平的海洋底部,通常在船骸周围。它们在接近水底的地方进食,以海草和小鱼、无脊椎动物和甲壳类动物为食。黑鲷从4月到5月繁殖并建造鱼窝。雄黑鲷保护鱼卵。

黑鲷通常能从船上钓到,但是在一些水域,如海峡群岛,它们可以在岸上成功地被钓到。小鱼钩和轻鱼竿经常被用来在靠近水底的地方钓黑鲷。绝大多数钓鱼者都认为鱿鱼是钓黑鲷最有效的鱼饵。

水平的侧线

白色鱼腹

Centropomus undecimalis

锯盖鱼

重量: 可达24千克(53磅)
水域类型: 温暖的近海岸水域、咸水湖、入海口
分布: 大西洋西部和西南部、加勒比海
垂钓方式: 鱼饵钓、路亚钓、飞钓

锯盖鱼（common snock）是这种鱼群中最常见的。它们有很长的吻部。下颌比上颌延伸得更长。它们背部呈深色，双侧呈银色，腹部呈白色。它们身上有一条明显的黑色侧线，一直延伸到宽大分叉的尾鳍。

锯盖鱼出现在近海岸水域、咸水湖和入海口。它们通常出现在20米左右的深度。它们不能承受冰冷的水，所以它们的活动范围受限于水温。它们可以在淡水中存活，主要以小鱼、虾和小蟹为食。这种鱼可以通过路亚钓、鱼饵钓和飞钓钓取。

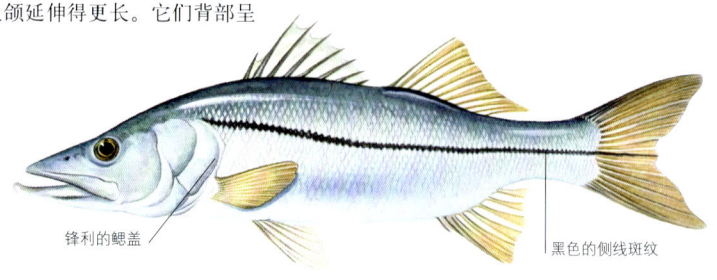

锋利的鳃盖 / 黑色的侧线斑纹

Trachinotus falcatus

镰鳍鲳鲹

重量: 可达36千克(80磅)
水域类型: 亚热带海边浅滩、礁石
分布: 大西洋西部，从美国马萨诸塞海湾到巴西东南部，包括巴拿马运河和加勒比海多个区域
垂钓方式: 鱼饵钓、飞钓

印度洋—太平洋地区的镰鳍鲳鲹

虽然没有它们美国的同类那么大，但是印度洋—太平洋地区的镰鳍鲳鲹是在澳大利亚北部和印度洋群岛的一些地区，例如塞舌尔，非常流行的垂钓目标。

镰鳍鲳鲹身长可达1.2米，身躯长，并有明显的月牙状的尾鳍。在腹部有一个橙黄色的斑纹。它们经常出现在浅的、海岸的水域，以多种多样的甲壳类动物为食。钓这类鱼的有名的地点包括佛罗里达群岛、巴拿马运河、墨西哥湾和哥斯达黎加。在平地上采用飞钓是钓它们的最经典的方法。但是它们非常能挣扎，具有很高的警惕性，并不太接受飞蝇饵。它们在船骸旁边和礁石四周集结成群，在这些地方可以用鱼饵钓的方法来钓它们。螃蟹是效果较好的鱼饵。

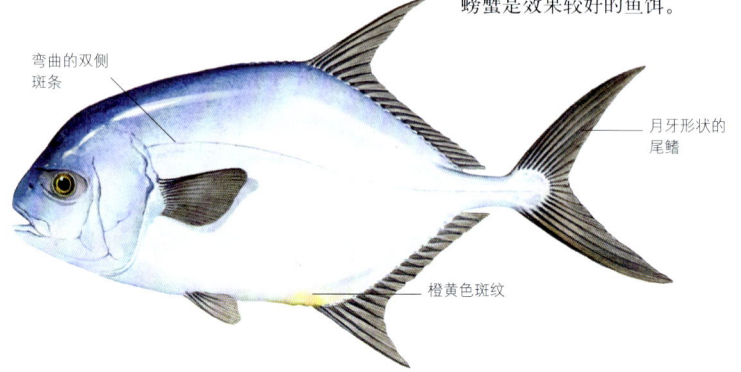

弯曲的双侧斑条 / 月牙形状的尾鳍 / 橙黄色斑纹

海鱼   247

Epinephelus itajara

伊氏石斑鱼

重量：可达455千克（1000磅）
水域类型：亚热带近海水域，底部需有泥土和石头；亚热带礁石和洞穴
分布：大西洋的西部、东部和西南部，太平洋的东部和东南部
垂钓方式：从船上用鱼饵钓

伊氏石斑鱼是海鲈鱼中最大的物种。它们头部宽大。眼睛很小，身体的厚度是身长的一半。它们呈暗绿色、灰色或褐色。身体上、头部和鱼鳍上有明显的深色小斑点。胸鳍又大又圆。

这些独处的大鱼以大型的甲壳类动物、乌龟和鱼为食。它们最喜欢的栖息所是近海的浅水，底部有泥土、石头或珊瑚。一些幼年的伊氏石斑鱼出现在红树林丛中和微咸的入海口。伊氏石斑鱼是出了名的爱挣扎的鱼，也很难将它们抄起。

背脊 / 圆形的尾鳍 / 可以变化的褐色

Alectis ciliaris

非洲鲳鲹

重量：可达23千克（51磅）
水域类型：温暖的海洋，深度可达60米
分布：世界范围内的热带水域
垂钓方式：鱼饵钓、路亚钓、飞钓

非洲鲳鲹出现在世界上很多热带海域中，而且通常在有礁石和石头的深水区域被捕获。它们喜欢的水温在18~30摄氏度。小非洲鲳鲹通常被称作短吻丝鲹。这类鱼与其他鲹科鱼的差别在于它们长而透明的臀鳍和背鳍。

非洲鲳鲹经常会游到靠近海岸的冲浪区域。它们会将它们长又平的身体向侧面倾倒，来到浅水进食。它们出了名地爱挣扎，当上钩后，会继续游向避风港（水底的障碍物，如石头）。

多骨鳞甲 / 钻石形状的鱼体

Lutjanus cyanopterus

巴西笛鲷

重量： 可达57千克（125½磅）
水域类型： 沿海水域
分布： 大西洋西中部和东南部、加勒比海
垂钓方式： 基于岸上的鱼饵钓、路亚钓、飞钓

巴西笛鲷据说是鲷鱼中个头最大的。它们的颜色从深褐色到灰色，有时浑身带着淡淡的红色。这些令人惊奇的鱼有非常锋利的牙齿，它们的犬齿尤其大，即便闭上嘴也能看到。年长的巴西笛鲷往往出现在离海岸较远的多石暗礁周围。它们生活在深度达50米的水中。年幼的巴西笛鲷有时生活在入海口、大片的红树林丛和草床中。巴西笛鲷主要以多种小鱼、虾和螃蟹为食。

钓巴西笛鲷

在南佛罗里达州七月和八月的满月时

非洲的红笛鲷

非洲的红笛鲷有时被称作几内亚鲷鱼。它们因体格大于巴西笛鲷而闻名。这种鱼几乎浑身都是红褐色的。年长的非洲红笛鲷经常出现在大范围的水域中，从离岸远的礁石到冲浪区到入海口，到咸水湖和红树林均有它们的足迹。在冲浪区被瞄准的非洲红笛鲷特别喜欢大的鱼饵。

巨大的鲷鱼
在西非加蓬的这片巨大沿海咸水湖中，存在大量巨型非洲红笛鲷。它们在冲浪区和咸水湖中安静而又微咸的水域中生存，被视为捕获目标。

分，年长的巴西笛鲷从深水中向上移动到水深约60米的地方来繁殖。这是钓大巴西笛鲷的绝妙时机。在这么深的水中钓鱼，很重要的是要用到强大的渔具，因为这些鱼会试图游向石头中作为安全的避风港。

深褐灰鱼背

厚鱼唇

苍白鱼肚

海鱼 249

Lutjanus analis

双色笛鲷

重量： 可达15.5千克（34磅）
水域类型： 干净、多石的沿海水域，大陆架
分布： 大西洋西部、加勒比海
垂钓方式： 鱼饵钓、路亚钓、飞钓

色彩鲜艳的双色笛鲷是加勒比海或者佛罗里达南部沿海水域中数量最多的鱼类之一。它们上部的颜色为橄榄绿，颜色渐变为下部和肚皮的淡白色，还略带着淡淡的红色。侧线上一个黑色的斑点出现在背部靠上的区域。一对显眼的蓝色斑条出现在脸颊上。双色笛鲷身上的条纹在它们休息的时候突显。当它们在游动的时候，身上的颜色变得更淡。

近海水域

双色笛鲷经常出现在近海水域的草床中、红树林中和潮水流中。有时在离海岸较远的水域可以钓到大的双色笛鲷。

双色笛鲷有时被误认为是一种相似的暗色笛鲷，在市场上经常被称为"红鲷鱼"出售。

脸颊上蓝条纹

侧腹上黑斑点

Ocyurus chrysurus

黄敏尾笛鲷

重量： 可达4千克（8¾磅）
水域类型： 沿海水域、珊瑚礁
分布： 大西洋西部（从美国的马萨诸塞州到巴西）、加勒比海
垂钓方式： 鱼饵钓、路亚钓、飞钓

黄敏尾笛鲷是鲷鱼中个头较小的。它们在身体上部有明显的黄色斑点，上身从橄榄色到淡蓝色，下部为粉色到黄色的斑条。一条很宽的侧条纹从嘴巴一直延伸到尾巴。

黄敏尾笛鲷主要出现在沿海水域中。夏天的时候，它们在那里集结成群，繁衍后代。它们在草床上、礁石中及离岸较远的地方被大量地垂钓。在离岸较远的地方，它们常常出现在位于礁石的多沙的地块中。

钓黄敏尾笛鲷

与其他多种鲷鱼一样，黄敏尾笛鲷对鱼饵和路亚饵都有很好的反应，对飞蝇饵反应也不错。一种非常著名的吸引这些鲷鱼的方法是撒出碎肉饵（见160页）。它们非常贪吃，在它们狼吞虎咽时最容易钓到它们。在佛罗里达州的东南部，特别是佛罗里达礁岛群，是最佳的钓大量黄敏尾笛鲷的地方。

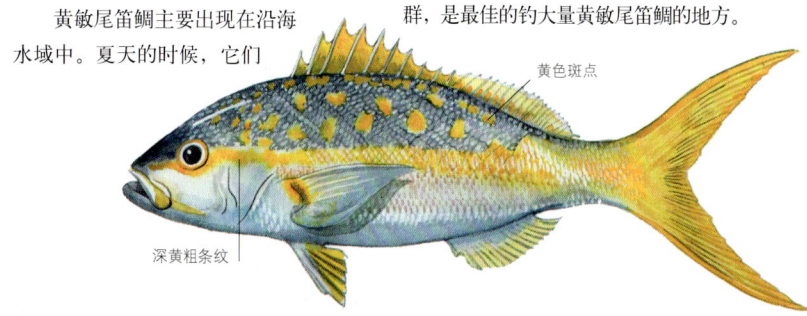

黄色斑点

深黄粗条纹

Dipturus batis

灰鳐

重量： 可达97千克（214磅）
水域类型： 沿海水域到200米深
分布： 大西洋东北部和东部、地中海
垂钓方式： 用鱼饵在水底钓

灰鳐也被称作"蓝鳐"，它们可以长到很大，又是很善于挣扎的鱼，很难从海底把它们弄出来。灰鳐有很长的吻部，身上呈橄榄灰或褐色，在背上有白色斑点，底部是淡灰色，有很多小小的黑色斑点。它们在离底部很近的地方进食。这些地方通常很干净又坚硬。它们以甲壳类动物和许多种类的鱼为食。灰鳐长得很慢，它们通常出现在海岸水深的水域。在欧洲的水域中也可以找到其他鳐鱼（包括长吻鳐和白鳐）。但是垂钓者最青睐灰鳐。

商业捕捞压力

灰鳐一生在相对小的领域内生活，它们喜欢生活的位置使得它们很容易被过度捕捞。其中不乏专门的垂钓者，也有在商业捕捞中顺带被捕获的。以钓这些鱼为运动的垂钓者们总是把它们释放掉，释放前会给它们贴上标签，这些带标签的鱼可以多次被钓上。虽然由于过度捕捞，过去几年这种鱼的数量锐减，但是在爱尔兰和苏格兰的西海岸还有非常好的钓灰鳐的地点。

— 白色斑点

类似于鞭子的尾鳍

灰鳐的底部

灰鳐的鱼鳃狭缝和嘴都在它的底部。这是为了顺应以海床上沉淀物中的生物为食的习性。嘴巴不过是带着牙齿的小小的缝隙。这些牙齿适合碾压食物。它们的力量非常大，所以在处理它们的时候要特别小心手和手指。

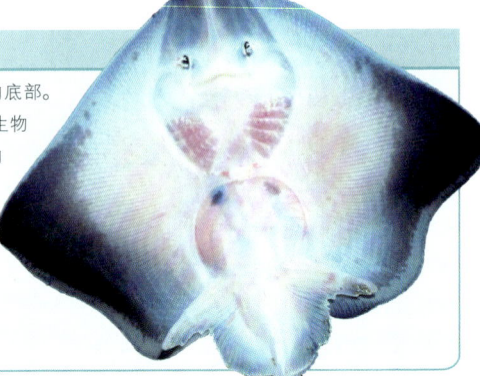

Raja clavata

背棘鳐

重量： 可达18千克（39½磅）
水域类型： 沿海水域
分布： 大西洋东部、地中海、黑海
垂钓方式： 用鱼饵在水底钓

背棘鳐是欧洲水域中常见的鳐鱼类别。在英国的某些地方它们容易被误称为虹鱼。区别它们的主要特征是斑驳的褐色或灰色，以及明显呈直角的鳍。背棘鳐身体的顶部是多刺的，有一列脊柱，或称为"刺"，沿着它们的脊柱而下，一直到尾巴。大的雌背棘鳐有时底部也充满了刺。这类鱼经常出没于很大范围的水域，从极其浅到非常深。水底有特别不平但干净的地表。它们善于在入海口居住和进食。它们在水底以甲壳类动物和小鱼为食。背棘鳐通常用鱼饵从水底被钓到。钓鱼者可以在船上或在岸上钓它们。

直角鳍

斑驳的褐色鱼背

多刺的脊柱

Raja brachyura

短尾鳐

重量： 可达18千克（40磅）
水域类型： 沿海水域
分布： 大西洋东部
垂钓方式： 从船上或岸上用鱼饵在水底钓

短尾鳐有很短的吻部和明显的直角形鳍。它们的上部很明显地多刺（幼年的短尾鳐没有刺），它们身上的颜色主要从浅褐色到赭色，上面有大量小小的黑色斑点一直延伸到双翼的边缘。短尾鳐的底部是白色的。人们很可能将更小的斑点鳐错误地看作是小短尾鳐。小短尾鳐的斑点在双翼的边缘就不见了。短尾鳐主要以甲壳类动物和小型的底部生活鱼类为食。

在英国和爱尔兰钓鱼者看中的最大的鳐鱼中，短尾鳐通常在水深小于100米、水很干净、地表多沙的位置被钓到。有时，垂钓者在岸上就钓到短尾鳐，但是它们通常在船上被钓到。当在岸上钓短尾鳐时，必须用强大的渔具。

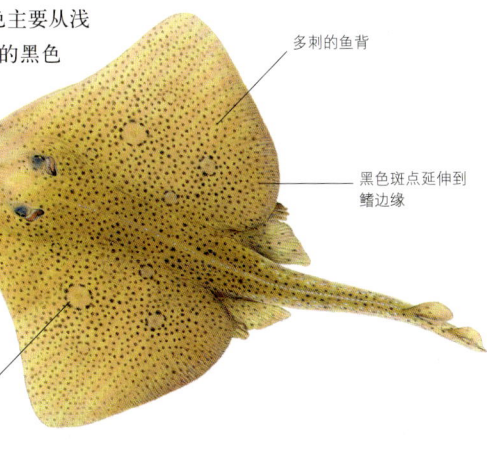

多刺的鱼背

黑色斑点延伸到鳍边缘

棕白色鱼身

Thunnus thynnus

蓝鳍金枪鱼

重量：可达684千克（1508磅）
水域类型：海洋中部到近海水域
分布：大西洋、地中海、黑海南部、太平洋
垂钓方式：从船上路亚钓、鱼饵钓和飞钓

蓝鳍金枪鱼是所有金枪鱼类别中最大的。巨型蓝鳍金枪鱼是极难捕捉的鱼之一。它们挣扎的时间长，挣扎的气力大，而它们的身体也让它们成为令钓鱼者难以置信的敌人。由于它们的肉在许多地方，尤其是在日本，有极其高的食用价值，世界上这种鱼的存量在不断地减少。在太平洋中的蓝鳍金枪鱼曾一度被看作是独特类别的鱼，但是现在都统一被称作蓝鳍金枪鱼。蓝鳍金枪鱼有非常典型的金枪鱼身形。下部和肚皮是银色的，而上部和背部是蓝黑色的。它们的背鳍是深灰色的，但是臀鳍是黄色的。

游得又远又深

蓝鳍金枪鱼是出了名的迁徙动物，它们会长距离游动。在这个过程中，它们需要承受水温的巨大变化。它们的体温会在水温低至7摄氏度时保持在30摄氏度左右。这能保证它们游动所用的肌肉保持温暖，也就让它们能够以相当快的速度长时间地游很远的距离。蓝鳍金枪鱼可以生活在水深1000米的地方，但是有时它们也会游到近海岸。

蓝鳍金枪鱼鱼群
蓝鳍金枪鱼以身体大小而结群，通常情况下，小的蓝鳍金枪鱼比大的蓝鳍金枪鱼结成更大的鱼群。结群行为也因水域的不同存在差异。

高价鱼

蓝鳍金枪鱼是商业价值很大的鱼。因此，这些大鱼的存量在不断下降。世界上80%以商业目的被捕捞的蓝鳍金枪鱼会在日本被消费。在日本，这些鱼是寿司和刺身用到的最主要的材料。在东京市场上，通常会针对最好的蓝鳍金枪鱼进行非常激烈的招标活动。由于这种鱼在世界上短缺，因此许多人试图饲养蓝鳍金枪鱼作为食物。但是在人工环境下，蓝鳍金枪鱼是出了名的很难被养活。

蓝黑色上部

开叉很大的尾鳍

落日黄臀鳍

海鱼　253

Thunnus albacares

黄鳍金枪鱼

重量： 可达200千克（440磅）
水域类型： 海洋
分布： 大西洋、印度洋、太平洋
垂钓方式： 从船上路亚钓、鱼饵钓和飞钓

黄鳍金枪鱼的背部呈深铁色，与侧面交汇呈黄色。肚皮是银色的。背鳍和臀鳍是亮黄色的。它们是金枪鱼中非常喜欢迁徙的鱼，经常出现在水深大于 100 米的地方。它们往往集结成群。黄鳍金枪鱼经常与非金枪鱼类别的小型鱼集结在一起。在太平洋东部，它们也经常与金枪鱼的其他类别混在一起，甚至与海豚混在一起。它们主要以鱼、鱿鱼和甲壳类动物为食。

黄鳍金枪鱼是一种非常重要的竞技性钓鱼对象，也是出了名的爱挣扎。南非的好望角之外的海洋是钓黄鳍金枪鱼最著名的地点之一。鱼饵钓和路亚钓是钓黄鳍金枪鱼的常用方法，但是一些垂钓者运用重型飞钓装置钓大型的黄鳍金枪鱼。

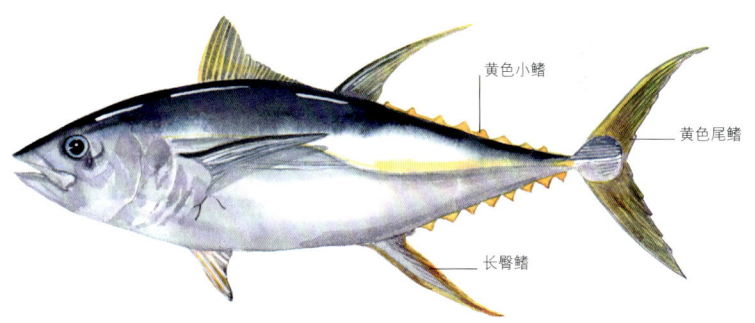

黄色小鳍
黄色尾鳍
长臀鳍

Sarda sarda

大西洋狐鲣

重量： 可达11千克（24½磅）
水域类型： 海洋
分布： 大西洋、地中海、西印度洋
垂钓方式： 从船上路亚钓、鱼饵钓和飞钓

大西洋狐鲣有典型的金枪鱼身形，但是与外貌相似的太平洋狐鲣还是有些许差别的。大西洋狐鲣的侧条纹呈对角分布，在第一个背鳍上有 20~23 个脊柱，而太平洋狐鲣在第一个背鳍上有 17~19 个脊柱。

大西洋狐鲣主要是深水鱼。它们要求海水的温度在 15~22 摄氏度。它们以小虾、小鱼和鱿鱼为食。它们也食同类鱼。

这类鱼可以用轻便的渔具捕获。虽然拖钓是很好的方式，但是当它们集结成群在接近或者就在水面捕食小鱼的时候向它们投掷路亚饵和飞蝇饵也是非常有意思的。最好是将你的船停在鱼群逆风方向或逆潮方向，然后悄悄地向它们漂过去。据悉，大西洋狐鲣在第一次上钩的时候会犹豫不决，但是在几秒钟之内，它们很可能会快速地游离。

上部带条纹
大鱼嘴

Pomatomus saltatrix

扁鲹

重量： 可达14.5千克（32磅）
水域类型： 沿海的冲浪或流动水域，近海滩和海岬
分布： 除了太平洋东部和西北部的所有海洋
垂钓方式： 鱼饵钓、路亚钓、飞钓

扁鲹在非洲南部也被称作"鲱鱼"或"小精灵"。它们有绿灰色的背部和侧部，银色的腹部。它们非常喜欢迁徙，往往在冬天的时候游向更加温暖的水域，夏天的时候游向较凉的水域。它们经常会出现在冲浪沙滩的浪花后和浪花中。当有干净的海水和很多小鱼时，它们还出现在多石的海岬周围。扁鲹有非常锋利的牙齿，因此在钓它们的时候要用金属子线（见55页）。当从鱼钩上取下这些鱼时也需要特别小心。

大鱼吃小鱼

寻找扁鲹的最有效方法之一，就是寻找它们喜欢的猎物鱼群或者饵鱼，例如在北美的海岸不远处出现的鲳鱼和鲱鱼。饥饿的扁鲹会以猛烈地撞进水面的钓饵鱼为信号，表示它们的到来。扁鲹群会在浅水区袭击小鱼。这就是大鱼吃小鱼。扁鲹出了名地能形成很大的鱼群。1901年，在美国罗得岛纳拉甘西特湾出现的扁鲹群，长度大约延伸6~8千米。

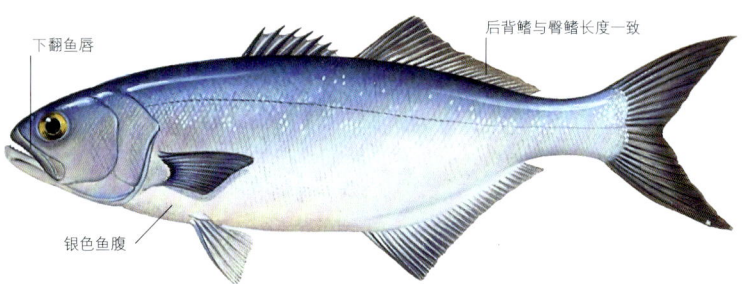

下翻鱼唇

后背鳍与臀鳍长度一致

银色鱼腹

钓扁鲹
钓扁鲹的最佳方法是用很长的沙滩投掷鱼竿，将鱼线抛到浪花之后。

Megalops atlanticus

大海鲢

重量： 可达160千克（353磅）
水域类型： 沿海水域、入海口、咸水湖、微咸水域
分布： 大西洋的东部和西部、墨西哥湾、加勒比海
垂钓方式： 路亚钓、鱼饵钓和飞钓

桥下阴影线
佛罗里达群岛上有很多路桥将各个岛屿连接起来。大海鲢特别喜欢躲在这些大型路桥阴影下的水中，它们在此以小鱼群为食。

在世界范围内钓大海鲢

佛罗里达群岛一直以来可以说是钓大型大海鲢的地方。春天和夏天的时候，大海鲢从这些群岛游过。但是一般都认为某些西非国家，如安哥拉、加蓬和塞拉利昂，有世界上最大的大海鲢。中美和南美东海岸外的水域也是钓大海鲢的很好去处。大型大海鲢善于迁徙，并能够从入海口逆流而上到微咸水域，甚至到河里，特别是在尼加拉瓜。

大海鲢是世界上很多地区绝妙的钓鱼对象。它们看起来有点像大型的鲱鱼。但是大海鲢其实与鳗鱼是更近的亲属。它们有非常明显的向上翻的嘴和亮金属色而且非常坚硬的鱼鳞。

大海鲢在开放性大海中繁殖，但是它们在较浅的水中集结成群并以小鱼和甲壳类动物为食。它们经常在入海口、潟湖、潮滩、红树林沼泽地和建筑结构如路桥周围被钓到。

大海鲢可以用鱼和螃蟹作为鱼饵成功地被钓到。在某些领域也可以用路亚饵被钓到。当在潮滩时，它们对于经验娴熟的垂钓者来说是非常受欢迎的目标。由于它们坚硬的鱼嘴，因此很难上钩。它们会长到很大，并且特别能挣扎，在上钩后会努力跳跃很多次来逃离。

上翻多骨鱼嘴　　　　　　　　　　　　　坚硬尾鳍

Scomberomorus cavalla

大西洋大耳马鲛

重量： 可达45千克（99磅）
水域类型： 海洋中近海和近岸区域
分布： 大西洋
垂钓方法： 路亚钓、鱼饵钓和飞钓

锋利的牙齿
非洲南部的大耳马鲛（Commerson）与其近亲大西洋大耳马鲛一样拥有很大又锋利的牙齿。因此需要用到子线。

大西洋大耳马鲛也被称作无鳔石首鱼，是一种超级受欢迎的竞技钓鱼对象。在美国，轻于6.8千克的小马鲛鱼被称作"小蛇"，而重于13.5千克的大鱼被戏称为"吸烟者"，因为它们上钩后能够快速地从钓丝中"吸"一条防线。大西洋大耳马鲛的背部是蓝绿色的，侧部是银色的，身体和尾巴呈锥形流线型。在第二个背鳍之后的位置，侧线急向下弯。这种类别的鱼以小鱼、小虾和鱿鱼为食。

垂钓方式

在美国，用活鱼饵（如非常流行的赤鲷或鲱鱼）来实施慢速拖钓或者用路亚饵是钓大西洋大耳马鲛非常好的方式。但是，在世界上的其他地方，它们也可以用飞蝇饵被钓到。大西洋大耳马鲛主要在近海和近岸区域被捕捉到。在美国，有非常多的大西洋大耳马鲛捕捉锦标赛。

在非洲南部的水域中，垂钓者的目标是被当地人称作"couta"的鱼类。虽然它们长得非常像大西洋大耳马鲛，但是实际上它们是非洲大耳马鲛。这种鱼也被称作康氏马鲛鱼，它们是垂钓者非常重要的垂钓对象。

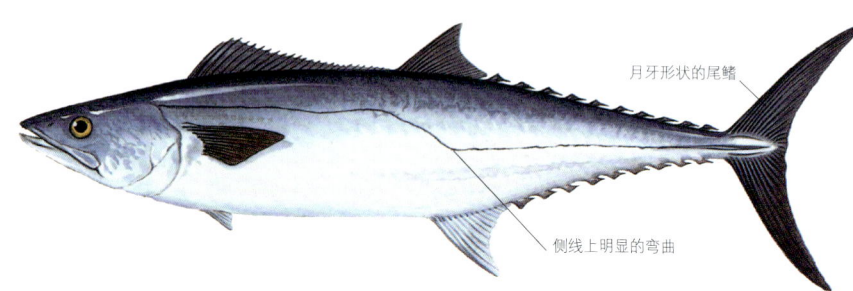

月牙形状的尾鳍

侧线上明显的弯曲

海鱼  257

Scomber scombrus

大西洋鲭鱼

重量： 可达3.5千克（7¾磅）
水域类型： 海水
分布： 北大西洋、北海、地中海
垂钓方式： 鱼饵钓、路亚钓、飞钓

大西洋鲭鱼繁殖期

虽然在基因上一致，美国水域中的大西洋鲭鱼有两种类型：一种4月和5月在中大西洋海湾繁殖，但是另一种6月和7月在劳伦斯湾繁殖。在英国的水域中也有两种不同的大西洋鲭鱼。一种在北海繁殖，而另一种在不列颠群岛以西的大西洋中繁殖。

不论是作为竞技钓鱼对象，还是作为吸引大鱼的诱饵鱼，大西洋鲭鱼都是垂钓者极其看重的鱼类。它们的身长可达60厘米，它们的背部呈金属绿色，并带有20~23条深色波浪形条纹。它们腹部是银色的。

大西洋鲭鱼喜欢集结成大鱼群，主要以接近水面的小鱼为食。有时，大西洋鲭鱼会逼迫这些小猎物到水面来进行大鱼吃小鱼行为。这时候海面上看起来就好像要沸腾了。不接受鲭鱼作为诱饵的海鱼不多见，而且在淡水中钓鱼用鲭鱼也有效。例如可以用鲭鱼钓到梭子鱼。

背部深色的条纹 — 侧线下的黑点

Galeorhinus galeus

长吻翅鲨

重量： 可达45千克（99磅）
水域类型： 海岸水域、多石的海岬、陡峭的海滩
分布： 大西洋、地中海、印度洋、太平洋
垂钓方式： 从船上或岸上用鱼饵钓

长吻翅鲨是极好的竞技钓鱼对象。它们的身长可达190厘米，身体细长，有尖尖的吻部，它们的身体背部是浅灰色的，渐变到腹部的白色。它们的尾鳍很大也非常特别。它们在不同深度的水域进食，通常情况下在水底到中等深度的水中进食。它们的食物有小鱼，如牙鳕和鲟鱼，鱿鱼和甲壳类动物。翅鲨出现在不同种类的海床上，包括沙子和石头。它们游速非常快，会跟随水流而游，也为垂钓者带来极好的运动机会。这种鱼主要在水底用鱼饵钓到。但是也能通过在船上或岸上抛出浮漂或轻渔具上悬挂的较大的鲨鱼鱼饵钓到。

鱼鳃狭缝 — 长胸鳍 — 特点鲜明的尾鳍

Caranx hippos

马鲅

重量： 可达32千克（70磅）
水域类型： 温暖的沿海水域、微咸的入海口
分布： 大西洋西部和东部、西地中海
垂钓方式： 从船上和岸上采用路亚钓、鱼饵钓和飞钓

集结成群的马鲅
小马鲅经常会集结成大群，并快速游动。然而，大的马鲅更倾向于独处。

马鲅有非常特别的弯曲度很大的头型。它们的背部是深蓝绿色，侧面是银色或似黄铜。在它们的鳃盖边缘上有非常明显的黑色斑点。在胸鳍旁边也有黑色斑点，有时在身体更加靠后的地方还有一个斑点。这种鱼的身长可达1.2米，但是在近海域所捕捉到的鱼要比这个小得多。它们可以沿河逆流而上，幼年的马鲅在离岸近的地方居住。马鲅具有很强的攻击性，上钩后会挣扎很长时间。它们经常会被鱼饵引诱到船边，在被钓到时会发出低沉的咕噜声。

凶残的捕食者

马鲅很擅长于处理饵鱼群，并猛烈地袭击饵鱼。当这种情况发生在水面或近水面时，将是非常壮丽的景观。马鲅袭击猎物发出来的声音宛如洗衣机脱水时的声音。它们是凶猛的掠食者，有时甚至会追随商业捕鱼船吃免费的午餐。

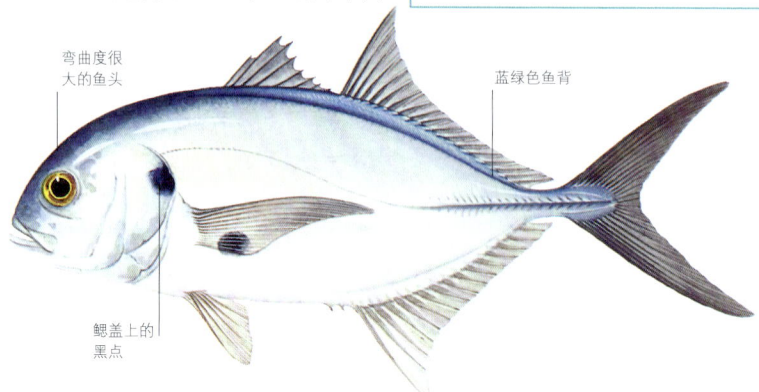

弯曲度很大的鱼头
蓝绿色鱼背
鳃盖上的黑点

海鱼 259

Seriola dumerili

高体鲕

重量： 可达80千克（176磅）
水域类型： 温暖的深水域
分布： 大西洋、印度洋和太平洋，地中海
垂钓方式： 从船上采用路亚钓、鱼饵钓和飞钓

高体鲕的外形特别独特，整体上呈银色，但是背部颜色较深。在身体的两侧分别有一条条纹贯穿整个身体。雌性和雄性的高体鲕以相同的速度生长，但是雄性高体鲕基本活不过7年。所以最大型的高体鲕基本上都是雌性的。小的高体鲕通常会跟其他的梭子鱼相混淆。

较大的高体鲕喜欢在离水面较近的地方生存，它们往往独立地游动或者以小鱼群游动，喜欢生活在水温温暖、水深的暗礁和船骸中。

它们在这里以小鱼为食。高体鲕是非常具有攻击性的掠食者，它们即便上钩了也很难成功抄起。它们善于挣扎，疯狂地游动，经常会多次急速下潜来试图摆脱垂钓者。

Caranx latus

黑眼鲹

重量： 可达13.5千克（30磅）
水域类型： 离岸较远的暗礁，有时在淡水和微咸水中
分布： 大西洋西部和东部
垂钓方式： 从船上和岸上采用路亚钓、鱼饵钓和飞蝇钓

黑眼鲹，有时也被称为大眼鲹鱼，与马鲹长相相似，因此它们经常会集结成鱼群。它们有很大的眼睛，但是并不能长到马鲹那么长。它们的身长最长不到1米。整体上说，它们的背部从灰色到蓝色，肚皮上为银色到白色。它们的尾鳍是显眼的黄色，后背鳍的顶部接近于黑色。黑眼鲹与马鲹的差别在于胸部的小鱼鳞，以及它们在胸鳍上没有黑点。有时在鱼鳃盖的近处有一小片斑块。

黑眼鲹主要以其他种类的鱼、小虾和无脊椎动物为食。它们以鱼群的形式出现。与马鲹一样，黑眼鲹袭击小鱼所激起的波浪从远处就可见。

Coryphaena hippurus

鲯鳅

重量： 可达40千克（88磅）
水域类型： 热带和亚热带开放性水域或海岸水域
分布： 大西洋、地中海、印度洋、太平洋
垂钓方式： 从船上采用路亚钓、鱼饵钓和飞蝇钓

雌鲯鳅的头型

雌性鲯鳅（也被称作母鲯鳅）和雌鲯鳅的幼体往往比雄鲯鳅有更加圆润的头型（见下图）。成熟的雄性鲯鳅，也被称作公鲯鳅，通常比雌鲯鳅大，有方正的额头，脸型更加宽更加平。

鲯鳅也被称作鬼头刀、海豚鱼或者金鲭鱼，它们是在海中生长速度极快的鱼。它们的身长可达2米，约可以活到5年。它们身体的上部呈绿色或铜青色。金色的侧面闪烁着绿色，当它们上钩的时候就闪亮起来，在它们非常有技巧地挣扎时散发出霓虹似的颜色。它们的背鳍与它们的身体一样长。小鲯鳅成群而游，大的年长鲯鳅单独或者成双游动。在接近漂浮物，比如海面上的木头、芦苇或者漂流货物旁边，或者在杂草线和浮漂周边，是最容易钓到它们的地方。在这些地方，它们以附着在这些东西上面的浮游生物、甲壳类动物、小鱼和鱿鱼为食。

方正的额头（雄性）

凹长的臀鳍

Acanthocybium solandri

刺鲅

重量： 可达83千克（182磅）
水域类型： 热带和亚热带水域
分布： 大西洋、地中海、印度洋、太平洋
垂钓方式： 从船上采用路亚饵和鱼饵拖钓，有时用活鱼饵进行浮漂钓

刺鲅（在加勒比海被称作女王鱼，在夏威夷被称作奥诺鱼）是游速极快、力气很大的鱼。它们的瞬时游速可达96千米/小时。刺鲅在上钩后能快速改变方向，并反复跳动。它们修长的身形与大西洋鲭鱼相差无几。它们有很多锋利无比的牙齿，吻部很长，逐渐细为一个尖头，它们的下颌比上颌稍长。身体上部呈黑色或铜青色，在侧腹上有波浪式的斑纹。在背鳍和臀鳍后面有一组小背鳍。刺鲅生活在水温为21~30摄氏度的水中。它们喜欢暗礁附近的水域，最好有温暖的水流和成群的饵鱼以及有大洞的海床。

渐细长颌线

尾端小背鳍

蓝条纹

海鱼

日本白姑鱼

Argyrosomus japonicus

重量： 可达75千克（165磅）
水域类型： 亚热带冲浪区外的近海水域，微咸水域
分布： 大西洋东南部、印度洋西部和东部、太平洋西北部和西中部
垂钓方式： 从船上或岸上采用路亚钓和鱼饵钓，偶尔采用飞钓

日本白姑鱼是海岸边和入海口边备受追捧的竞技性垂钓鱼类。它们是白姑鱼种类中最大型的。经常与类似的无味白姑鱼（Argyrosomus inodorus）被混淆。无味白姑鱼更常见于更冷更深的水域。

成年日本白姑鱼有蓝灰色的背部；头部颜色更深，有时呈铜色；身体的其他部位呈珍珠色。

幼年的日本白姑鱼经常会来到近海岸水域，但是年长的日本白姑鱼通常留在冲浪区之外的更深水域中。它们主要为群居鱼类，以小鱼、鱿鱼为食，有时是章鱼。日本白姑鱼在晚间繁殖，通常在离岸近的暗礁中。它们经常可以从船上钓到。

头部上黑色的斑块

珍珠色

黑色的尾鳍

长头石颌鲷

Lithognathus lithognathus

重量： 可达18.5千克（40磅）
水域类型： 亚热带水域，在多沙的海滩上、入海口、潟湖和更深的近海水域
分布： 大西洋东南部、印度洋西部
垂钓方式： 底钓

长头石颌鲷是非洲南部，主要是纳米比亚和许多南非地区，重要的海岸竞技钓目标，也被称作河石颌鲷，这种银白色的鱼的身长可达2米（6½英尺）。它们的头部尖细，身上有7条明显的条纹。越是年幼，这些条纹的颜色越深。有时可以看到长头石颌鲷的尾巴露出浅浅的水面，这时它们正在将空气吹进螃蟹、大虾和虫洞里逼迫它们逃出成为它们的美食。

幼年的长头石颌鲷身长达到3~5厘米（1½~2英寸）时就来到入海口，在那里度过生命中的第一年，甚至第二或第三年。身长达30~60厘米的较大的长头石颌鲷喜欢沙滩附近的冲浪区。这也是可以钓到它们的区域。一些大的长头石颌鲷可以出现在水深达到25米（82英尺）的深水区中。这些鱼通常可以从冲浪沙滩上用底钓法钓到。

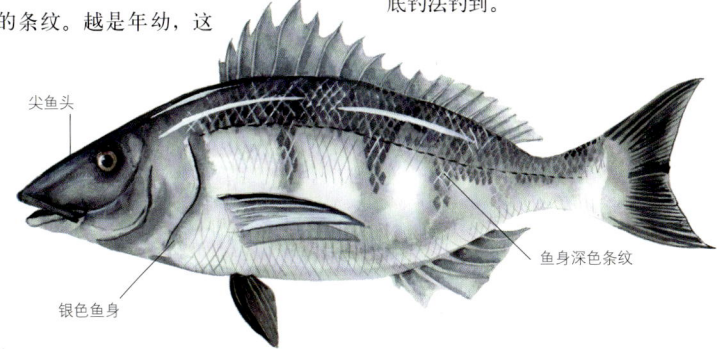

尖鱼头

银色鱼身

鱼身深色条纹

Lichia amia

波线鲹

重量: 可达50千克（110磅）
水域类型: 沿海水域
分布: 大西洋东部、地中海、印度洋西部
垂钓方式: 从船上用鱼饵钓，用水面钓组滩钓，飞钓

波线鲹（也称灰吕鲹或扁鲳鲹）很受钓鱼者的追捧，特别是在南非水域，比如安哥拉的南海岸线附近。地中海中也能找到体积较大的波线鲹。波线鲹侧身有一条非常明显的曲线，曲线上方的颜色通常是蓝、绿、灰的次序。曲线下方是银白色的。成年的波线鲹体长可达2米（6.5英尺）。

波线鲹食量大，爱吃肉，通常成群结队觅食。成年波线鲹通常在海边清水区觅食，其觅食范围从碎浪带一直延伸到50米（160英尺）深的海域。鲻鱼是他们最爱的猎物，大量成年波线鲹也会在每年沙丁鱼洄游的时候跟在它们后面觅食。体长达15厘米（6英寸）的未成年波线鲹主要以虾和小型鱼类为食，它们张开嘴巴也能够吞下达自身体积70%的猎物。

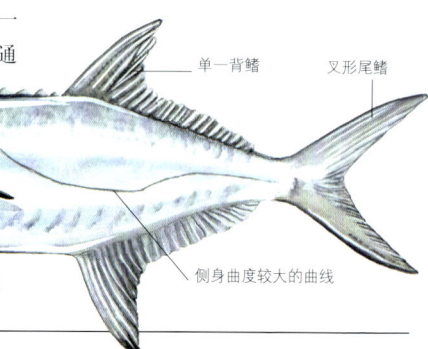

单一背鳍 | 叉形尾鳍
白色下侧 | 侧身曲度较大的曲线

Polydactylus quadrifilis

非洲巨型马鲅

重量: 可达75千克（165磅）
水域类型: 沿海水域
分布: 带有沙底或泥底的热带浅水地区，有时也存活于微咸水中
垂钓方式: 底钓法，需用铁板路亚饵钓组；飞钓法

非洲巨型马鲅主要生活于非洲西海岸。它们是力量强大的斗鱼，仅在少数地区被成功捕获，比如安哥拉（特别是宽扎河河口湾、加蓬和塞内加尔）。非洲巨型马鲅体长可达2米（6.5英尺），其腹部为较为明显的黄色。与其他鱼类不同的是，巨型马鲅将紧贴胸部的鱼鳍作为触须，以此来定位碎浪带和红树林阴暗河口地区的猎物。有时也能在近海区深度达50米（160英尺）的沙底找到这种鱼。

非洲巨型马鲅主要以小型鱼类和甲壳动物为食。通常利用铁板路亚饵钓组可将其捕获，飞钓的方法也可行。

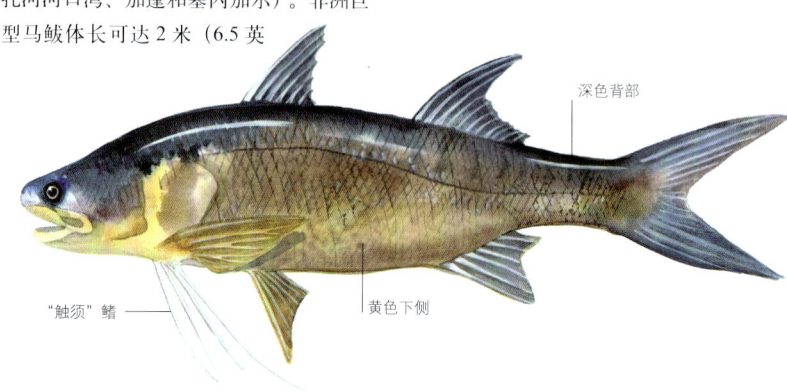

深色背部
"触须"鳍 | 黄色下侧

海鱼

Albula vulpes
北梭鱼

重量： 可达10千克（22磅）
水域类型： 带有沙底或泥底的浅水区
分布： 世界范围内的温暖海域
垂钓方式： 飞钓，鱼饵钓

在海水中采用飞钓的方法钓鱼，北梭鱼可能是最普通的一种猎物了，作为食用鱼类北梭鱼商业价值较小。然而，作为在浅水区靠眼力钓鱼，即目视钓法的目标鱼种，它们却是非常受珍视的。

北梭鱼为银灰色，其身上的深色垂直条纹颜色会随其生长而变浅。鱼鳍颜色要比身体深一些。北梭鱼身形细长，这种体形使它们能够在浅水区靠近底部的地方觅食，在那里北梭鱼可以找到虾类和甲壳类动物。人们常常发现，这种鱼会钻进泥里或沙里觅食，尾巴伸出水面。钓鱼者将这种行为称为"拖尾"，这也是在热带海水浅滩处钓鱼时经典的场景。

北梭鱼是非常难对付的斗鱼，即使上钩了也还游得很快。人们曾在非洲东南部的水域中（主要是莫桑比克）捕获过体积庞大的北梭鱼。很多种鱼饵都可以用来钓北梭鱼，特别是小虾和对虾，再配上夹具。体积稍大的北梭鱼通常可以在深水区利用鱼饵捕获。然而，在浅滩采用飞钓是经典的方法。

深色鱼鳍 — 锥形细长身体

浅滩里的北梭鱼
钓鱼者们在巴哈马群岛用竿支撑着划过浅滩，他们在用眼睛寻找北梭鱼。

Sphyraena barracuda

巴拉金梭鱼

重量： 可达50千克（110磅）
水域类型： 热带水域
分布： 大西洋、印度洋和太平洋
垂钓方式： 从渔船上或者岸边进行饵钓

令人惊惧的利齿
发光的物体能够吸引大巴拉金梭鱼。带有金属光泽的诱饵，通常可以成功引诱大巴拉金梭鱼过来，它们会用自己令人害怕的利齿实施攻击。

巴拉金梭鱼食量巨大，巨大的嘴巴里长着剪刀一般尖锐的牙齿。其身体背部呈蓝灰色，渐渐变成绿色、银色，到了腹部则变为白色，且有18~23条深色斑纹。侧身线条下方有明显的黑色斑点，这是巴拉金梭鱼一个显著的特征。

在世界上绝大多数温暖的热带地区都能找到这种鱼。近海的珊瑚礁、海藻、红树林，甚至人造钓点（码头、海堤）附近都常常能发现巴拉金梭鱼的踪迹。体型稍大的巴拉金梭鱼也栖居在开阔的海域，在那里生活的时候它们通常待在水面附近。巴拉金梭鱼有时候会成群出行，但大部分时候还是独来独往。幼鱼通常在红树林和海藻中的海岸成长，第二年的时候它们会到更深的水域中去。

进食习惯

巴拉金梭鱼攻击性强，经常冲进饵鱼的队伍当中，利用自己尖利的牙齿攻击猎物。受伤和死亡的鱼因此被吃掉。建议人们不要在它们栖居的水域穿着会闪光的泳装，因为这种鱼会受到视觉刺激被吸引过来进行攻击。钓鱼者可用路亚饵或者活饵捕获巴拉金梭鱼，无论在海床上还是岸边均可。

海鱼 267

Istiophorus platypterus

平鳍旗鱼

重量： 可达100千克（220磅）
水域类型： 温带和热带沿海水域
分布： 大西洋、印度洋和太平洋
垂钓方式： 利用诱饵实施拖钓，飞钓

平鳍旗鱼长着长长的上喙，背鳍长得像一张硕大的船帆，上面还密布着斑点，这个样子人们绝不会错。其下腹的鱼鳍长而窄。平鳍旗鱼背部是蓝黑色的，下腹为银白色，沿着身体侧面有大约20条淡蓝色垂直条纹。这种海洋鱼类来回迁徙，在靠近海岸的地方数量众多，而且常常成群出没。平鳍旗鱼主要食用体型稍小的鱼类、鱿鱼及甲壳动物。虽然它们无法长得像其他长嘴鱼那样长，但是捕捉起来也非常刺激。

捕获方式

人们可用轻钓具和诱饵在渔船上实施拖钓，从而捕获平鳍旗鱼。轻型飞机常常跟在渔船后面播撒诱饵。在一些地方，用活饵引诱旗鱼，然后向它们扔飞蝇饵来捕获它们也很常见。在佛罗里达附近的水域，人们习惯将所有的平鳍旗鱼放生，那里的钓鱼者常常用活饵来获取平鳍旗鱼。佛罗里达群岛附近的水域以捕获平鳍旗鱼著称。慢慢地越来越多的人到很多南美地区的水域垂钓，因为那里也发现了大量的平鳍旗鱼。

第一个船帆状背鳍

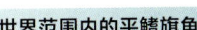

长喙

世界范围内的平鳍旗鱼

旗鱼的迁徙非常普遍，世界上许多温带和热带水域都能发现旗鱼的踪迹。它们通常会跟着最喜欢的猎物群（比如马鲛鱼、金枪鱼和鳀鱼）迁徙，当这些鱼类根据水温的季节性变化进行迁徙的时候，旗鱼也会跟着。太平洋的旗鱼迁徙是为了产卵，而且它们的体型要比大西洋的旗鱼大得多，大西洋的旗鱼体重只能达到58千克（128磅）左右。也正是因为这个原因，有些专家将旗鱼分为两类：印度洋、太平洋旗鱼（平鳍旗鱼）和大西洋旗鱼（*Istiophorus albicans*）。

捕获旗鱼上岸
两个人共同把旗鱼移到船上会更容易些。抓住它们的长嘴和鳍帆可以安全将其控制。

Makaira indica

立翅旗鱼

重量： 可达750千克（1653磅）
水域类型： 沿海和暗礁附近的温暖浅海
分布： 大西洋中东部、地中海、印度洋和太平洋
垂钓方式： 利用路亚饵或者活饵实施拖钓，飞钓也可

立翅旗鱼是枪鱼属中体型最大的鱼类之一，能够长到454千克（1000磅）。对于竞技钓鱼者而言，这种体型的鱼算得上是比较高等级的了。和所有枪鱼属的鱼一样，立翅旗鱼也长着非常明显的长喙。它们长喙的横截面是圆形的。这种鱼有两个背鳍，盆腔的鳍可以很快卷起来在身体下方形成凹槽状。立翅旗鱼上方为深蓝色，并无明显特征。它们通常生活在岛屿或暗礁群的浅水中，以鱼（尤其是成群的金枪鱼）为食，它们也吃章鱼和鱿鱼。立翅旗鱼行动迅速，力量强大，常常用长喙去攻击猎物。

捕获立翅旗鱼

在喜欢大型猎物的钓鱼者中，立翅旗鱼会很受欢迎。最常见的钓鱼方式就是在快速移动的船只后面拖拽亮色的诱饵或者操纵活饵拖钓。但是有些爱冒险的钓鱼者会用重型飞轮捕获体型稍小的立翅旗鱼。大多数的立翅旗鱼如果被抓住，都会被贴上标签然后放生，以保存物种储量。

良好的竞技活动
立翅旗鱼在搏鱼时会待在海里，但是第一次上钩的时候经常会大幅度跳跃。它们力量强大，跟它们的斗争不会短暂。

Tetrapturus audax

条纹四鳍旗鱼

重量: 可达440千克(970磅)
水域类型: 深海区
分布: 大西洋东南部、印度洋和太平洋
垂钓方式: 利用路亚饵或者活饵实施拖钓

在太平洋和印度洋地区,竞技钓鱼者们大量捕捉条纹四鳍旗鱼,尤其是在新西兰海岸。它们比大西洋蓝枪鱼和立翅旗鱼体型小,背部呈深蓝色,有湖蓝或淡紫色条纹。条纹四鳍旗鱼身体上部为深色,一直向下颜色逐渐变浅,直至变成银白色。第一个背鳍的高度和其所在位置身体的竖直长度一致,一直延伸到第二个背鳍处。胸鳍紧靠着身体折叠起来,从侧面看是直的,底部微弯。

与大西洋蓝枪鱼和立翅旗鱼相比,条纹四鳍旗鱼能适应的水温度更低,而且常常在距离陆地很远的深水域出没。它们以长途迁徙闻名,根据记载,它们曾在3个月里游动长达4800千米(3000英里)。

墨西哥的条纹四鳍旗鱼

墨西哥水域是钓条纹四鳍旗鱼的著名场所。沿着美丽的加利福尼亚半岛的太平洋沿岸,在东部一直到科斯特海的中途岛地区,都能发现它们的踪迹。它们生活在水温20~35摄氏度(68~77华氏度)的地方。半岛南端著名的洛斯卡波斯经常可以钓条纹四鳍旗鱼。

以沙丁鱼为食
条纹四鳍旗鱼攻击性强,和其他同类一样,它们会将饵鱼,比如沙丁鱼,驱赶成球形。这样,球状的诱饵鱼群就非常容易成为攻击对象了。

除繁殖季节外,条纹四鳍旗鱼更倾向于独来独往。

条纹四鳍旗鱼以鱼类、鱿鱼和甲壳类动物为食。人们通常在它们经常活动的水域通过路亚饵钓条纹四鳍旗鱼。但是假如人们看到了它们(并且没有和其他枪鱼一起出现),这时通常会用活饵。不同水域的条纹四鳍旗鱼身上的条纹有所不同。

第一个高高的背鳍

两侧白色条纹

Caranx ignobilis

珍鲹

重量： 可达80千克（176磅）
水域类型： 沿海的清澈潟湖、浅滩、暗礁以上水域
分布： 印度洋和太平洋，从红海和非洲东海岸一直到夏威夷
垂钓方式： 从浅滩或渔船上实施路亚钓或飞钓

战胜珍鲹
珍鲹攻击性强，面对飞蝇饵或者路亚饵它们会猛烈进攻。对于钓鱼者来说，战胜这样的对手真是一件值得骄傲的事情。

从深水区到浅水沙地，在海水中钓鲹鱼时常常免不了利用各种工具进行一场激烈的搏斗。珍鲹，有时也简称为GT，是鲹鱼中体型最大的。珍鲹头部前沿轮廓线较为陡峭，从侧面看上下嘴之间的曲线向下倾斜。这种鲹鱼体长可达1.7米（5.5英尺），体色不一，有银白色的，也有接近黑色的。成年珍鲹一般单独出没，它们喜欢在水质清澈的潟湖、浅滩、暗礁中生活，常常在热带暗礁边缘游弋。在某些地区的浅滩中也能找到这种鱼，这时它们会和刺鳐一起游动，一般认为它们这是在为捕食作掩护。珍鲹以体型稍小的鱼类和甲壳动物为食。在深水区暗礁的上方也能捕获珍鲹。

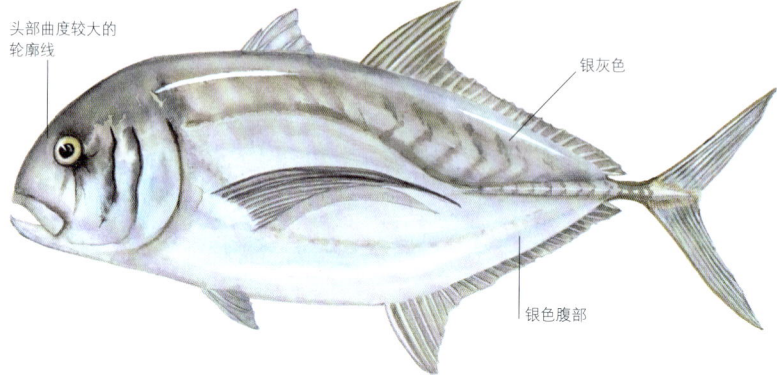

头部曲度较大的轮廓线

银灰色

银色腹部

Caranx melampygus

蓝鳍鲹

重量： 可达43千克（94磅）
水域类型： 暗礁上方温暖的沿海水域，近海潟湖和海峡
分布： 印度洋和太平洋
垂钓方式： 从渔船或者海岸上实施路亚钓或者飞钓

蓝鳍鲹看起来有些吓人，体长可达1.2米（4英尺）。这种鲹鱼尾鳍有鲜蓝色的标记，非常容易辨认。蓝鳍鲹攻击性强，食量大，是游泳健将。在同一片水域里它们常常和珍鲹（见左页）被混同看待，在整个印度洋地区都能发现它们的踪迹。它们需要生活在水温为21~30摄氏度的地方，分布在不同深度的海域，从深水区、暗礁附近、岩石岛到水深较浅的近海潟湖和海峡。

通常情况下蓝鳍鲹习惯独来独往，但是有时候它们也会在深海和近海的浅水区形成小型鱼群。钓鱼者可从渔船上或者岸边利用路亚饵和飞蝇饵捕获它们。它们体健好斗，靠直觉感知周围的障碍。

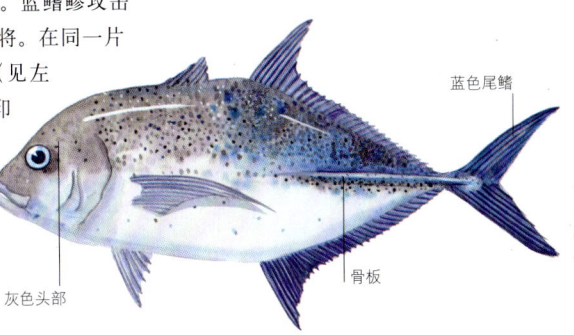

蓝色尾鳍

灰色头部

骨板

Caranx sexfasciatus

六带鲹

重量： 可达18千克（40磅）
水域类型： 温暖水域的近海暗礁，江河口
分布： 印度洋和太平洋，从红海和非洲东海岸一直到夏威夷
垂钓方式： 从渔船上实施路亚钓或飞钓

六带鲹上半部分为发亮的蓝绿色，下半身为银色。和所有鲹鱼一样明显的是，它们头部曲线都比较陡峭，长着六带睛。背鳍和臀鳍末端为白色。尾鳍可能是从淡黄色过渡到黑色中的任意一种颜色。六带鲹通常生活在近海暗礁区，在黄昏和夜晚最为活跃。它们常常群体出动，白天在礁石周围缓慢移动，到了晚上才分开觅食。

它们喜欢吃体积稍小的鱼类和甲壳动物。它们比较喜欢在25~29摄氏度（77~84华氏度）的水域里生活。

未成年的六带鲹经常生活在水母的触须之中，偶尔会到江河口一带。成年的六带鲹更喜欢深一点的水域，在沙子中猎取无脊椎动物。墨西哥的普尔莫角礁常常聚集着大型的六带鲹群，诸如海狮之类的猎食者也被吸引了过来。普尔莫角礁便以此闻名。这类鱼都很难对付，上钩之后会不定摇摆，转换方向。

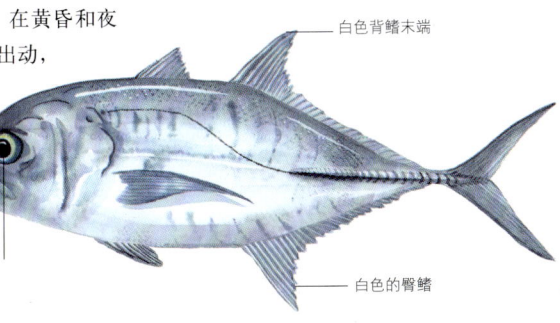

白色背鳍末端

大眼睛

白色的臀鳍

Lates calcarifer

尖吻鲈

重量： 可达60千克（132磅）
水域类型： 热带水流较慢的江河口
分布： 印度洋西部和东部、太平洋西北部和西部
垂钓方式： 鱼饵钓、路亚钓、飞钓

尖吻鲈体长可达2米（6.5英尺），嘴巴较大，下颌明显较长且突出。大多数尖吻鲈为黑色，身体上半部分为绿灰色，到了下半部分又慢慢变成银色。它们主要生活在河流中和江河口，尤其是拥有稳定慢速水流的大型河流，水温在20摄氏度（68华氏度）左右，无论河水是否清澈它们都可以存活。它们是食肉动物，以体积稍小的鱼类和甲壳动物为食。

幼时雄性，长大雌性

尖吻鲈在生命之初是雄性，三四年后发育成熟。大约5岁的时候它们会变成雌性。这就是说，小型的尖吻鲈几乎都是雄性的，大些的几乎都是雌性的。

成年的尖吻鲈一般会沿着水流到下游的江河口或者沿海水域产卵，通常是在汛期。在钓鱼者看来，尖吻鲈非常狡猾，经常藏在暗桩沉木较多的地方，比如红树根部和坚硬的石头周围。利用诱饵和飞蝇饵可以捕获它们。

上部深色鱼身

长而低的下颚

圆尾鳍

良好的钓鱼运动
尖吻鲈，又称为澳大利亚肺鱼，是一个重要的竞技钓鱼物种，特别是在澳大利亚。当它们上钩时，常常能从水里跳出来。

Rachycentron canadum

军曹鱼

重量: 可达68千克(150磅)
水域类型: 温暖的沿海水域
分布: 大西洋、印度洋、太平洋
垂钓方式: 在渔船上饵钓

军曹鱼群
军曹鱼喜欢独自行动,但偶尔人们也会发现大型军曹鱼群,特别是在追捕猎物的时候。

军曹鱼身体细长,头部较宽略低,下颌较为突出。这种鱼全身整体呈暗棕色,侧面有深色条纹,条纹从眼睛一直延伸到尾部。第一个背鳍比较特别,有7~9个脊柱,这些脊柱之间并没有膜连接。军曹鱼力量强大,体长可达2米(6.5英尺),经常迁徙,喜欢生活在温暖的水域中。人们经常能看到这种鱼在浅水区、浮漂周围、被锚固定的渔船和航标附近穿行,它们以小型鱼类和甲壳生物为食。

佛罗里达的目视钓鱼法

军曹鱼是很受欢迎的竞技钓鱼鱼类,特别是在佛罗里达沿海。很多人在冬天来到佛罗里达大西洋沿岸的暗礁和残骸周围。钓鱼者们靠眼睛找鱼钓鱼。钓鱼者们必须把路亚饵投放在游动的军曹鱼前方,使它们扭转方向。军曹鱼常常跟随着大型鱼类,特别是鳐鱼,这一点很多人都知道。很多钓鱼者在钓取军曹鱼的时候都会先去看有没有鳐鱼等大型鱼类。

没有薄膜连接的背鳍

侧身明显的斑纹

大臀鳍

Chanos chanos

遮目鱼

重量： 可达18千克（40磅）
水域类型： 热带沿海浅水区，有时也会在江河口的咸水区
分布： 大西洋东南部、印度洋、太平洋
垂钓方式： 飞钓

终于用飞蝇饵钓到了遮目鱼
从远处看，有可能把遮目鱼和大型北梭鱼搞混，但是很容易从它们的长尾巴和进食习惯上将两者区分开来。它们可能是在浅滩上用飞蝇饵最难以捕获的鱼类之一了。

对于喜欢冒险的飞钓爱好者来说，遮目鱼是最受追捧的鱼类之一。遮目鱼体型较长，身体呈银色，背部颜色较深，尾部较大，呈叉形。遮目鱼体长可达1.8米（6英尺），嘴部较小，嘴唇较软，没有牙齿，这主要是因为它们吃海藻为生。成年的遮目鱼在海岸边和浅水区聚集，然后游到浅滩进食。这种鱼常常进入江河口，有时甚至会进入内陆的淡水河流中。除海藻之外，它们有时也吃幼虫和底栖的无脊椎动物。

钓到抓不住的鱼

遮目鱼十分机警，会让人毛骨悚然。很多年以来人们都认为通过飞钓的方式事实上是无法钓到遮目鱼的。然而，钓鱼者们能在浅滩上有效地钓到它们，有时是在开阔的水域，用与海藻相似的飞蝇饵。遮目鱼是海水浅滩上最难对付的鱼类之一，一旦上钩，它们很容易逃脱。许多钓鱼者都把遥远印度洋的塞舌尔环礁岛看作利用飞蝇饵捕获遮目鱼的最佳地点。

小嘴 — 单一背鳍 — 明显的叉形尾巴

海鱼

Seriola lalandi

加利福尼亚黄尾鲕

重量： 可达97千克（213磅）
水域类型： 近岸或大陆架之外略温的水域
分布： 大西洋西南和东南部；印度洋；太平洋
垂钓方式： 从渔船上或者海岸上实施饵钓

加利福尼亚黄尾鲕有时也被人们称作"黄尾琥珀鱼"，或者"黄尾王鱼"，它们力量十分强大，天生喜欢在开阔水域浅水区生活。它们体长可达2.5米（8英尺）。不同个体之间身体的颜色也有差异，但是背部通常是深绿色或者蓝色，到了身体两侧，慢慢变为金属蓝绿色，腹部为银色或白色。尾巴为鲜黄色，沿着侧身有一条明显的斑纹，为金色或黄色。小型黄尾鲕通常在近海岸聚成鱼群，但是大型黄尾鲕通常在深水礁和离岸岛屿周围聚成鱼群，但规模比小型黄尾鲕的鱼群要小。黄尾鲕更喜欢在清澈的水中生活，水温应高于18摄氏度（64华氏度）。人们主要用路亚饵钓黄尾鲕。

黄尾鲕钓组

即使到了60米（200英尺）深的水域，钓组对于黄尾鲕都还很管用。不过最好还是将钓组一直沉到底部，然后迅速拉回。人们将这种钓鱼方法称之为"蝴蝶铁板钓组"或"垂直铁板钓组"。动作要尽可能迅速，因为黄尾鲕如果要咬钩的话很容易就碰到钓组了。黄尾鲕吃鱿鱼的时候，不会干别的事情，什么东西也不会碰。这种情形下活鱿鱼很明显是完美的诱饵。

第一个小背鳍

侧身金黄色条斑

白色下半身

海藻中的黄尾鲕
当加利福尼亚黄尾鲕聚集在海藻周围的时候，一种不错的吸引它们的方式就是撒饵，然后利用活饵捕获它们。

Prionace glauca

大青鲨

重量: 可达206千克(454磅)
水域类型: 温带和热带海域
分布: 大西洋、地中海、太平洋
垂钓方式: 用鱼饵实施船钓

海洋中的漫游者
在这里我们可以看到一只大青鲨在一群马鲛鱼中觅食。大青鲨以能够在海洋中远距离漫游而著称。有人曾给一些鲨鱼做标记,结果在几百英里以外的地方发现了它们。

大青鲨线条优美,行动优雅,身体背部为标志性的蓝色,下腹为白色。虽然大青鲨并不算体型最大的鲨鱼,但是它们也能长到相当惊人的长度,可达4米(13英尺)。通常大青鲨生活在深水区,并不常靠近陆地,但是在大陆架之间慢慢变窄的地方,它们也会出现在近海区。大青鲨主要以鱼、鱿鱼及个别种类的甲壳动物为食。

大青鲨经常被人们从渔船上捕获。块状的鱼和油脂混合成的鱼饵通常能吸引到它们。和所有鲨鱼一样,大青鲨也具备非常发达和高度敏锐的味觉。它们可以从很远的地方被这种诱饵吸引过来。

大青鲨上钩之后还能力量充沛地跑出很远,这一点钓鱼者们都很清楚。无论钓哪种鲨鱼,结实的线绳都很关键,因为它们的牙齿非常尖锐,咬力很强大。

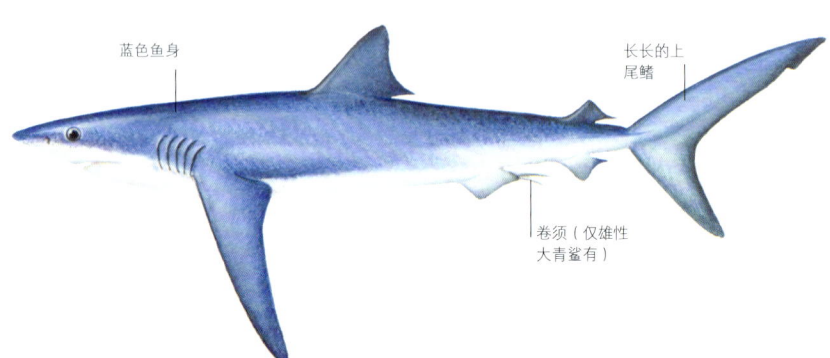

蓝色鱼身

长长的上尾鳍

卷须(仅雄性大青鲨有)

Isurus oxyrinchus

灰鲭鲨

重量： 可达506千克（1120磅）
水域类型： 温带和热带海域
分布： 大西洋、印度洋、太平洋
垂钓方式： 用鱼饵实施船钓

灰鲭鲨，也称"尖吻鲭鲨"，比较突出的特点是大黑眼睛和微微向内弯曲的牙齿。这种鲨鱼身体上方是深蓝色的，下腹为白色，背鳍和臀鳍较小。它们通常生活在沿海水域深达150米（500英尺）的地方。灰鲭鲨偶尔也会来到近海区，它们更喜欢在其他鱼类（包括其他鲨鱼和贝类）上方进食。体型较大的灰鲭鲨有时候甚至会吃大一些的长嘴鱼（比如枪鱼）和鲸类（鲸鱼和海豚）。人们一般认为，灰鲭鲨有季节性迁徙的习惯。

速度与进攻

灰鲭鲨以海洋中游速最快的鲨鱼著称，它们因此也被钓鱼者们格外珍视。即使上钩它们也能跳出水面。灰鲭鲨进攻性强，会攻击游泳者甚至船只。

南加利福尼亚旁边的海域被认为是灰鲭鲨重要的繁殖地点。而且人们认为成年的灰鲭鲨全年都会待在这些水域。灰鲭鲨为卵胎生动物。一只雌性鲨鱼一胎可产5到10只幼鲨。发育良好的幼鲨会吃掉与自己同胎但不太成熟的灰鲭鲨。

飞钓捕捉灰鲭鲨

现在有越来越多关于飞钓捕捉灰鲭鲨的前瞻性指南，也有越来越多利用飞钓法成功捕获灰鲭鲨的钓鱼者，特别是在南加利福尼亚地区。在这些灰鲭鲨繁殖区中，有许多小灰鲭鲨，用轻型渔具更好对付它们，也更适合用飞钓法。

刀一样的牙齿
灰鲭鲨的牙齿边缘顺滑、细长、尖利，这都非常典型。但是，特别大的灰鲭鲨牙齿通常是楔形的。

大黑眼

第二个小型背鳍

发育良好的下尾鳍

Negaprion brevirostris

短吻柠檬鲨

重量： 可达184千克（406磅）
水域类型： 亚热带浅水区
分布： 大西洋西部（美国北部到巴西南部，包括加勒比地区）、大西洋东部、太平洋东部（加利福尼亚半岛到厄瓜多尔）
垂钓方式： 在渔船上漂钓或底钓，飞钓

做了妈妈的短吻柠檬鲨
对于短吻柠檬鲨而言，加勒比地区一个带有沙底的温暖浅水潟湖是生产的理想场所。刚出生的短吻柠檬鲨有60厘米（2英尺）长，雌性短吻柠檬鲨一次可产4~17个幼崽。

短吻柠檬鲨身体光滑，是行动迅速的捕食者，擅长在浅水区寻找猎物。世界上许多地方的钓鱼者都在捕捉这种鲨鱼。

短吻柠檬鲨的颜色属于淡黄色和全棕色之间，很好辨认。第二个背鳍和第一个差不多大。它们长着独特的三角牙，有一点点曲度。幼鲨大约每隔一周牙齿就全部换一遍。短吻柠檬鲨会在开阔的海域中不停迁徙，但是它们主要生活在浅滩、溪流、码头和礁石周围，因此近海钓鱼者也很容易碰到它们。它们主要以小鱼为食，但也会吃一些甲壳动物和软体动物。成年短吻柠檬鲨通常在春季相对较浅的水域交配。孕期为10~12个月，雌性短吻柠檬鲨在4—9月之间会返回浅水护幼区生产。

人们主要在船上钓它们，利用碎肉饵（兜在网里的鱼类和其他天然饵料），以此将它们吸引到钓线上。距离非常近的时候用大些的飞蝇饵也可以将其捕获。

黄棕色鱼身　　　　　　　　　　　　　　　第二大背鳍

海鱼

Carcharhinus brachyurus

短尾真鲨

重量： 可达305千克（672磅）
水域类型： 热带和亚热带的近海和离岸水域
分布： 大西洋、地中海、印度洋、太平洋
垂钓方式： 利用鱼饵在海滩或渔船上漂钓或底钓

短尾真鲨体型较大，颜色介于灰色到铜色之间，侧身线条以下为白色，吻部较宽。这种鲨鱼分布范围很广，能很好地适应近海和远海的环境。在世界上温带和热带的海洋中都能发现这种鲨鱼的踪迹。它们常常在活动范围的北部来回迁徙，春天往北游，秋天往南游。短尾真鲨喜欢吃各种各样的浅水鱼类，但是也会吃沉在水底的鱼、鳐鱼和小型鲨鱼。这种鲨鱼在碎浪带也能吃得好。它们会跟着非洲南部海岸每年5—7月沙丁鱼的迁徙行动，这一点不少人都知道。

捕捉短尾真鲨是海滩钓鱼最具挑战性的一种形式。这种活动越来越受欢迎，特别是在纳米比亚，那里有大量的短尾真鲨靠近海岸线，同样的场景也发生在南非和安哥拉南部。在渔船上也可以钓到这种鲨鱼。

深铜色

吻部

铜色捕食者
短尾真鲨正跟着小型鱼类群体迁徙，这样捕食更容易。

在世界各地钓鱼

在世界各地钓鱼

毫无疑问，钓鱼是游览新地方极佳的理由之一。有些地点只有钓鱼爱好者才会去探索。无论是国内还是国外的都不要紧，每当你游览一个新的地方，钓鱼的经历都弥足珍贵。

如果考虑换个地方钓鱼，你会怎样选择去哪里呢？这一章节的目的地包含了这个世界上许多特别的钓鱼活动场所。参考这里面推荐的内容，然后在你选择的目的地好好探究一番吧。

在这里你能知道钓鱼方式、垂钓对象的种类、方位、其他有趣的点，及去的时候自己该考虑哪些方面。休闲钓鱼度假的时候，那些度假区专门的负责人员会引导你往哪儿去、钓什么及怎么去。但是要记住，在一些地点你是可以自己行动的。如果你要去一个新地方钓一种之前没有遇到过的鱼，没什么能比雇一个当地可靠的向导更重要的了。你对自己家乡水域就像你对自己手背那么了解，向导对当地钓鱼的各种事情也是一清二楚。

后面描述的钓鱼地点中，有些要比另外一些更受欢迎。但请记住，没有哪

钓鱼历程
无论天气是冷是热，是海水还是淡水，在外国水域钓鱼，都是一段非常美妙的冒险历程。

个目的地是比其他目的地要好的。在某个钓鱼者看来很新奇的东西，在其他人眼里可能稀松平常。一个经常在安哥拉南部海水中钓鱼的人可能很想在英国浅浅的白垩溪流尝试一下。反之，常在英国浅流中钓鱼的人可能也很想尝试在遥远的海水浅滩上钓遮目鱼，远离手机信号和网络的纷扰。谁知道别的钓鱼者想要些什么呢？

相比于自己常规的钓鱼活动，在新的水域钓新的鱼类总是能给人一种新的、强烈的感官刺激。在新的地方钓鱼时，有人会兴奋到难以回归往常的生活。有些钓鱼者甚至会因为爱上了新的钓鱼点或者对新的鱼类很着迷而定居下来。接下来这一章节中的钓鱼地点都经过精心挑选，能在某种程度上让人兴奋、激动并且获得一定讯息。事实上接下来有无限种可能，但具体怎么样要看你去哪里。

波涛汹涌之河
波涛汹涌的巨大水道，如尼罗河，对许多垂钓者来说都充满魅力，在不同的水域垂钓是这项运动中重要而有益的一部分。

不列颠哥伦比亚

北美洲，加拿大西部

在加拿大不列颠哥伦比亚省美丽自然的乡间有众多鱼类。不列颠哥伦比亚省沿着加拿大西海岸延伸1190千米（740英里），该地区是加拿大鱼类最为丰富的地区。

该地区水域辽阔，多种鱼类生活在这里的淡水中，但对飞钓爱好者而言，最具吸引力的是这里的硬头鳟。这种鱼在水里游来游去彩虹一样，能钓到它们对钓鱼者来说是件值得珍视的事情。这里还生活着巨型大鳞大马哈鱼，它们和其他太平洋鲑鱼、庸鲽鱼一样，都具有很强的吸引力。

未受人类影响的河流
加拿大这个地区有很多河流，河里生活着太平洋鲑鱼和当季的硬头鳟。许多河流其实并没有人来钓鱼，而且非常清净。

不列颠哥伦比亚有6000多个沿海岛屿，19 300千米（12 000英里）的峡湾，有海岸线和海峡，湖泊和河流数量总计24 000多个，各有各的特色和吸引人之处。在这个省很多地方都能找到灰熊和黑熊。在钓鱼进行的过程中，中北部的海岸是你唯一能看到柯莫德熊（白灵熊）的地方。该省也是观赏虎鲸和座头鲸的最佳地点之一。

钓鱼基础设施

这里有钓鱼向导、专业的旅行社和提供钓鱼机会的包船，它们组织有序；形

美洲　　285

成了网络。一些最狂野、最夸张的飞钓可以借助直升机来实现，这被称作"直升机钓"。

虽然硬头鳟是前来游览的钓鱼者最喜欢的一种鱼类，但是弗雷泽河却是以能钓到大型鲟鱼而闻名世界的。但这些鲟鱼后来都会被放生。现在的渔场状况几乎都越来越差，人们付出了艰苦卓绝的努力，以保证这些大型淡水鱼类数量能够增加。

值得骄傲的猎物
大鳞大马哈鱼长大后体型较大，有时候在海中和不列颠哥伦比亚的河中都可以钓到这样的鱼。

海岸、湖和河流

不列颠哥伦比亚的岛屿数量众多，海岸线绵长，这意味着有无数的机会能够在海水中钓鱼。在这里不仅能钓到主要的太平洋鲑鱼，还能钓到大型庸鲽和各种各样的岩鱼。这里有许多湖泊和河流，为钓淡水鱼提供了很多机会，包括每年固定时节会来的太平洋鲑鱼。也有很多人不是为了钓鱼，只是为了来这里看看太平洋鲑鱼产卵的情景。那时候正是夏末秋初，可以好好看看数量众多的鱼儿们。来不列颠哥伦比亚的时候，看什么做什么都取决于你去的是哪一个地方。

> **关键信息**
>
> **气候：** 沿海地区通常温和多雨。北部地区气候较为严寒。7月不列颠哥伦比亚南部内陆温度在28~32摄氏度（82~90华氏度）。
>
> **钓鱼时间：** 钓硬头鳟的最佳时间为8~10月底；大鳞大马哈鱼的最佳钓鱼时间是6月和7月。
>
> **主要鱼类：** 大鳞大马哈鱼、鳟鱼、大比目鱼、岩鱼和鲟鱼。
>
> **热门地点：** 整个斯基纳河系都非常适合钓鳟鱼。
>
> **提示：** 根据季节恰当着装。长筒靴、保暖内衣、胶皮雨靴、雨衣都很关键。你还需要一张许可证，授权你在不列颠哥伦比亚任何地区钓鱼。

阿拉斯加

北美洲，美国

阿拉斯加是西半球最大的半岛，那里有 300 多万个湖泊，3000 多条河流，还有无数条可供钓鱼的溪流。阿拉斯加有几种鱼可供休闲垂钓，包括太平洋鲑鱼、大庸鲽和虹鳟鱼。

多种多样的钓鱼体验

阿拉斯加州的每个地区都能为人提供不同环境中垂钓不同鱼类的体验。著名的大鳞大马哈鱼洄游会将世界各地的钓鱼者吸引过来，人们也能在此获得美妙的钓鱼体验。在阿拉斯加想要独自一人钓鱼是完全有可能的。那里有很多渔家乐，会组织钓鱼游，在环游过程中，来参观的钓鱼者乘坐水上飞机和直升机来到阿拉斯加寂寥无人的乡村。

科迪亚克岛坐落在距离海岸 48 千米（30 英里）的地方，这里被认为是最好的综合性钓鱼场所之一。在这里钓到大庸鲽和大鳞大马哈鱼的可能性很大。

观光旅游业是阿拉斯加发展最为迅速的产业之一，为游客准备的相关基础设施也非常完善。一边钓鱼一边还可以享受很多活动，比如观察野生动物、远足及其他室外娱乐活动。

关键信息

气候： 该地区内部气候差异较大。安克雷奇夏天通常比较温暖，冬季也没有那么严寒。科迪亚克也很相似，不过随时都有可能下雨。全年气温平均值在 0~17 摄氏度（32~63 华氏度）。

钓鱼时间： 大庸鲽全年都可以钓，6 月和 7 月在河流中非常适合钓大鳞大马哈鱼，7—9 月则比较适合在海水中钓。

主要鱼类： 大鳞大马哈、虹鳟鱼、大庸鲽、花羔红点鲑，还有硬头鳟鱼。

热门地点： 基奈半岛鱼量大。科迪亚克虽然偏远，却也鱼量充足、种类繁多。

提示： 这里气温变化较大，而且多雨，因此多准备几件衣服。而且要注意驱蚊，还得有钓鱼许可。

野外钓鱼

在卡勒克河、科迪亚克岛你都可以体验到野外钓鱼的快乐，尤其是钓银大马哈鱼和硬头鳟。准备好享受真正的独处时光吧。

安大略

北美洲，加拿大

在人们眼中，安大略是竞技钓鱼的天堂。五大湖中包括了世界上最大的淡水湖——苏必利尔湖。在那里可以体验到钓玻璃梭鲈、湖红点鲑、硬头鳟、褐鳟和小嘴鲈鱼的感觉。

在大湖钓鱼

安大略省境内湖泊、河流和小溪加起来有40多万条，钓鱼时可供选择的地点是很多的。在偏远的安大略省北部地区，有较少受人类活动影响的水域，大梭鱼（也叫"北美梭子鱼"）非常适合生活在这里，这里可以为人们提供很多钓鱼的机会。一般认为，伊利湖是五大湖中产鱼最多的湖泊，特别是玻璃梭鲈，这种鱼在伊利湖全年都可以钓得到。深冬时节冰钓也是一种很受欢迎的钓鱼方式。钓鱼者们会搭起小型暖房，在冰面上凿出洞来，以垂钓自己喜欢的鱼类。

在河边钓鱼的机会

在安大略省有很多钓鳟鱼的机会。其中最佳的地点包括奥尔巴尼和奥戈基等河系。无数钓鱼者都很期待每年莫米河的玻璃梭鲈洄游。这个时间段里，浅滩的玻璃梭鲈会游到莫米河产卵。洄游通常在3月初开始，一直持续到5月初。这一壮观景象值得一看，而且有很多野生动物。许多钓鱼者都会尽力钓5千克（11磅）左右的玻璃梭鲈。

伊利湖的宁静

伊利湖是五大湖中最小最浅的湖泊。夏天水温上升快，冬天全面结冰。

关键信息

气候：冬冷夏热，温度在-3~23摄氏度之间（9~73华氏度）。

钓鱼时间：冬天在伊利湖上进行冰钓。6—10月是钓玻璃梭鲈的好时间。

主要鱼类：玻璃梭鲈、硬头鳟、湖红点鲑、褐鳟、大梭鱼。

热门地点：伊利湖。

提示：多带几件衣服，带上防水衣。夏天注意采取措施防晒和防昆虫。

蒙大拿

北美洲,美国

在蒙大拿州的河流和湖泊里,野生褐鳟、虹鳟鱼和切喉鳟数量都很丰富。这个州也将这些美妙的自然资源管理得很好。世界各地的钓鱼者们常常来到这个被称为"宝藏州"的地方钓鱼。

在国家公园里钓鱼

蒙大拿州最著名的两个钓鱼地点是黄石国家公园和冰川国家公园。冰川国家公园受到了良好的管理,很多地方都人迹罕至,那里有很多可供钓鱼的湖泊和大型山脉。黄石国家公园一部分在蒙大拿州,另一部分在怀俄明州,这个公园以壮观的飞钓、美妙的景色、野生动物和温泉著称。采用的钓鱼方式可以是多种多样的,包括飞钓、旋ического诱饵钓、饵钓。但是大多数人还是用飞钓,特别是晒干的飞蝇饵。很多人蹚水钓鱼,但是不少河流也允许乘坐漂浮艇、摩托艇在水中钓鱼。

被保护的鱼类栖息地

在整个蒙大拿州钓鱼者都能获得指南服务。管控州内钓鱼行为的规定包括强有力的捕捉及放生限制,还有很多保护自然区的措施,这样所有游客都能享受到美丽的自然景观。蒙大拿州的确是钓野生鳟鱼的最佳去处之一。大部分钓鱼者既需要一张保护许可,也需要一张钓鱼许可。

> **关键信息**
>
> **气候**:蒙大拿西部比东部气候温暖。6月平均气温29摄氏度(84华氏度),1月平均气温-2摄氏度(28华氏度)。该地区也可能出现极端温度。
>
> **钓鱼时间**:部分地区全年均可钓鱼,但是大部分地区都有季节限制,也会受到水况的限制。6—10月是最适合飞钓的。
>
> **主要鱼类**:野生的褐鳟、虹鳟和切喉鳟。
>
> **热门地点**:黄石国家公园和比格霍恩河。
>
> **提示**:多带几件衣服,根据天气增减衣物,还有防水的衣物和防水靴。

在蒙大拿的河中钓鱼
蒙大拿州河水清澈,在这里可以坐着船钓鱼。游客们是可以到河水中游玩的,但是小心不要误闯私人领地就好。

长岛

北美洲，美国，纽约州

无论在海滩、堤岸、码头还是船上，一整年中你都可以体验在长岛上钓条纹鲈的感觉。当然，你在这里也可以体验到钓扁鲹、狐鲣鱼、巴鲣和美洲拟鲽。

分享海滩
钓鱼者在长岛海滩上钓鱼，人们在夜光下漫步。这里自然而然地成为了受到人们喜爱的周末休闲去处。

钓条纹鲈

美国的条纹鲈渔业保护之成功是世界闻名的，商业捕捞受到了严格限制。这意味着，对于前来观光的和当地的钓鱼者来说，有很多条纹鲈可供垂钓，当然鲈鱼大小和数量是有限制的。

长岛长达193千米（120英里），宽度为19~32千米（12~20英里）。长岛西端是纽约市港口的一部分。建设得非常好。东端较为安静，部分仍属于乡村地区，有很多长形沙滩，非常适合捕捉条纹鲈。

栖息地多种多样

长岛上堤岸、码头众多，有很多钓鱼的机会。可以运用各种各样的技巧钓鱼，包括激浪投钓、拖钓、飞钓和撒饵钓鱼。长岛南岸是纽约州物种最为丰富的地区之一，条纹鲈会靠近内海猎食。这样一来钓鱼者们就很容易捉住它们了。大量的扁鲹和巴鲣会在海岸边游动，高峰期时它们会游进大水湾当中。长岛是个不错的度假胜地，在那里一边钓鱼还可以一边体验丰富多彩的活动。

关键信息

气候： 夏暖冬寒。长岛西岸往往会比东岸温暖一些。夏季平均温度在22摄氏度（72华氏度）左右。

钓鱼时间： 在春、夏、秋季都有不同条纹鲈洄游。但秋天是最适合钓大鱼的。

主要鱼类： 条纹鲈、狐鲣、扁鲹和巴鲣。

热门地点： 蒙托克角和辛纳科克湾。

提示： 早晚钓鱼的时候多带点衣服，根据气温增减。防水服也要带上。从当地的渔具店中购买钓鱼许可证。

南卡罗来纳

北美洲，美国

南卡罗来纳的钓鱼活动主要集中在查尔斯顿，这一城市坐落在阿什利河和库珀河两河的共同入海口。这座美丽的城市守护着一个景色优美的自然海港及大片的沿岸水域。

棕榈岛
查尔斯顿北部海岸棕榈滩溪流的咸水区域，为人们提供了绝佳的钓鱼环境。

潮滩、海港和湖泊

在南卡罗来纳全年都可以进行各种各样的钓鱼活动。春天的大潮能让红鼓鱼在棕榈岛的溪流和大米草丛生的咸水沼泽地中猎食。这些地方水比较深，船只也可以通行。有些钓鱼者也喜欢在这个时候蹚水。一直到秋季人们都有钓鱼的机会。夏末时节往往还能看到凶猛的马鲛洄游的景象。在不同时间段钓到斑点鳟、大海鲢、扁鲹和黑鼓鱼也是有可能的。冬天来临，水温降低，红鼓鱼们会聚集起来，成群结队，这个时候它们非常容易被发现，然后被钓到。在这些水域，冬天也非常适合钓鳟鱼。南卡罗来纳有很多湖，里面生活着很多大嘴鲈鱼和鲶鱼。在山中也非常适合钓鳟鱼。

红鼓鱼
红鼓鱼在当地也被称为红鱼或者"斑尾鲈"。让人难忘的红鼓鱼是南卡罗来纳盐滩上的主要钓鱼对象。

关键信息

气候：亚热带气候意味着夏季湿度高，岸上温度可达32摄氏度（90华氏度），甚至更高。冬季时间短，气候温和，岸上平均气温在20摄氏度（68华氏度）左右。

钓鱼时间：全年均可，但冬天和春天只要凭眼睛就能找到红鼓鱼和斑点鳟。

主要鱼类：红鼓鱼、黑鼓鱼、鲹鱼类、斑点鳟、扁鲹和大海鲢。

热门地点：查尔斯顿海港以及周围的浅滩是主要的钓鱼地点。

提示：必备钓鱼许可。

巴哈马群岛

大西洋西部

巴哈马群岛周围生活着很多美妙的海洋生物。很多岛屿周围环绕着广阔的咸水滩,这里是北梭鱼、鲨鱼、梭子鱼、大海鲢、镰鳍鲳鲹、锯盖鱼的栖息地。许多大型鱼类会游到离海岸更远的地方去。

浅滩与深海钓鱼

巴哈马群岛由700多个岛屿组成,它们都以钓鱼胜地著称。比米尼群岛、安德罗斯岛、阿巴科群岛、阿克林岛及克鲁克德岛,都可为你在浅滩的钓鱼活动提供引导,这些引导大部分都是通过能够进入浅水区的快艇上实施的。很多大型钓鱼活动都提供深海钓鱼的机会,全年都有钓鱼锦标赛。

许多钓鱼者没有意识到的是,和很多旅游景点一样,巴哈马群岛也有安静的水域,那里的北梭鱼很少有人去钓。乘坐岛际航班可以到达这些较为偏僻的地方。在伊纳瓜岛你可以获得非常美好的北梭鱼钓鱼体验。此外,伊纳瓜岛有一个广阔的内陆湖,里面的大海鲢和锯盖鱼数量众多。

岛屿气候
这些亚热带岛屿的沿海浅滩也许比较温暖,但是常常有飓风。准备应对多变的天气。

这座岛屿周边有一大片浅滩,因此在这里可以进行野外海水飞钓。实际上在大伊纳瓜岛上没有旅游设施,但是来这里观光的钓鱼者们能够在旁边的马亚瓜纳岛找到这些设施。

关键信息

气候: 夏季气温在27~32摄氏度(80~90华氏度)。冬季气温在21~27摄氏度(70~80华氏度)。

钓鱼时间: 伊纳瓜岛上的主要钓鱼时间为1—6月。

主要鱼类: 北梭鱼、镰鳍鲳鲹、大海鲢、锯盖鱼和梭子鱼。

热门地点: 整个伊纳瓜岛都非常适合钓鱼。至于最好的地点,要看潮汐状况和风况。

提示: 别忘了穿上热带钓鱼专用的衣服,带上轻一点的防水衣物。注意有效防晒。

佛罗里达群岛

美国佛罗里达

佛罗里达群岛由连绵的石灰岩和珊瑚岛组成，从迈阿密海滩到红海龟岛，长达350千米（220英里）。该地区为人们提供了丰富的海水钓鱼机会。

钓鱼选择

佛罗里达有几个知名钓鱼地点，包括大沼泽地、伊斯拉莫拉达、马拉松、大派恩和基韦斯特。可以歇脚的地方也很多，除一些预订的露营点外，还有很多旅馆和旅店。整个群岛的文化都是围绕钓鱼和潜水建立的，所以来游玩的钓鱼者们无论在哪里都非常受欢迎。无论你想用哪种钓鱼方式，想钓哪种鱼，这里的向导都能满足你的需求。

在佛罗里达，偏僻的浅滩里生活着大型北梭鱼、大海鲢、镰鳍鲳鲹及锯盖鱼。许许多多的小岛之间有桥连接，在那些桥附近，也有很多频繁迁徙的大海鲢。稍远一点的海中，枪鱼、旗鱼、鲨鱼、金枪鱼、军曹鱼和鲯鳅的数量都很丰富。

海水飞钓北梭鱼、大海鲢和镰鳍鲳鲹非常受欢迎。事实上，这里是合法的"钓鱼大赛"的地点，在这里可以用飞钓渔具钓到北梭鱼、镰鳍鲳鲹和大海鲢。

钓大型鱼类

佛罗里达群岛无疑拥有世界上最好的

在佛罗里达离岸钓鱼

乘着快艇钓鱼在佛罗里达是一种生活方式。世界上几乎没有其他地方能够提供这样的机会，在相比之下这么浅的水中还能钓到这么多的鱼。

海鲢垂钓环境了。每年都有大量的大海鲢鱼群迁徙经过这里，它们以体型较小的鱼类为食。2、3、4月天气暖和的时候，大海鲢们来到了这里。但是5月—7月中旬才是数量最多的时候。这种鱼非常好斗，跳出水面的场景非常壮观，而且能够摆脱鱼钩，把绳子扯断，这些都是大海鲢非常有名的特点。

这个地区也有很多鲨鱼在浅滩（内海浅水地区）游弋，它们也越来越成为钓鱼者们喜爱的对象。确实也有些钓鱼者专门用飞钓的方式来捕捉鲨鱼。

内陆钓鱼

在整个北美洲东部，特别是在一些气候温暖的南方州，大口和小口黑鲈是最受欢迎的淡水鱼类。佛罗里达有很多湖，那里生活着很多大口黑鲈鱼。大多数人都是用活饵或者路亚饵来钓鱼的。这里还举办专业的鲈鱼垂钓锦标赛。

给大海鲢卸鱼钩
大海鲢非常难对付，这一点已经臭名昭著了。如图中所示，人们常常在船的一边把大海鲢的鱼钩解下来，然后将其放生。

关键信息

气候：热带气候。从5月底到8月中的飓风季是雨季。夏天平均气温30摄氏度（86华氏度）左右。

钓鱼时间：全年不同时间能捕捉到不同的鱼。但是捕捉迁徙的大海鲢的最佳时间段是4—7月。

主要鱼类：大海鲢、北梭鱼、镰鳍鲳鲹、旗鱼、鲨鱼、枪鱼、军曹鱼、锯盖鱼。

热门地点：伊斯拉莫拉达，通常称为"世界钓鱼运动之都"。基韦斯特也是个极佳的地点。

提示：别忘了带上热带地区的衣物。多带点防晒霜和一件轻型防水外套。所有渔具店都可以买到钓鱼许可证，但千万别买错了。

在世界各地钓鱼

尤卡坦半岛

中美洲，墨西哥

尤卡坦半岛位于墨西哥东南端，在墨西哥湾和加勒比海之间。它既是热闹的现代化度假胜地，也是古老的遗址和海滨城市，还拥有亮丽的自然环境。

墨西哥湾暖流的影响

尤卡坦半岛面积达19.8万平方千米（7.63平方英里），地域辽阔。沿着古代玛雅文明的遗迹和现代的海滨度假胜地，会发现很多经典的浅滩鱼类，比如北梭鱼、大海鲢、锯盖鱼、镰鳍鲳鲹等，它们把很多飞钓的钓鱼者吸引到了这些浅水区。

在尤卡坦海岸和科苏梅尔岛（这个岛实际上在墨西哥湾暖流经过坎昆时将其"压缩"了）之间有个很大的深水海峡。自然的海水上涌带来了大量的鱼，而且该地区为钓旗鱼提供了极佳的船钓条件。在科苏梅尔岛周围则可以钓到大量的枪鱼。

世界遗产

锡安卡恩生物圈保护区（含阿森松湾）面积约5260平方千米（130万英亩），是一片受到保护的海洋生态系统，具备生物多样性。在该地区的浅滩上可以获得美好的钓鱼体验，还能见到各种各样的生物。这里的水中全年都可以钓到镰鳍鲳鲹和大海鲢。有很多小旅店会为游客提供海水钓鱼时所用的轻型渔具。那里也有很多优秀的向导，在他们的带领下，很容易避开人群找一个僻静的地方独自钓鱼。

关键信息

气候： 热带气候。5—10月中旬为雨季。最高温度大约为32摄氏度（90华氏度），该地区处于飓风带上，暴风雨频繁但是结束得也快。

钓鱼时间： 4—6月、9—11月最适合钓北梭鱼。11月—次年6月最适合钓镰鳍鲳鲹。3月中旬—6月最适合钓旗鱼。

主要鱼类： 大海鲢、镰鳍鲳鲹、北梭鱼、锯盖鱼、雄鸡鱼、旗鱼和枪鱼。

热门地点： 阿森松湾，坎昆和科苏梅尔岛。

提示： 别忘带热带钓鱼专用衣物、平底靴。防晒非常重要。

蹚过清澈的水
清澈的水和明媚的阳光让这里的飞钓十分惬意。

哥斯达黎加沿岸

中美洲，哥斯达黎加

哥斯达黎加位于中美洲的狭窄海峡之中，其边界北侧是尼加拉瓜，南侧是巴拿马。哥斯达黎加国土狭长，既有大西洋也有太平洋的海岸线，这两个大洋也被这个国家隔开了。国土最狭窄的地方仅有100千米（74英里）宽。

在雨林中钓鱼
在哥斯达黎加东北部的科罗拉多河上，吃水较浅的小船为在热带植物丛中钓大海鲢提供了稳定的平台。

加勒比沿海

加勒比沿海有着不同类型的水域，这意味着，在这里有可能获得刺激、多元化的海水钓鱼体验。但大多数来到这里的钓鱼者都是为了钓枪鱼和旗鱼。人们常在近海的地方发现这两种鱼。加勒比海岸边也有各种各样的潮汐河流区，那里也能钓到大海鲢，特别是在科罗拉多河、哥斯达黎加的帕里斯米那及托尔图格罗国家公园里。大片近海水域可供钓鱼，如雄鸡鱼、巴西笛鲷、锯盖鱼和梭子鱼。

太平洋沿岸

哥斯达黎加西南角的奥萨半岛既是个钓鱼的好地方，也是观光旅游的好去处。

奥萨半岛也是世界上最具生物多样性的地区之一。这里的鱼类很多，可供钓鱼者垂钓。这里的钓鱼活动也很丰富，可供钓鱼者参加。

大多数旅店都可以提供种类繁多的生态旅游服务，有很多项目可供选择，包括雨林、海滩（这里的海上冲浪很棒）、广袤的红树林沼泽，还有火山。对于那些对环境保护项目有兴趣的人来说，哥斯达黎加不可错过。

关键信息

气候： 热带。全年平均气温在21~27摄氏度（70~80华氏度）。5—9月是雨季。

钓鱼时间： 在7—8月能钓到最大的立翅旗鱼。11月—次年3月是钓蓝枪鱼和旗鱼的最佳时机。大型金枪鱼在这个时间段里也能经常钓到。

主要鱼类： 枪鱼、旗鱼、雄鸡鱼、鲯鳅、刺鲅、巴西笛鲷、镰鳍鲳鲹。

热门地点： 科罗拉多河、奥萨半岛。

提示： 带上热带钓鱼专用衣物和轻一点的雨衣，注意防晒。

洛斯罗克斯群岛

南美洲，委内瑞拉

未被破坏的洛斯罗克斯群岛位于委内瑞拉首都加拉加斯北145千米（90英里）处。那里是一个绝佳的北梭鱼垂钓地点。这里拥有独特的"薄饼"浅滩，这里的气候也使得钓鱼季格外长。

独特的海洋生态系统

洛斯罗克斯群岛是一个拥有很多潟湖、白沙、珊瑚礁、红树林和海草床的国家公园。该群岛由40~50个主要岛屿组成，在这些岛屿附近点缀着成百上千个传统的北梭鱼浅滩。尽管如此，真正使洛斯罗克斯群岛世界闻名的是那些"薄饼"浅滩。这些浅滩都是从深层水域隆起的小型的、顶部平坦的山，面积为0.2~1.2公顷（0.5~3英亩）。这些小山被清澈的热带海水漫过。现在大概有300个这样的"薄饼"浅滩。在深一点的水域可以进行大型的钓鱼活动。

虽然在这个地区，北梭鱼通常是人们在浅滩用下沉式飞蝇饵捕获的，但是由于

"薄饼"浅滩
这些水下平顶小山的边缘迅速倾斜进入深水中，因此只有坐船才能接近它们。

北梭鱼经常攻击在小岛周围游动的米诺鱼，飞钓者也可以在水面上用飞钓的技术来钓到北梭鱼。在人们把米诺鱼从正俯身往水里冲的鹈鹕口中救下的时候，也很有可能捕获大型的北梭鱼。

关键信息

气候： 一年中大部分时候都有冷却信风，很少下雨。全年平均气温在26~29摄氏度（79~84华氏度）。

钓鱼时间： 1—10月是最佳的钓鱼长季。

主要鱼类： 北梭鱼、大海鲢。

热门地点： 如果要用飞蝇钓的方式钓北梭鱼，洛斯罗克斯群岛硬地面的"薄饼"浅滩不可错过。

提示： 带上热带钓鱼的衣服、平底靴，注意防晒。

火地岛

南美洲，阿根廷

火地岛是南美洲南端一群岛屿中的一部分，一边是太平洋，另一边是大西洋。该地区阿根廷境内的部分中有世界上最南端的国家公园。

在较冷的环境中钓鱼

火地岛地方偏远，靠近南极，以天气严寒著称。然而，寒冷的气候并没有影响这里的渔业。在火地岛你可能获得世界上最好的鲑鱼飞钓体验。在恰当的季节，还能看到格兰德河中连续不断的鱼类洄游。

在这些偏远的河流中用飞钓法钓鱼，大多时候需要借助浮线和相对小一些的飞蝇饵，这通常是因为这里的鳟鱼平均重量超过4.5千克（10磅），重达13.5千克（30磅）的鱼也曾被钓到过。大多数河流都在严格规范之下得到了很好的保护，很多旅店和向导都严格遵守有关捕捉和放生的政策规定。价格不仅体现了这个地区的偏远程度，也反映了鱼的质量。火地岛的首府乌斯怀亚，是世界上最南端的城市。

瀑布和急流

火地岛的国家公园是该地区主要的景点之一，该公园范围内同时包含了几条壮观的河流。

关键信息

气候：气温低，多风。夏季（12月—次年3月）温度在6~12摄氏度（43~54华氏度）。春季（9—12月）和秋季（3—6月）常常接近0摄氏度（32华氏度）。

钓鱼时间：10月—次年4月适合在格兰德河上钓鱼，1月、2月、3月和4月是高峰期。

主要鱼类：海鳟、褐鳟。

热门地点：格兰德河。

提示：多带几件衣服，以防天冷多风。防水衣、防水鞋、防水靴都很重要。

那里拥有大型的国家公园，法尼亚诺湖的一部分也在其中。南美洲南端的其他地区，特别是智利南部的山区，为人们提供了钓褐鳟鱼和虹鳟鱼的机会，而且这里环境很少受到人类破坏。

 在世界各地钓鱼

英格兰南部

西欧，英国

飞钓的历史与威尔特郡和汉普郡著名的白垩溪流有关。除这些英格兰独有的水域外，在英格兰人们还可以在没那么著名的河流中钓鱼，也可以在英吉利海峡的海水中钓鱼。

在白垩溪流中钓鱼

诸如泰斯特河、肯尼特河、伊钦河，还有汉普郡埃文河之类的河流都是世界著名的钓鱼地点。几个世纪以来，主要是出于发展竞技钓鱼的目的，这些河流都受到了人为管理。在这些水域中被普遍接受的钓鱼方式也很独特，即在上游采用飞钓。在这里最被珍视的鱼类是野生褐鳟，但是这里茴鱼和虹鳟的数量也很多。这些河流之所以很特别，是因为白垩溪流有一些特性：水流持续性强、水温稳定、水质清澈（这种飞钓方式以能看得见鱼为前提），还有美丽的没有被人为破坏的风景。在这个地方钓鱼，大多在岸上进行。

其他形式的淡水钓鱼

人们在英格兰南部也可以享受到在淡水中钓梭子鱼、鲈鱼、鲃鱼、拟鲤和鲤鱼的快乐。肯尼特河以飞钓闻名。然而，对

安静地钓鱼
英格兰南部的白垩溪流十分宁静，很多人都认为这里是飞钓的发源地。

沉船钓鱼

在英格兰南部沿海,有一些在船上钓鱼的活动,吸引了很多钓鱼者。在英吉利海峡停泊着无数船只,这些仿佛都在证明着这里是世界上最繁忙的水道之一。同时,这些船只也为人们提供了充足的钓鱼场所。许多有特许执照的船只如果船长经验比较丰富,也会允许钓鱼者们上船钓鱼。鱼类主要包括欧洲大康吉鳗、鳕鱼、鲈鳕和绿鳕。

沉船钓钓到欧洲海鳗

于那些选择尝试其他钓鱼方式的人们来说,在大部分河段他们也可以用自己的方式钓鱼。

沿海钓鱼

怀特岛位于英格兰南部,英吉利海峡中间。该岛有好几英里长的沙滩,人们可以在岛上的河口钓鱼。大海鲈和欧洲康吉鳗是这些水域中经常被钓到的海鱼。这大概也是英格兰唯一一处能够坐着船钓长尾鲨的地方了。然而,长尾鲨并不是经常能钓到的。也有可能钓到大型的波鳐和短尾鳐。总体来说,英格兰南部提供了多种钓鱼的选择,能满足不同钓鱼者不同的需求和预算。

关键信息

气候:温和。年平均气温17摄氏度(63华氏度),但是夏季气温可达30摄氏度(86华氏度)以上。降雨频繁。

钓鱼时间:4月1日—10月15日是钓褐鳟的好时机。许多钓鱼者喜欢在蜉蝣产卵的时候(5月末—6月初)垂钓这种被称为"笨蛋两星期"(Duffers' Fortnight)的鱼种。

主要鱼类:褐鳟和虹鳟,以及茴鱼。

热门地点:泰斯特河,特别是斯托克布里奇周围,是最受追捧的地点。

提示:你希望在哪一河段钓鱼,一定要买对相应的票和白天的通行证,因为大多数河段都是受到严格管控的。

苏格兰

北欧，英国

对于希望钓大西洋鲑鱼、野生褐鳟和海鳟的人来说，苏格兰肯定不会陌生。这个国家有那么几条河流鲑鱼数量比较多，这几条河通常被认为是鲑鱼竞技钓鱼活动的发源地。

机会多样

泰河、特威德河、斯佩河及迪河在人们心中备受推崇，因此钓鱼成本很高。但是苏格兰是一个非常多元化的地区，那里许多河流里面都有鲑鱼，可以让人们从事实惠的垂钓活动。苏格兰也有很多湖泊和河流，可以钓到野生的褐鳟，也有鱼类向南部和东部洄游。

钓鲑鱼一般需要雇个向导（也被称作"吉利"，ghillie），在船上或岸边找到钓点，当然蹚水也行。这里的鲑鱼没有以前那么丰富了，但是人们仍然可以获得美妙的钓鱼体验，很多游客每年都来他们最喜爱的河段钓鱼。

河、湖、海岸和海

体型稍大的鲑鱼通常出现在东海岸。在苏格兰的西海岸有很多流量比较小的河流、小溪及湖泊，在这些水域可以从事淡水鱼垂钓活动，很多还是免费的。传奇性的湖泊，包括洛蒙德湖、奥湖和肯湖，钟情于梭子鱼的人们常常一次又一次地来到这些地方。北部的凯斯内斯郡和萨瑟兰郡也为钓鱼者们提供了各种各样的垂钓河流、湖泊和溪流。

在苏格兰离岸的海域，可以钓到大型灰鳐鱼、鲨鱼、鳕鱼、绿鳕及鼠鲨。除此之外，在很多苏格兰的岛屿，比如赫布里底群岛内外的一些岛屿，你都可以在令人激动的环境中钓到野生鱼类。那里的高地景色优美，未受到人类的破坏，还保留着野生的状

高地水域
一项投掷飞蝇饵的技术名称也取自斯佩河的名字，这反映了苏格兰对竞技飞钓渔业的重要性。

态，值得一观，特别是对于忠实的徒步者和攀岩者而言。苏格兰同时也以高尔夫闻名，常被人们称作"高尔夫之乡"。来这里游览的钓鱼者还可能有机会见到苏格兰世界著名的课程，比如圣安德鲁斯、卡诺斯蒂、皇家特伦。

关键信息

气候：通常很冷，而且潮湿。天气多变不可预测，不同地区之间有差异。冬天平均气温在5~7摄氏度（41~45华氏度），7、8月平均气温19摄氏度（66华氏度）。

钓鱼时间：2月初—10月底通常适合钓鲑鱼，但是要记得查一查，因为不同地点可能有差异。3月15日—10月6日是钓褐鳟的时机。

主要鱼类：大西洋鲑鱼和野生褐鳟、海鳟。

热门地点：泰河、斯佩河、特威德河与迪河都以鲑鱼垂钓胜地著称。

提示：苏格兰气候极其多变，聪明的钓鱼者通常会做好准备，因为一天之内可能会经历四季变换。非常有必要准备防水衣物或器具。

特威德河
一位飞钓者将鱼线抛进雷文斯伍德的清澈河水中。这条河是苏格兰一条著名的河流。

克莱尔郡

西欧，爱尔兰西南部

爱尔兰西岸有一条风景优美的海岸线。在克莱尔郡，你可以体验到在岩石边上钓鱼是什么感觉，也可以从海滩、港口及香农河河口体验钓鱼的滋味。当然，这里也有很多不错的从船上钓鱼的机会。

岩钓
在克莱尔县崎岖的海岸边，从岩石上钓深水鱼是钓到多种鱼类的好方法。

岩石和海滩

沿着荒凉的、几乎被废弃的卢普角，在克莱尔郡南部，有不少岩石边的钓鱼地点，在那里可以钓到海鲈鱼、绿鳕和濑鱼。有些时候大西洋的海水会涌向海岸，潮水太猛烈的时候就无法在岩石边钓鱼了。因此这时候明智的做法是回到内陆去，到没有那么多海浪的香农河河口去钓鱼。在那里可以钓到鳐鱼、斑点猫鲨、鲻鱼和翅鲨。香农河河口朝西的沙滩上也能钓到鲈鱼。体积最大的鱼一般冬天才会来。来这里游玩的钓鱼者们最好做好应对风雨的准备，但是这里的平和与宁静或许能弥补一些风雨给人造成的失落。克莱尔郡最著名的景点可能是莫赫悬崖了，它就在克莱尔郡的北面，沿着海岸有8千米（5英里）长，有些地方的悬崖高出海面近200米（700英尺）。

在淡水中钓鱼的机会

在克莱尔郡也有很多在淡水中钓鱼的机会。事实上，这里有些河流的产鱼量是爱尔兰的河流中最多的。在香浓河的支流中也能捕捉到鲑鱼和梭子鱼。

关键信息

气候： 通常温暖潮湿。冬季平均气温9摄氏度（48华氏度），夏季平均气温21摄氏度（70华氏度）。

钓鱼时间： 5—9月是最适合在岩石边与河口钓鱼的。隆冬时节适合在海滩上钓鲈鱼。

主要鱼类： 绿鳕、濑鱼、斑点猫鲨、鳐鱼、鲈鱼、鲻鱼和翅鲨。在渔船上有时能钓到蓝鲨。

热门地点： 基尔基附近的海岸线和香浓河河口。

提示： 在爱尔兰钓鱼，带上防水用具非常重要。在海岸上钓鱼的时候，关注海水情况变化。

韦克斯福德海岸

西欧，爱尔兰东南部

韦克斯福德海岸位于爱尔兰东南部，在那里可以钓到鲈鱼。这里也有钓其他鱼类的地方。对喜欢飞钓的人来说，这里的鲑鱼、海鳟和褐鳟也能满足他们的需求。

钓鲈鱼

韦克斯福德的海岸线要比爱尔兰西部的海岸线柔和很多。喜欢鲈鱼的钓鱼者们可以在沙滩、河口及粗糙的地面上用饵料钓鱼。有些地面起伏不平，在那里的浅水中很适合路亚钓和飞钓。有些朝南和朝西的沙滩冬天的时候能看到鳕鱼洄游的场面。河口也有很多鲻鱼和拟蝶。夏天在靠近罗斯莱尔港口的海岸还有可能钓到翅鲨和星鲨。在船的残骸、珊瑚上方和从基尔莫尔码头出来的租船的沙滩上，可以从事船钓活动。在这个地区的海岸上钓鱼也非常不错。即使不是来钓鱼的人，也能找到不少乐趣。这里有很多宾馆、旅店和饭店，还有很多小酒馆，当地人和游客们会在这些地方聚集起来进行社交活动，分享有关钓鱼的故事。

海鲈
在韦克斯福德有很多机会能捕捉到这种极珍贵的品种。

地糙水浅
爱尔兰东南部海岸许多地方都有浅水，浅水中偶尔突出几块岩石，里面还有不少海草。非常适合钓鲈鱼。

> **关键信息**
>
> **气候：** 爱尔兰气候温和湿润。韦克斯福德冬季平均气温在8摄氏度（46华氏度）左右，夏季平均气温为18摄氏度（64华氏度）。
>
> **钓鱼时间：** 4—12月是最适合钓鲈鱼的时候。5月15日—6月15日是禁渔期。全年不同时间能钓到不同的鱼，冬季适合钓鳕鱼。
>
> **主要鱼类：** 鲈鱼、鲻鱼、拟蝶、鳕鱼、濑鱼、翅鲨、星鲨。
>
> **热门地点：** 在基尔莫尔码头既可以在船上钓鱼，又可以在海岸边钓鱼。在罗斯莱尔海岸可以用饵钓的方式钓鲈鱼。
>
> **提示：** 24小时之内钓鱼者只能钓两条鲈鱼，而且长度必须在40厘米（16英寸）以上。

挪威海

北欧，挪威北部

许多寻找大型鳕鱼的钓鱼者都会前往挪威北极圈以内的地方。那里的水域也会为人们提供钓黑鳕鱼的机会。在某些地区还有可能钓到庸鲽。

丰富的鳕鱼和黑鳕

世界上能钓到大量鳕鱼的地方不多了，过度捕捞导致很多水域的鱼量减少。挪威努力保护自己的储鱼量，最佳的钓鱼地点也在最偏远的地方——北极圈以内。这里的海岸线凹凸不平，有很多深水峡湾，沿着海岸线有超过5万座岛屿。

在挪威的海域中，以商业捕捞的名义可以钓重达45千克（100磅）的鳕鱼。但人们可能不太清楚的是，挪威的海域也是绝佳的黑鳕捕捞地点，特别是在罗弗敦群岛南部。大型黑鳕挣扎起来非常凶狠，非常费劲。在那里的浅水区也可以钓到大庸鲽及狼鱼。狼鱼虽然长相奇怪，但是味道鲜美。

关键信息

气候：受到墨西哥湾暖流的影响，挪威气候相对温和。但是在挪威北部钓鱼的时候，可能要冷得多，需要作好准备。夏季博德平均气温为12摄氏度（54华氏度）。

钓鱼时间：4—8月

主要鱼类：鳕鱼、黑鳕、庸鲽和狼鱼。

热门地点：博德的海中和勒斯特的小岛非常适合钓鳕鱼、大型鳕鱼和大庸鲽。

提示：带上暖和的衣服。安全起见，大多数钓鱼者都会穿上浮力连体防护衣，也可以保暖。

魔鬼鳕鱼
在钓鱼的时候，没有什么情景能比将一条上钩之后的深海大鳕鱼抄出水面更可怕的了。

在北极钓鱼
在北极冰冷的海水中钓鱼需要合适的装备。

挪威西北部

北欧，挪威

挪威在北极圈以内的河流可以为人们提供绝妙的大西洋鲑鱼垂钓体验。在令人惊奇的美景中钓鱼是极有可能的。

汹涌澎湃之河
挪威有些产鲑鱼的河径流量大，河水湍急，蹚水的时候需要稳当一些，但是收获可能会很丰富。

淡水中的挑战

在挪威，鲑鱼产量较高的河流有450多条，而且挪威也是世界上大西洋鲑鱼最重要的产卵地之一。每年钓鱼者会钓大约20万条鲑鱼，有些鲑鱼重达18千克（40磅）。

挪威许多著名的产鲑鱼的河流都在北极圈以内的地区。在这些河流中也可以钓到褐鳟、茴鱼及北极红点鲑。以前很多无法钓鱼的地方，现在有了飞钓的方法和装备，也可以钓鱼了。

钓鱼季节短

北极圈内的钓鱼季很短，而且钓鱼活动非常密集。钓鱼前需要预订好相应的河段和向导。许多喜欢钓鲑鱼的游客都会通过专门的假日运营专员来预订钓鱼休闲活动时间，因为他们了解最好的水域和最好的时间段。

关键信息

气候： 天气多变。北部的夏季7月平均气温为14摄氏度（57华氏度），但是秋天临近的时候气温骤降。

钓鱼时间： 在挪威钓鲑鱼的时间通常是6月1日—8月31日，但是不同地区之间有差异。

主要鱼类： 大西洋鲑鱼、褐鳟、北极红点鲑、茴鱼。

热门地点： 阿尔塔河能持续产出平均重量在1千克（25磅）左右的鲑鱼，重达22千克（50磅）的鲑鱼也经常能钓到。

提示： 即使在夏天，你也要准备好衣服，以防一天内气温变化太快。建议多穿几件衣服。

波罗的海西海岸

北欧，丹麦和德国

在波罗的海西海岸你可以在很多风景优美的地点钓鱼，其中包括德国北部370千米（230英里）没有受到人类破坏的海岸线。波罗的海西海岸也有很多渔村和渔岛，可以为钓鱼者提供歇脚的地方，十分方便。

遥远海岸
鲁根岛北部雅斯蒙德国家公园海岸上著名的白垩悬崖对面有一片海，在那片海捕捉到鳕鱼的概率非常大。

鱼类繁多

沿着波罗的海西岸的海岸线，在沿岸可以钓到很多浅滩鱼类，也能钓到鳕鱼、乌鱼、鲈鱼、马鲛鱼。用飞钓的方式钓鳟鱼在这里空前受欢迎。也有很多钓鱼者喜欢用旋式诱饵钓鱼法。

沿着波罗的海西海岸，陆地上历史悠久的斯特拉松德镇对面，是德国最大的岛屿——吕根岛。吕根岛上沙滩景色优美，还有壮观的白垩悬崖。在很多咸水湖（被称作"博登"）也可以乘着小船钓到梭子鱼。船是可以出租的。

丹麦水域

丹麦的北日德兰水域里分布着很多黄珊瑚。这些珊瑚距离海岸有几英里远，从希茨海尔斯坐船就可以到达。这片海域中，大鳕鱼、黑鳕鱼、舒鳕和绿鳕是主要的能吸引钓鱼者的鱼类。丹麦也以高质量的淡水鱼著称。北日德兰地区有很多湖泊与河流，里面有许多鳟鱼、梭子鱼、鲈鱼、拟鲤、拟鲤、鲤鱼。在淡水钓鱼比赛中能捕到不少鱼。

关键信息

气候： 年平均气温在8摄氏度（46华氏度）左右，夏天气温可达20摄氏度（68华氏度）。

钓鱼时间： 全年都可以在海中钓鱼。对于大多数淡水鱼而言，夏季最好。梭子鱼最适合在秋季钓。

主要鱼类： 鳕鱼、黑鳕、绿鳕、海鳟、梭子鱼、梭鲈。

热门地点： 黄珊瑚附近海域、菲英岛、吕根岛。

提示： 在丹麦和德国钓鱼都需要许可证。

卡马尔地区

北欧，瑞典东南

瑞典的波罗的海沿岸是某些优质梭子鱼的原产地。在维斯特维克地区有4000多个岛屿。在这些岛屿附近的淡水和咸水中都生活着梭子鱼，它们以捕食拟鲤、鲈鱼和鲱鱼为生。

梭子鱼之国

在瑞典东南部有很多湖泊，这些湖泊里生活着大量的鲑鱼。越来越多的钓鱼者在船上用飞钓的方式捕捉它们。毫无疑问，梭子鱼是最受追捧的鱼类。瑞典也以高质量的梭子鱼闻名，这一点实至名归。

钓鱼者们通常会选择乘飞机到达斯德哥尔摩，然后租一辆车向南开，沿途还可以欣赏美丽的风景。群岛上有很多钓鱼营地和向导。大部分梭子鱼垂钓活动只需借助轻型钓具，选择软硬搭配的路亚饵即可。用飞钓的方式钓梭子鱼也越来越普及了。夏天的时候梭子鱼藏在水比较深的地方，这时候用饵钓效果好一些。

海钓

离岸地区也有机会钓到大量的大西洋鲑鱼。它们一般被拖钓路亚饵捕获。海鳟在群岛外围岛屿周围的水域也很常见。

关键信息

气候：瑞典气候严寒，特别是在北部。但是夏天非常温暖宜人，7月瑞典南部的气温大约为17摄氏度（63华氏度）。

钓鱼时间：4月和5月的时候，梭子鱼游进浅浅的海湾产卵，这个时候是钓鱼的好时机。6月和7月的时候，梭子鱼从海湾中出来捕食，这个时候也适合在开阔水域钓它们。

主要鱼类：梭子鱼、大西洋鲑鱼、海鳟。

热门地点：韦斯特维克地区。

提示：多带几件衣服应对天气变化，夏天注意防晒。如果租船钓鱼，千万别在私人海湾中钓鱼，出发之前一定要查看水域的所有权。

追逐梭子鱼
瑞典有很多钓梭子鱼的机会，也有很多向导，他们能告诉你最适合钓鱼的湖泊在哪里，也能就钓鱼策略为你提供建议。

安达卢西亚

南欧，西班牙

许多喜欢钓淡水鱼的人都不知道，在安达卢西亚还可以钓到纯天然的野生鲃鱼。安达卢西亚是西班牙景色最丰富的地区之一，那里的沿海旅游、历史名城、白色村庄比那里的渔业还要出名。

对鲃鱼来说完美的河流
河水相对较浅，温度适宜，河水清澈，水流稳定，这条安达卢西亚的河流对于河鲃来说是完美的生存环境。

从山区到沿海

安达卢西亚从其北部的莫雷纳山脉延伸到东南部干燥如沙漠一般的地区，还包括阿尔梅里亚和南部广阔的地中海沿岸。在西班牙这片美丽的地区，钓鱼者们可以用传统的钓淡水鱼的方法来钓鱼，比如飞钓。在这里曾钓到过不同种类的鲃鱼。举个例子，那里有很多安达卢西亚鲃鱼（也被称作"吉卜赛鲃鱼"），在西部和东北部也有可能钓到伊比利亚鲃鱼。

安达卢西亚也有很多自然湖和人工湖，里面的黑鲈鱼数量众多，用飞蝇饵和路亚饵就可以将其捕获。著名的里奥弗里奥镇位于格拉纳达和马拉加之间，以高质量的鳟鱼著称。事实上，根据记载，人们从1664年起就开始在这里钓鳟鱼了。人们钓到的鳟鱼中有些重达4.5千克（10磅）。

全年均可钓鱼

安达卢西亚冬季温和多雨，夏季高温干燥，但是个钓鱼的好地方。然而，河流水量会根据不同环境条件而变化。但是鲃鱼对水深有一定的要求，喜欢氧气充足的水域，因此在选择钓鱼地点的时候你应该把这些因素考虑在内。

在某些河流钓鱼是免费的，钓鱼方式也可以简单些，但是你必须购买许可证，仔细查看当地的钓鱼相关要求。

关键信息

气候：7、8月高温，高达40摄氏度（104华氏度）。3—6月、9—11月是旅游佳时期。

钓鱼时间：春末夏初最适合钓鲃鱼。

主要鱼类：各种鲃鱼、鲤鱼及黑鲈。

热门地点：安杜哈尔附近的河流十分不错。

提示：西班牙有时候气温会很高。注意防晒，带上热带钓鱼的专用衣物和轻型雨衣。高温时多喝水。

埃布罗河

南欧，西班牙

毫无疑问，西班牙南部的埃布罗河是欧洲钓六须鲶鱼最重要的地点。这里总能钓到大量的六须鲶鱼，很多专业的旅行运营专员都能满足前来游玩的钓鱼者的需求。

从外引入的鱼种

埃布罗河是西班牙主要的河流之一，最终在巴塞罗那和塔拉戈纳的巴伦西亚之间流入地中海。人们大多在埃布罗河三角洲和托尔托萨之间的河段钓鱼，因为这一段的河水适合航行。

六须鲶鱼原本不是这个地区的，是多年前一些别的地方来这里游玩的钓鱼者引进了这种鱼。这种鱼十分凶狠，捕食当地鱼类（比如鲤鱼和鲻鱼），生长速度很快。人们曾在这里捕获到重达90千克（200磅）的六须鲶鱼，然后将其放生。这里鲤鱼的数量也很丰富。在小山中也能进行飞钓。

海钓

在西班牙埃布罗河附近的海域中，用飞钓还能钓到狐鲣和巴鲣。在埃布罗三角洲也有可能钓到波线鲹和扁鲹。这片水里的扁鲹经常形成鱼群攻击它们的猎物鱼群。

> **关键信息**
>
> **气候：** 典型的地中海气候，夏季内陆平均气温为32摄氏度（90华氏度），沿海26摄氏度（79华氏度）。
>
> **钓鱼时间：** 5—6月和9—11月，盛夏非常合适。
>
> **主要鱼类：** 六须鲶鱼、淡水鲤鱼、波线鲹、巴鲣、海水扁鲹。
>
> **热门地点：** 托尔托萨附近，但是每个向导公司都有自己偏爱的河段。
>
> **提示：** 夏天要准备好应对高温天气的衣物，注意防晒。

波涛汹涌的埃布罗河
埃布罗河是西班牙最长的河流，最终流入托尔托萨附近的地中海地区。埃布罗三角洲面积达320平方千米（124平方英里）。

利穆赞大区

欧洲，法国

利穆赞大区通常天气宜人，许多湖泊中鲤鱼数量众多，这里还提供很多专业的住宿场地以满足前来游钓的钓鱼者们的需求。这些都表明，对于痴迷于钓鲤鱼的人来说，这里是一个理想之地。

鲤鱼成群的水域
参观型垂钓者可以期待在利穆赞河的鲤鱼水域岸边，度过漫长的时光。

钓鲤鱼

利穆赞大区位于法国中部，风景宜人，相对安静，很多可以钓鲤鱼的湖泊非常出名。许多公司都提供专业实惠的鲤鱼垂钓服务。大多数专门垂钓鲤鱼的湖泊所有者都会储备足够的鲤鱼以满足垂钓者的需求。并且在钓鱼地点旁边提供住宿。虽然很多前来钓鱼的人们都会带上自己的鱼饵和钓鱼用具，但是当地很多专门供游客钓鲤鱼的湖还会向那些不想自己带装备的人售卖鱼饵和装备。

这个地区也有很多几英里长的河流，里面生活着鳟鱼、鲑鱼，但是在钓鱼之前一定要确保拿到相应的钓鱼许可。一等的河流和湖泊（指那些主要生活着鳟鱼和鲑鱼的河湖）开放季节是3月中旬—9月底。二等水域，也就是那些生活着各种各样淡水鱼的水域，全年都开放。除了鲤鱼、鲑鱼和鳟鱼，其他能够钓到的鱼有梭子鱼、鲈鱼、梭鲈。维埃纳河里也有很多鲶鱼。

关键信息

气候： 夏季气温有可能超过30摄氏度（86华氏度），但是通常利穆赞大区要比周围的地区更加温暖潮湿。

钓鱼时间： 大多数前来钓鱼的人都喜欢春、夏和初秋来。

主要鱼类： 鲤鱼、鳟鱼、鲑鱼、梭子鱼、鲈鱼、梭鲈和鲶鱼。

热门地点： 教堂湖（Chapel Lake）和天堂湖常年有大鲤鱼。

提示： 春秋要准备防潮防水的装备，夏天防晒非常有必要。

值得尊重
对于许多喜欢钓淡水鱼的人来说，他们的终极奖赏——极其优质的大鲤鱼，在利穆赞大区的湖泊中数量众多。许多钓鱼者不远万里来到这里钓鱼。如果能钓到这么大的一条鱼，人们通常都会对其报以尊重并将其放生。

瑞士

欧洲，瑞士

瑞士国土面积相对较小，但是山峦中间河湖众多。这里同时受到德国、法国和意大利的影响，吸引了大量游客，也能为人们提供极佳的钓鱼体验。

阿尔卑斯山的湖与河流

瑞士所有河流加起来总长度3.2万千米（2万英里），湖泊加起来总面积1350平方千米（520平方英里），它们处在不同的海拔上，因此前来游玩的钓鱼者要有较强的适应能力。在瑞士的阿尔卑斯山有很多美丽的河流，河流周围有山峦、树林和冰川，人们可以在美丽的景色之中钓到野生褐鳟、溪红点鲑、红点鲑及茴鱼。此外还有很多湖，湖里有大型的河鳟和北方梭子鱼。在很多地方都可以钓鱼。

瑞士也非常适合徒步旅行。特别是在阿尔卑斯山的雪融化以后，滑雪的人也离开了，那些身强体健准备走一段路到达最佳钓鱼地点的登山者会觉得瑞士的这一点非常不错。

> **关键信息**
>
> **气候：** 估计夏季气温在25~28摄氏度（77~82华氏度）之间，不过阿尔卑斯山高一点的地方稍微冷一些。
>
> **钓鱼时间：** 3月中旬—9月底钓鳟鱼，9—12月钓茴鱼。
>
> **主要鱼类：** 鳟鱼、茴鱼、湖鳟、梭子鱼、鲈鱼和红点鲑。
>
> **热门地点：** 瑞士的阿尔卑斯山有很多河流和湖泊，都非常适合钓鱼。
>
> **提示：** 多穿几层衣服，以防天气变化。注意防晒。在河里钓鱼大多数情况下，可透气的防水衣都非常关键。

高地钓鱼
达沃斯附近的弗吕埃拉山口上有一个湖，名叫绍滕湖。绍滕湖非常平静，在那里钓鱼，可以享受到无与伦比的宁静。

意大利北部

南欧

在意大利北部人们能获得很多美妙的钓鱼体验,特别是飞钓。从阿尔卑斯南部湍急的河水到流经托斯卡纳的宁静河流,都可以钓鱼。那里有很多湖的鱼量非常大。

意大利的飞钓

意大利有很多适合飞钓的河流,但是在国外却不怎么出名,这真是有点不应该。但是慢慢地这些水域也被前来游玩的钓鱼者们发现了。托斯卡纳的亚平宁地区有很多河流和小溪,在这些地方可以使用轻型装备,采取飞钓的方式钓到鳟鱼或者茴鱼。这些水域有一个巨大的优势:从佛罗伦萨很容易到达。这样游客们就可以在钓完鱼之后来到这座历史文化名城欣赏瑰丽的文化宝藏。

在意大利亚平宁地区还可以体验飞钓,但是河水很容易受到山上积雪融化的影响。河流条件最佳的时候,值得找一位当地的导游来帮忙规划一下旅行。这个地区的鱼类包括鳟鱼和茴鱼。这里比较冷,因此穿上防水服非常有必要。水流湍急,需格外小心。亚平宁湖泊中的水非常平静,春天和夏天都非常适合钓鱼。上阿迪杰地区也有非常适合钓鱼的水域。

阿维西奥河
上阿迪杰地区的河流风景优美,给人野生自然的真实体验,还可以通过飞钓的方式钓到鳟鱼和茴鱼。

> **关键信息**
>
> **气候:** 随着海拔还有季节的不同,气温差别非常大。托斯卡纳7月平均气温大约30摄氏度(86华氏度)。冬天很冷,尤其是在阿尔卑斯山地区。
>
> **钓鱼时间:** 夏天通常最适合钓鱼。
>
> **主要鱼类:** 鳟鱼和茴鱼。
>
> **热门地点:** 托斯卡纳的台伯河,上阿迪杰地区的阿维西奥河。
>
> **提示:** 旅行式的飞钓竿非常适合这种钓鱼方式。夏天钓鱼的时候穿上热带钓鱼专用的多层防水服会非常有用。

欧洲

奥地利

中欧

或许奥地利最著名的是它的冬季滑雪运动,这个面积较小而且多山的欧洲国家河湖众多,在一些河水清澈、水流湍急的地方,人们可以进行飞钓。

在阿尔卑斯山的水中钓鱼

冬天雪水融化,河水清冽,这个时候在山间的河流中钓鱼是最合适不过的了。在这些水域中,野生褐鳟和茴鱼数量丰富,钓起来也不难,因为这里的休闲渔业几乎没有什么数量控制的压力。如果要在河里钓鱼,很多时候需要蹚水。这里的水流速相对较快,温度比较低。利用干蝇饵和若虫饵,钓到大型茴鱼和茴鱼的概率很大。奥地利的蒂罗尔地区在阿尔卑斯山和白云石山脉之间,这里为在冷水中采取飞钓钓鳟鱼和红点鲑鱼提供了绝好的机会。虽然不如北美洲和新西兰的鳟鱼垂钓那么有名,但是奥地利也是个飞钓的好地方。这里到处都是水,就算你觉得眼前的钓鱼条件太差,也可以很容易找到另一片钓鱼条件好的水域。只要准备好,愿意多走几步,收获不会少。

奥地利也有不少鱼量丰富的湖泊。山里的湖泊中通常都有茴鱼。海拔低一些的湖泊中有鲤鱼、梭子鱼和红点鲑鱼。

美丽的水域
萨尔察被人们当作欧洲最美丽的河流之一,河水清澈,鱼类丰富。

茴鱼
茴鱼是欧洲飞钓最主要的对象之一,钓到茴鱼对于钓鱼爱好者们来说挑战不小。这种鱼的特点之一是背鳍很大。

关键信息

气候: 夏季比较温暖,气温通常在22摄氏度(72华氏度)以上。

钓鱼时间: 大多数河流3—5月都可以钓鱼,10月为禁渔期。

主要鱼类: 鳟鱼和茴鱼。

热门地点: 德拉瓦河、格蒙登-特劳恩湖、萨尔察河、穆尔河、伊瑟尔河。

提示: 防水服和毛毡底防水靴是必备的。多带几件衣服应对天气变化。夏天注意防暑。

科拉半岛

欧洲,俄罗斯

科拉半岛位于俄罗斯摩尔曼斯克,位置偏远,其境内很多大河中的大西洋鲑鱼数量丰富。那里有大片的野地,几乎无路可走,人口稀少。岛屿的大部分地区都在北极圈以内。

在波诺伊河钓鱼
波诺伊河是半岛上最长的河流,流经北极圈北部的自然保护区。这条河流水量稳定,野生动植物丰富。

偏僻的营地

科拉半岛上有很多专门为游玩的钓鱼者搭建的旅店和营地。有些建得太偏远了,只好用直升机从摩尔曼斯克把游客送过去。旅游巴士也可以到达目的地,不过路途遥远。在这里人们能获得真正的野外钓鱼体验,所有的活动都在旅店周围进行。大多数钓鱼者白天一整天都在钓鱼,也许中午在岸边吃顿午饭,然后晚上返回营地吃晚餐。在这里能钓到鳟鱼、红点鲑鱼及鲑鱼。

钓鱼的"不眠之夜"

这里渔季很长,从5月底雪融化一直到10月开始结冰。仲夏时节是最激动人心的时候了,伴着北极圈内的极光,可以不睡觉24小时钓鱼,鱼量也多。秋天的时候有机会钓到13.5千克(30磅)的大西洋鲑鱼。

鲑鱼只能用飞钓的装备来钓。很多时候钓鱼都需要向导领着蹚水进行。有些地点是可以用干蝇饵钓到鲑鱼的,但是用湿蝇饵钓鱼更普遍一些。

关键信息

气候: 平均气温为10摄氏度(50华氏度),但是这个数字并不能体现气温可能出现的变化。在漫长的渔季中气温在0~30摄氏度(32~86华氏度)。

钓鱼时间: 在渔季开始的时候,各种大小的鲑鱼数量是最多的。最大的鱼是从8月初开始出现的。

主要鱼类: 大西洋鲑鱼、海鳟、褐鳟、红点鲑。

热门地点: 波诺伊河在整个渔季都可以钓到一定数量的鲑鱼。

提示: 多带几件装备,包括可透气的防水衣还有防水靴。还需要准备一些衣服,以防湿气太重。从6月底到8月中到处都是蚊子,准备好应对措施。

欧洲与亚洲

堪察加半岛

亚洲，俄罗斯

堪察加半岛是个火山岛，位于俄罗斯东部，算得上是在偏远地区中最偏远的地方了。1991年之前外国人是不允许上岛的。现在是钓鱼爱好者和科学家们携手保护的鲑鱼、硬头鳟、红点鲑和鳟鱼的最佳栖息地之一。

环境恶劣

来这里游玩的垂钓者为了在野外垂钓花了大价钱，这钱被用在了科学研究上。"1994堪察加半岛硬头鳟项目组"致力于保护这里的鱼类及生态环境。世界上近1/4的太平洋鲑鱼来自这个1290千米（编者注：经查证，应为1250千米）长的半岛。堪察加半岛也是俄罗斯硬头鳟洄游的唯一地点。

堪察加半岛上不同地方的自然条件差异较大，有火山脊、温泉、矿泉，还有长而壮观的河流。冬天的时候整个地区的水都会结冰。钓鱼爱好者们也会来捕捉大型虹鳟鱼及白斑点鲑，有些可重达9千克（20磅）。在这个地方钓鱼或者探险，最佳途径是跟着能够提供水上航行的组织，沿着不同的河道游览。钓鱼爱好者们能看见熊、驼鹿、驯鹿、狐狸和各种各样的鸟类，包括虎头海雕。这是真正的野外飞钓。

> **关键信息**
>
> **气候：** 气温取决于你钓鱼的地点。夏天气温可高达25摄氏度（77华氏度），但是要注意单日内气温变化较大。
>
> **钓鱼时间：** 钓鱼活动集中在夏天。
>
> **主要鱼类：** 硬头鳟、虹鳟、太平洋鲑鱼、白斑点鲑、茴鱼。
>
> **热门地点：** 茹帕诺瓦河有很多岛屿、侧流、急流，可以钓到不同种类的鱼。
>
> **提示：** 多带几件衣服应对单日气温变化。带上可透气的防水服和防水靴。

河水凉，泉水热
在整个冬天堪察加半岛的河流都会结冰，除了温泉，但这里的水在夏天比较凉。

蒙古国

中亚

在蒙古国钓鱼是一个在这个完全野性的、未被人类活动改变的国家游览一番的好机会。在该地区钓鱼的主要目标是哲罗鱼。由于蒙古国是个内陆国家,因此这种鱼也无法迁徙,但是长大后体型巨大。

原始水域
在蒙古国钓鱼大部分时候用干蝇饵即可,河水清澈,周围风景优美,远离人类文明干扰。

具有当地特色的营地

蒙古国的钓鱼旅行团大多会提供沿着河岸的营地,具有原始的气息。他们通常会提供蒙古族传统的帐篷,也就是蒙古包。有些团队会使用专业的漂浮艇尽可能地多游览几条河流。距离人类影响越远的地方,钓哲罗鱼的体验就越好。蒙古国人民把这种鱼称作"河中之狼",它们的好斗是出了名的,常常把河边的鸭子和老鼠吃掉。最成功的用干蝇饵钓鱼的模式之一就是模仿老鼠来引诱哲罗鱼。哲罗鱼也会攻击路亚饵。它们的寿命长达50年,体重可达34千克(75磅)。

来钓鱼的游客通常会先到首都乌兰巴托,这个城市值得我们花上一两天时间逛一逛。冬宫、夏宫和甘丹寺都是重要景点。来钓鱼的游客也可以顺便体验乘坐木筏、徒步旅行和骑马等其他活动。

关键信息

气候: 冬天非常冷,夏天相对暖和,但是同一天内可能会出现很多变化。夏季平均气温为20摄氏度(68华氏度),冬季平均气温为零下20摄氏度(零下4华氏度)。

钓鱼时间: 5月中旬—7月中旬、8月中旬—9月是钓哲罗鱼的最佳时间。

主要鱼类: 哲罗鱼、细鳞鲑及茴鱼。

热门地点: 北部库苏古尔地区有很多河流都可以钓到哲罗鱼。

提示: 多带几件衣服应对气温变化。多带几根鱼竿和几个鱼轮以防渔具折断,在这个地方换装备不太方便。

亚洲

日本

东亚

日本位于太平洋西部，包括许多岛屿，但是四个主要的岛屿构成了这个国家多山、高低不平的地形。这四个岛屿分别是北海道岛、四国岛、本州岛和九州岛。首都东京在本州岛上。

钓"铃木"鱼

在日本水域中，最受欢迎的鱼类之一是日本鲈鱼，被称作"铃木"。人们主要用轻型装备和路亚饵钓这种鱼，这种鱼主要生活在江河入海口和近海水域中。

在一些岛屿附近也广泛分布着大型鱼类，主要包括蓝鳍金枪鱼、大型立翅旗鱼和蓝枪鱼、珍鲹、狐鲣、石斑鱼、琥珀鱼。日本有很多大型渔船可以租用，可以乘坐渔船在对马岛海峡、伊豆群岛、小笠原群岛、冲绳和吐噶喇列岛附近钓鱼。在日本海域钓鱼不需要许可证。

在淡水中钓鱼

在日本最受欢迎的淡水鱼是当地的两种鳟鱼，一种叫岩鳟（也叫日本红点鲑），另一种叫山女鱼。然而，任何想在淡水中钓鱼的人都必须购买鱼票，鱼票在当地渔具店和一些便利店里都可以买到。不同地区的票价不一。

人们一般认为日本的某些钓鱼装备非常先进，特别是路亚钓。来日本游玩的钓鱼者都非常喜欢给自己的装备增加一些有新意的玩意儿。

关键信息

气候：气候基本上比较温和，但是夏季气温可高达40摄氏度（104华氏度）。

钓鱼时间：春季到秋季适合钓铃木鱼，3—10月适合钓枪鱼，7月—次年2月适合钓大型蓝鳍金枪鱼。3月1日—9月30日是主要的鳟鱼垂钓季节。不同地方情况可能会不同。

主要鱼类：铃木鱼、黄尾鲕、枪鱼、金枪鱼、鲑鱼和珍鲹。

热门地点：新潟以铃木鱼闻名，与那国岛以大型鱼类著称。

提示：在淡水中钓鱼需要各种许可证和鱼票，一定要跟当地的渔具店和便利店确认好。

底地海滩
底地海滩、石垣、冲绳附近水域美丽平静，能够让人们在距离海岸比较近的地方体验在海面上乘船钓鱼的感觉。

高韦里河

印度南部,卡纳塔克邦

在各种钓鱼活动中,没什么能跟在印度南部水流湍急的高韦里河中钓印度鲃相比了。酷热的天气、出了名难对付的印度鲃、奇异的野生动植物和美妙的景色,这些都会让你的钓鱼体验十分难忘。

钓印度鲃

虽然在全印度都能找到印度鲃的踪迹,特别是在喜马拉雅山脉的河流中,但是通常在印度南部才能找到体积较大的印度鲃。在钓到的印度鲃中,最主要的是金色的鲃鱼,不过有时候也能钓到罕见的银色和黑色鲃鱼。现在为了保护这种鱼,所有钓到的鲃鱼都必须放生。在高韦里河中钓鱼,大多时候都是在深深的河谷中,周围都是岩石和森林。

钓印度鲃主要利用各种饵料(当地的鸭脚粟糊、淡水蟹和活鱼诱饵),当地的向导会帮你把饵料放在恰当的位置,通常都会放在湍急的河水中间。有些步履稳健的人会在河岸边往河水中扔路亚饵吸引鲃鱼。不过飞钓也能钓到体积小一些的鱼。大型的淡水鱼都非常适应恶劣的平原环境,而且常常有点不把钓鱼者放在眼里的意思。这些鱼也是出了名的难对付。你通常要穿过身边的急流才有可能钓到它们,钓其他鱼类也是如此。

旅游设施

沿着高韦里河,有几个简单舒适的钓鱼露营点,它们是专门为前来钓鱼的游客准备的。通常一位经验丰富的向导会带两个游客。向导们十分清楚哪里才是最佳的钓鱼地点。这些向导通常都非常勇敢,虽然河里有鳄鱼,但是他们也会潜入水中帮垂钓者们收回鱼钩和鱼。钓鱼的时候还有机会看到当地的野生动物,包括大象、猴子和各种各样的鸟。

强有力的印度鲃
印度河流中这种独特的鱼不可小觑。它们身体力量强大,能够生活在相对恶劣的环境中,但同时也很难对付。

关键信息

气候:印度季风气候特征显著,湿季(6—9月)高韦里河水上涨十分厉害,无法钓鱼。到了干季(3—5月),温度可能高达40摄氏度(104华氏度)。

钓鱼时间:12月—次年3月是最适合钓印度鲃的。

主要鱼类:金色的印度鲃是主要的垂钓对象,但是银色、黑色甚至粉红色的印度鲃,以及其他当地的鲤鱼和鲶鱼,也都有可能钓得到。

热门地点:只有最勇敢的钓鱼者才会前往"山羊跳"(Mekedatu)大峡谷,那里的鱼体积也很大。

提示:热带服装和在粗糙地面抓地力良好的步行鞋是必需品。建议带上预防疟疾的药物。多喝水。